Prof. Dr. Peter Limmer (Hrsg.)

Scheidung, Trennung – Scheidungs- und Trennungsvereinbarungen

Tagungsband

Mit Beiträgen von:

Vors. Richterin am BGH Dr. Meo-Micaela Hahne
Notar Dr. Christof Münch
Prof. Dr. Dr. h. c. Dieter Schwab
Notarin a. D. Dr. Andrea Schmucker
Rechtsanwalt Dr. Ludwig Bergschneider
Notar Dr. Eckhard Wälzholz

Band 8

8. Wissenschaftliches Symposium
des Instituts für Notarrecht an der Universität Würzburg 2008
Tagungsband: „Scheidung, Trennung – Scheidungs- und Trennungsvereinbarungen"

Herausgeber (Eigenverlag):
Deutsche Notarrechtliche Vereinigung e. V.
Gerberstraße 19
97070 Würzburg

Tel: 0931/35576-0
Fax: 0931/35576-225
e-mail: notrv@dnoti.de
Internet: www.notrv.de

ISBN 978-3-9811150-2-4

Die im Jahr 1997 gegründete Deutsche Notarrechtliche Vereinigung fördert die wissenschaftliche Behandlung und Erforschung aller notarrelevanten Rechtsfragen sowohl des formellen als auch des materiellen Rechts einschließlich der Vertragsgestaltung, der Geschichte des Notariats sowie des notariellen Berufsrechts.

Zur Verwirklichung dieser Aufgabe hat die Deutsche Notarrechtliche Vereinigung Anfang 2000 durch Abschluss eines Kooperationsvertrages mit der Universität Würzburg das Institut für Notarrecht an der Universität Würzburg gegründet.

Zu den zahlreichen Projekten dieses Instituts gehört auch die jährliche Abhaltung eines wissenschaftlichen Symposiums. Wissenschaftliche Tagungen, die sich mit den Fragen der notariellen Praxis beschäftigen, sind bislang vergleichsweise selten. Mit dem jährlichen Symposium des Instituts für Notarrecht soll daher ein Beitrag zum Gedankenaustausch zwischen Wissenschaft und kautelarjuristischer Praxis geleistet werden.

Im Mittelpunkt des diesjährigen achten wissenschaftlichen Symposiums stand die notarielle Scheidungs- und Trennungsvereinbarung, die zum einen durch eine Reihe von grundlegenden Urteilen des Bundesgerichtshofes und zum anderen durch den Reformgesetzgeber im Bereich Unterhalts- und Versorgungsausgleich erheblich beeinflusst wird. Die nachfolgend abgedruckten Vorträge der Referenten zeigen die Bandbreite der Probleme und helfen der notariellen Praxis, auch in diesem schwierigen und dem Wechsel unterworfenen Bereich rechtssichere Verträge zu gestalten. Den Referenten gilt unser Dank für die interessanten Ausführungen.

Würzburg, im Juni 2008

Prof. Dr. Peter Limmer, Notar

Inhaltsverzeichnis

Grundsätze der Inhaltskontrolle von Eheverträgen — 8

Dr. Meo-Micaela Hahne,
Vorsitzende Richterin am Bundesgerichtshof, XII. Zivilsenat

Trennungs- und Scheidungsvereinbarungen aus notarieller Sicht — 27

Dr. Christof Münch,
Notar, Kitzingen

Trennungs- und Scheidungsvereinbarungen vor dem Hintergrund der Unterhaltsrechtsreform — 68

Prof. Dr. Dr. h. c. Dieter Schwab,
Universität Regensburg, Ehrenmitglied der NotRV

Vereinbarungen zum Versorgungsausgleich nach der Strukturreform des Versorgungsausgleichs — 102

Dr. Andrea Schmucker,
Notarin a. D., Geschäftsführerin der Bundesnotarkammer, Berlin

Einige Aspekte zur Vermögensauseinandersetzung in der Scheidung aus anwaltlicher Sicht — 119

*Dr. Ludwig Bergschneider,
Rechtsanwalt, Fachanwalt für Familienrecht, München*

Familienrechtliche Verträge und die Scheidung im Steuerrecht — 136

*Dr. Eckhard Wälzholz,
Notar, Füssen*

Grundsätze der Inhaltskontrolle von Eheverträgen

Dr. Meo-Micaela Hahne,
Vorsitzende Richterin am Bundesgerichtshof, XII. Zivilsenat

   Seite
1. Eingeschränkter Grundsatz der Dispositionsfreiheit 9
2. Rangfolge der Scheidungsfolgen 9
3. Wirksamkeitskontrolle (§ 138 BGB) 11
4. Teilnichtigkeit 12
5. Ausübungskontrolle (§ 242 BGB) 12
6. Ausgleich ehebedingter Nachteile 13
7. Rechtslage bei modifiziertem Unterhalts- und/oder Versorgungsausgleichsverzicht und bei Kompensationszahlungen 16

Der Senat hat in der Grundsatzentscheidung vom 11. Februar 2004 (FamRZ 2004, 601) dargelegt, dass sich nicht allgemein und für alle denkbaren Fälle abschließend beantworten lässt, unter welchen Voraussetzungen eine Vereinbarung, durch welche Ehegatten ihre unterhaltsrechtlichen Verhältnisse oder ihre Vermögensangelegenheiten für den Scheidungsfall abweichend von den gesetzlichen Vorschriften regeln, unwirksam (§ 138 BGB) oder die Berufung auf alle oder einzelne vertragliche Regelungen unzulässig ist (§ 242 BGB). Erforderlich ist vielmehr eine Gesamtschau der getroffenen Vereinbarungen, der Gründe und Umstände ihres Zustandekommens sowie der beabsichtigten und verwirklichten Gestaltung des ehelichen Lebens. Dabei ist von folgenden Grundsätzen auszugehen:

1. Eingeschränkter Grundsatz der Dispositionsfreiheit

Die gesetzlichen Regelungen über nachehelichen Unterhalt, Zugewinn und Versorgungsausgleich unterliegen grundsätzlich der vertraglichen Disposition der Ehegatten. Einen unverzichtbaren Mindestgehalt an Scheidungsfolgen zugunsten des berechtigten Ehegatten kennt das geltende Recht nicht (vgl. §§ 1408 Abs. 1 und Abs. 2, 1414, 1585 c, 1587 o BGB, die mit wenigen Einschränkungen die Disposition über die Scheidungsfolgen freigeben). Diese grundsätzliche Disponibilität der Scheidungsfolgen darf indes nicht dazu führen, dass der Schutzzweck der gesetzlichen Regelungen durch vertragliche Vereinbarungen beliebig unterlaufen werden kann. Das wäre der Fall, wenn dadurch eine evident einseitige und durch die individuelle Gestaltung der ehelichen Lebensverhältnisse nicht gerechtfertigte Lastenverteilung entstünde, die hinzunehmen für den belasteten Ehegatten - bei angemessener Berücksichtigung der Belange des anderen Ehegatten und seines Vertrauens in die Geltung der getroffenen Abrede - bei verständiger Würdigung des Wesens der Ehe unzumutbar erscheint. Die Belastungen des einen Ehegatten werden dabei um so schwerer wiegen und die Belange des anderen Ehegatten um so genauerer Prüfung bedürfen, je unmittelbarer die vertragliche Abbedingung gesetzlicher Regelungen in den Kernbereich des Scheidungsfolgenrechts eingreift.

2. Rangfolge der Scheidungsfolgen

Zu diesem Kernbereich gehört in erster Linie der Betreuungsunterhalt (§ 1570 BGB), jedenfalls, soweit das neue Recht ihn für die ersten drei Betreuungsjahre des Kindes nach der jetzt geltenden Fassung des § 1570 BGB gewährt. Für die Zeit danach ist zu prüfen, ob der Betreuungsunterhalt noch denselben hohen Stellenwert hat wie nach altem Recht oder ob er nicht in der Rangfolge von anderen Unterhaltstatbeständen, wie etwa dem Alters- oder dem Krankheitsunterhalt, abgelöst ist. Im Übrigen wird man eine Rangabstufung vornehmen können, die sich vor allem danach bemisst, welche Bedeutung die einzelnen Scheidungsfolgenregelungen für den Berechtigten in seiner jeweiligen Lage haben. So ist die Absicherung des laufenden Unterhaltsbedarfs für den Berechtigten in der Regel wichtiger als etwa der Zugewinn- oder der spätere Versorgungsausgleich.

Innerhalb der Unterhaltstatbestände wird - nach dem Betreuungsunterhalt - dem Krankheitsunterhalt (§ 1572 BGB) und dem Unterhalt wegen Alters (§ 1571 BGB) Vorrang zukommen. Die Unterhaltspflicht wegen Erwerbslosigkeit erscheint demgegenüber nachrangig. Ihr folgen Krankenvorsorge- und Altersvorsorgeunterhalt (§ 1578 Abs. 2 und Abs. 3 BGB), die allerdings - je nach Fallgestaltung - als Bestandteile des Lebensbedarfs gleichen Rang mit dem jeweiligen Unterhaltsanspruch, z.B. aus § 1570 BGB, haben, wenn damit ehebedingte Nachteile ausgeglichen werden sollen (vgl. Senatsurteil vom 25. Mai 2005 - XII ZR 221/02 - FamRZ 2005, 1449). Denn das Unterhaltsrecht will Risiken, die ein Ehegatte im Rahmen der gemeinsamen Lebensplanung um der Familie willen auf sich genommen hat und die sich bei Trennung bzw. Scheidung verwirklichen, gleichmäßig auf die Ehegatten verteilen. Diese gleiche Lastenverteilung kann sich nicht nur auf den Hauptbestandteil des Unterhaltsanspruchs, nämlich den Elementarunterhalt, beschränken, sondern auch Alters- und Krankenvorsorgeunterhalt umfassen, weil sie in gleicher Weise ehebedingten Nachteilen entgegenwirken sollen. Sie teilen deshalb den besonderen Vorrang des Elementarunterhalts im Rahmen des jeweiligen Grundtatbestands.

Am ehesten verzichtbar erscheinen Ansprüche auf Aufstockungs- und Ausbildungsunterhalt (§§ 1573 Abs. 2, 1575 BGB). Auf derselben Stufe wie der Altersunterhalt rangiert der Versorgungsausgleich, der einerseits als vorweggenommener Altersunterhalt zu werten, andererseits aber auch dem Zugewinnausgleich verwandt ist. Der Zugewinnausgleich schließlich erweist sich ehevertraglicher Disposition am weitesten zugänglich.

3. Wirksamkeitskontrolle (§ 138 BGB)

Ob aufgrund einer vom gesetzlichen Scheidungsfolgenrecht abweichenden Vereinbarung eine evident einseitige Lastenverteilung entsteht, die hinzunehmen für den belasteten Ehegatten unzumutbar erscheint, hat der Tatrichter zu prüfen. Er hat dabei zunächst - im Rahmen einer Wirksamkeitskontrolle - zu prüfen, ob die Vereinbarung schon im Zeitpunkt ihres Zustandekommens offenkundig zu einer derart einseitigen Lastenverteilung für den Scheidungsfall führt, dass ihr - und zwar losgelöst von der zukünftigen Entwicklung der Ehegatten und ihrer Lebensverhältnisse - wegen Verstoßes gegen die guten Sitten die Anerkennung der Rechtsordnung ganz oder teilweise mit der Folge zu versagen ist, dass an ihre Stelle die gesetzlichen Regelungen treten (§ 138 Abs. 1 BGB). Erforderlich ist dabei eine Gesamtwürdigung, die auf die individuellen Verhältnisse bei Vertragsschluss abstellt, insbesondere also auf die Einkommens- und Vermögensverhältnisse, den geplanten oder bereits verwirklichten Zuschnitt der Ehe sowie auf die Auswirkungen auf die Ehegatten und auf die Kinder. Subjektiv sind die von den Ehegatten mit der Abrede verfolgten Zwecke sowie die sonstigen Beweggründe zu berücksichtigen, die den begünstigten Ehegatten zu seinem Verlangen nach der ehevertraglichen Gestaltung veranlasst und den benachteiligten Ehegatten bewogen haben, diesem Verlangen zu entsprechen.

Was das Erfordernis der subjektiven Unterlegenheit im Rahmen des § 138 BGB betrifft, geht der Senat davon aus, dass eine Schwangerschaft der Frau bei Abschluss des Ehevertrages für sich allein zwar noch keine Sittenwidrigkeit des Ehevertrages zu begründen vermag. Sie indiziert aber eine ungleiche Verhandlungsposition und damit eine Disparität bei Vertragsabschluß, die eine verstärkte richterliche Kontrolle erfordert (Senatsurteile vom 25. Mai 2005 - XII ZR 296/01 - FamRZ 2005, 1444 und vom 5. Juli 2006 - XII ZR 25/04 -).

Das Verdikt der Sittenwidrigkeit wird dabei regelmäßig nur in Betracht kommen, wenn durch den Vertrag Regelungen aus dem Kernbereich des gesetzlichen Scheidungsfolgenrechts ganz oder jedenfalls zu erheblichen Teilen abbedungen werden, ohne dass dieser Nachteil für den anderen Ehegatten durch anderweitige Vorteile gemildert oder durch die besonderen Verhältnisse der Ehegatten, den von ihnen angestrebten oder gelebten Ehetyp oder durch sonstige wichtige Belange des begünstigten Ehegatten gerechtfertigt wird (Senatsurteil vom 5. Juli 2006, a. a. O.).

4. Teilnichtigkeit

Ergibt die Wirksamkeitskontrolle, dass einzelne Klauseln eines Ehevertrages schon im Zeitpunkt seines Zustandekommens nach § 138 Abs. 1 BGB nichtig sind, so ist nach § 139 BGB in der Regel der gesamte Ehevertrag nichtig, wenn nicht anzunehmen ist, dass er auch ohne die nichtigen Klauseln geschlossen sein würde, was sich insbesondere aus anderweitigen Parteivereinbarungen, z.B. salvatorischen Klauseln, ergeben kann. Eine salvatorische Klausel hat der Senat aber in einem Fall für wirkungslos erachtet, in dem eine - der deutschen Sprache nicht mächtige - brasilianische Ehefrau in einem ersten notariellen Ehevertrag Gütertrennung unter Ausschluss jeglicher sonstiger Ausgleichsansprüche sowie Ausschluss des Versorgungsausgleichs vereinbarte, auf Unterhalt mit Ausnahme des Betreuungsunterhalts nach § 1570 BGB verzichtete und in einem zweiten kurz danach vereinbarten Ehevertrag den Unterhaltsverzicht auch auf den Anspruch aus § 1570 BGB erstreckte. Ergibt bereits die Gesamtwürdigung eines Ehevertrags, dessen Inhalt für eine Partei ausnahmslos nachteilig ist und dessen Einzelregelungen durch keine berechtigten Belange der anderen Partei gerechtfertigt werden, dessen Sittenwidrigkeit (§ 138 Abs. 1 BGB), so erfasst die Nichtigkeitsfolge notwendig den gesamten Vertrag; für eine Teilnichtigkeit bleibt in einem solchen Fall kein Raum. Insbesondere lässt sich die Nichtigkeit des vereinbarten Ausschlusses des Versorgungsausgleichs nicht deshalb verneinen, weil bereits der Ausschluss des nachehelichen Unterhalts seinerseits nichtig sei und die benachteiligte Partei deshalb mit Hilfe des Altersvorsorgeunterhalts eine eigene Altersvorsorge aufbauen könne. Das ist schon deshalb falsch, weil der Altersvorsorgeunterhalt den Versorgungsausgleich nicht ersetzen kann. Denn der Versorgungsausgleich bezieht sich auf den Versorgungsaufbau in der Vergangenheit, während der Altersvorsorgeunterhalt nur den künftigen Versorgungsaufbau erfasst (Senatsbeschluss vom 17. Mai 2006 - XII ZB 250/03 - FamRZ 2006, 1097).

5. Ausübungskontrolle (§ 242 BGB)

Soweit ein Vertrag danach Bestand hat, erfolgt sodann eine Ausübungskontrolle nach § 242 BGB. Dafür sind nicht nur die Verhältnisse im Zeitpunkt des Vertragsschlusses maßgebend. Entscheidend ist vielmehr, ob sich nunmehr - im Zeitpunkt des Scheiterns der Lebensgemeinschaft - aus dem vereinbarten Ausschluss der Scheidungsfolge eine evident einseitige Lastenverteilung ergibt, die hinzunehmen für den belasteten Ehegatten auch bei angemessener Berücksichtigung der

Belange des anderen Ehegatten und seines Vertrauens in die Geltung der getroffenen Abrede sowie bei verständiger Würdigung des Wesens der Ehe unzumutbar ist. Das kann insbesondere dann der Fall sein, wenn die tatsächliche einvernehmliche Gestaltung der ehelichen Lebensverhältnisse von der ursprünglichen, dem Vertrag zugrunde liegenden Lebensplanung grundlegend abweicht. Hält die Berufung eines Ehegatten auf den vertraglichen Ausschluss der Scheidungsfolge der richterlichen Rechtsausübungskontrolle nicht stand, so führt dies im Rahmen des § 242 BGB noch nicht zur Unwirksamkeit des vertraglich vereinbarten Ausschlusses. Der Richter hat vielmehr diejenige Rechtsfolge anzuordnen, die den berechtigten Belangen beider Parteien in der nunmehr eingetretenen Situation in ausgewogener Weise Rechnung trägt (Senatsurteil vom 11. Februar 2004, a. a. O. S. 604).

6. Ausgleich ehebedingter Nachteile

Dem gesetzlichen Scheidungsfolgensystem liegt der Gedanke zugrunde, dass ehebedingte Nachteile, die ein Ehegatte um der Ehe oder der Kindererziehung willen in seinem eigenen beruflichen Fortkommen und dem Aufbau einer entsprechenden Altersversorgung oder eines entsprechenden Vermögens auf sich genommen hat, nach der Scheidung ausgeglichen werden sollen, wobei Erwerbstätigkeit und Familienarbeit - wenn die Parteien nichts anderes vereinbart haben - grundsätzlich als gleichwertig behandelt werden. Ob eine ehevertragliche Scheidungsfolgenregelung mit diesem Grundgedanken vereinbar ist, ist in jedem Einzelfall nach den Grundlagen der Vereinbarung und den Vorstellungen der Ehegatten bei ihrem Abschluss sowie der verwirklichten Gestaltung des ehelichen Lebens konkret zu prüfen.

- Dementsprechend hat der Senat in einem Fall, in dem die Ehegatten auf Versorgungsausgleich verzichtet hatten, weil beide berufstätig bleiben wollten, die Ehefrau später aber wegen der Geburt von zwei Kindern ihre Berufstätigkeit längerfristig unterbrochen und dadurch Versorgungsverluste erlitten hatte, § 138 BGB verneint, aber im Rahmen der Ausübungskontrolle gemäß § 242 BGB den Vertrag den veränderten Verhältnissen angepasst. Denn andernfalls würde der Ehegatte, der aufgrund einvernehmlicher Änderung der gemeinsamen Lebensumstände auf eine eigene Berufstätigkeit und den Erwerb einer Altersversorgung verzichtet, diese ehebedingten Nachteile ohne Kompensation allein tragen. Der Senat hat es daher als angemessen und sachgerecht angesehen, bei der dann vorzunehmenden Vertragsanpassung jeweils nur die <u>ehebedingten Versorgungs-</u>

nachteile eines Ehegatten beim Aufbau seiner eigenen Altersversorgung auszugleichen, um ihn einerseits die ehebedingten Versorgungsverluste nicht allein tragen zu lassen, andererseits aber zu vermeiden, dass er - wie es bei uneingeschränkter Durchführung des Versorgungsausgleichs der Fall wäre - Versorgungsanrechte erhält, die den bloßen ehebedingten Nachteil nicht nur ausgleichen, sondern übersteigen. Denn es entsprach andererseits nicht dem mutmaßlichen Parteiwillen der Ehegatten, den Versorgungsausgleich im Falle veränderter Umstände voll durchzuführen und das Versorgungsgefälle durch Saldierung zu nivellieren. Vielmehr hatten sie mit dem gegenseitigen Verzicht zu erkennen gegeben, an den vom anderen Ehegatten gegebenenfalls erworbenen höheren Versorgungsanrechten nicht teilhaben zu wollen, sondern jeder sollte im Scheidungsfall diejenigen Versorgungsanrechte behalten, die er mit Hilfe seines eigenen Einkommens erwerben konnte. Maßstab für den Ausgleich ist die Versorgung, die der berechtigte Ehegatte bei Weiterführung seiner beruflichen Tätigkeit voraussichtlich erzielt hätte, was im Wege einer Prognose festzustellen ist. Das ist unproblematisch bei versicherungspflichtigen Personen, deren fiktive Versorgung dann durch einen Rentensachverständigen im Wege einer Hochrechnung nach dem prognostizierten versicherungspflichtigen Entgelt ermittelt werden kann. Die Auffüllung des ehebedingten Versorgungsdefizits ist aber nach oben immer begrenzt durch das, was der ausgleichsberechtigte Ehegatte bei voller Durchführung des Versorgungsausgleichs erhalten hätte, wenn dieser nicht ehevertraglich ausgeschlossen worden wäre (BGH, Beschluss vom 6. Oktober 2004, FamRZ 2005, 185).

Was für den Versorgungsausgleich gilt, gilt entsprechend auch für den Altersvorsorgeunterhalt.

- In einem ähnlichen Fall, in dem die bei Vertragsschluss berufstätige Ehefrau auf Unterhalt verzichtet hatte, weil beide Ehegatten eine Doppelverdienerehe ohne Kinder führen wollten, sie später aber wegen der Geburt zweier Kinder doch an einer weiteren Berufstätigkeit gehindert war, hat der Senat zwar ebenfalls eine Sittenwidrigkeit (§ 138 BGB) zum Zeitpunkt des Vertragsabschlusses verneint, jedoch wegen der veränderten Lebensumstände eine Korrektur nach § 242 BGB vorgenommen. Die Ehefrau hatte Betreuungsunterhalt zunächst in Gestalt von Elementar-, Krankenvorsorge- und Altersvorsorgeunterhalt geltend gemacht, wovon in der Revision nur noch der Altersvorsorgeunterhalt streitig war. Da die Ehefrau während der

Betreuung der Kinder nicht in der Lage war, sich kraft eigener Erwerbstätigkeit eine eigene angemessene Altersversorgung aufzubauen, kam dem Altersvorsorgeunterhalt als einem Bestandteil des Betreuungsunterhalts gleicher Rang wie diesem zu. Daher ist es treuwidrig, wenn sich der Ehemann auf den Unterhaltsverzicht beruft und die Ehefrau damit die ehebedingten Ausfälle beim Aufbau einer eigenen Altersversorgung alleine tragen lässt. Der Höhe nach hat der Senat den danach im Grundsatz geschuldeten Altersvorsorgeunterhalt aber nicht nach den ehelichen Lebensverhältnissen gemäß § 1578 BGB bemessen. Treu und Glauben entspricht vielmehr eine Unterhaltsbemessung, die sich auf den Ausgleich des konkreten Nachteils beschränkt, den der betreuende Elternteil als Folge seines zeitweiligen Verzichts auf eine eigene Berufstätigkeit zu tragen hat. Eine solche Handhabung, die den haushaltführenden Ehegatten wirtschaftlich nicht besser stellt als er sich bei Weiterführung seiner Erwerbstätigkeit ohne die Kinderbetreuung gestanden hätte, passt den Ehevertrag an den mutmaßlichen, den geänderten Umständen Rechnung tragenden Parteiwillen an. Mit einem wechselseitigen ehevertraglichen Unterhaltsverzicht geben die Eheleute regelmäßig zu erkennen, dass sie keine Teilhabe an dem vom jeweils anderen Ehegatten erwirtschafteten Erfolg beanspruchen wollen; jeder Ehegatte soll vielmehr auch im Falle der Scheidung das Einkommen behalten, das ihm aufgrund seiner eigenen beruflichen Qualifikation und Tüchtigkeit zufließt (vgl. auch Senatsbeschluß vom 6. Oktober 2004, FamRZ 2005, 185, 187 beim Ausschluß des Versorgungsausgleichs). Diesem mit dem Ehevertrag verfolgten Anliegen ist bei der Vertragsanpassung jedenfalls insoweit Rechnung zu tragen, als die veränderten Umstände dem nicht entgegenstehen. Maßstab für den Ausgleich des ehebedingten Versorgungsnachteils ist dabei grundsätzlich der Betrag, den der haushaltführende Ehegatte bei gedachter Weiterführung seiner beruflichen Tätigkeit und unter Einsatz des ihm daraus zufließenden Einkommens für den Ausbau seiner Altersversorgung hätte verwenden können, gegebenenfalls einschließlich des von seinem Arbeitgeber für ihn entrichteten Versicherungsbeitrags (Senatsurteil vom 25. Mai 2005 - XII ZR 221/01 - FamRZ 2005, 1449).

- Die Erkrankung eines Ehegatten kann die Berufung des anderen Ehegatten auf den ehevertraglich vereinbarten Ausschluss von nachehelichem Unterhalt und Versorgungsausgleich grundsätzlich als rechtsmissbräuchlich (§ 242 BGB) erscheinen lassen. Das führt in der Regel aber nicht dazu, dass nunmehr die gesetzlichen Regelungen über die Scheidungsfolgen eintreten. Vielmehr hat sich die gegebenenfalls gebotene richterliche Anpassung des Vertrages grundsätzlich darauf zu beschränken, solche Nachteile auszugleichen, die als ehebedingt anzusehen sind. Das ist etwa dann der Fall, wenn der erkrankte Ehegatte in der Ehe auf eine eigene mögliche Erwerbstätigkeit verzichtet hatte und nunmehr eine Erwerbsunfähigkeitsrente bezieht, die niedriger ist als die Rente, die er bezöge, wenn er in der Ehe berufstätig geblieben wäre (Senatsurteil vom 28. November 2007 - XII ZR 132/05 - FamRZ 2008, 582).

7. Rechtslage bei modifiziertem Unterhalts- und/oder Versorgungsausgleichsverzicht und bei Kompensationszahlungen

Häufig sind auch Fälle, in denen die Ehegatten eine Globalregelung treffen, in der lediglich ein Teilverzicht auf Unterhalt oder Versorgungsausgleich vereinbart oder der Verzicht unter einen bestimmten Bedingungseintritt gestellt wird oder Ausgleichszahlungen geleistet werden. Auch hier ist eine sorgfältige Gesamtwürdigung der einzelnen Regelungen vorzunehmen.

- In einem Fall, in dem die Ehegatten 1986 - ca. zehn Jahre nach der Heirat und nach der Geburt zweier Kinder - einen Ehevertrag über Gütertrennung und den Ausschluss des Versorgungsausgleichs schlossen und der Ehefrau ein Unterhalt (auf damaliger Basis) von 300 DM und - im Falle ihrer halbtägigen Erwerbstätigkeit - von 150 DM zugebilligt wurde, sie ferner 50.000 DM "als freiwillige Entschädigung für Haushaltstätigkeit und Kindererziehung" erhalten sollte, die Ehefrau sich aber zugleich zur Übertragung ihres hälftigen Hausanteils auf den Ehemann verpflichtete, hat der Senat das Urteil des Oberlandesgerichts, das der Ehefrau den geltend gemachten Versorgungsausgleich versagte, aufgehoben und zurückverwiesen. Maßgebend dafür waren bereits Defizite in der ersten Stufe, nämlich bei der <u>Wirksamkeitskontrolle des Vertrages nach § 138 BGB.</u> Es fehlte an einer umfassenden Gesamtwürdigung über die Umstände und Beweggründe der Ehegatten <u>zum Zeitpunkt des Vertragsschlusses,</u> über ihre Lebensplanung, über die wirtschaftliche und berufliche Situation der Ehefrau, über Art und Umfang der von beiden Ehegatten vor und in der Ehe erworbenen Versorgungsanrechte, über eine von der Ehefrau vor und während der Ehe gegebenenfalls bereits ausgeübte Erwerbstätigkeit (wobei ihr Vortrag zu beachten war, bereits seit Heirat an einer ihre Erwerbsfähigkeit beeinträchtigenden Rückenerkrankung zu leiden), über die - sollte sich dieser Vortrag als wahr erweisen - Möglichkeit der Ehefrau, noch künftig ihre Altersversorgung durch versicherungspflichtige Tätigkeit auszubauen. Bezüglich der zugesagten "Entschädigung" von 50.000 DM für den Scheidungsfall wäre zu klären gewesen, ob diese als Gegenleistung für die Übertragung ihres hälftigen Miteigentums am gemeinsamen Haus auf den Mann anzusehen ist oder als teilweiser Ausgleich für ihren ehebedingten Verzicht auf die Begründung eigener Versorgungsanrechte durch Erwerbstätigkeit während der Ehe. Im letzteren Fall wäre von Bedeutung, in welchem Umfang die Ehefrau noch eigene Versorgungsanrechte erwerben könnte und ob sie dann insgesamt eine ausreichende Versorgung hätte, um ihren Unterhalt im Alters- oder Erwerbsunfähigkeitsfall zu sichern.

Soweit sich danach der Versorgungsausgleichsausschluss - unter Berücksichtigung auch der Regelungen zur Gütertrennung und zum Unterhalt - noch nicht als für die Ehefrau einseitig und evident belastend und damit sittenwidrig erweist, muss in der zweiten Stufe im Wege einer auf den Jetzt-Zeitpunkt bezogenen Ausübungskontrolle nach § 242 BGB geprüft werden, ob der andere Ehegatte seine Rechtsmacht treuwidrig missbraucht, wenn er sich auf den vertraglichen Versorgungsausgleichsverzicht beruft. Das wird insbesondere dann der Fall sein, wenn der Ausschluss dazu führt, dass die Ehefrau aufgrund einer grundlegenden Veränderung der gemeinsamen Lebensumstände über keine hinreichende Altersversorgung verfügt und dieses Ergebnis mit dem ehelichen Solidaritätsgebot unvereinbar ist. Auch hierfür fehlte es an der Prüfung der maßgebenden Umstände, insbesondere zur früheren und aktuellen Lebens-, Versorgungs- und Vermögenssituation der Ehegatten und den Gründen, warum die Ehefrau auf den Versorgungsausgleich verzichtet hatte (Senatsbeschluss vom 6. Oktober 2004 - XII ZB 110/99 - FamRZ 2005, 26).

- In einem weiteren Fall hatten die zum Zeitpunkt der Heirat schon 44 bzw. 46 Jahre alten, schon einmal anderweitig verheirateten Parteien wenige Tage vor der Heirat Gütertrennung und Unterhalts- und Versorgungsausgleichsverzicht vereinbart. Der Ehemann verpflichtete sich für den Fall der Scheidung zur Zahlung einer Unterhaltsabfindung von 10.000 DM für jedes Ehejahr, maximal 80.000 DM, ferner zur Entrichtung von Beiträgen zur gesetzlichen Rentenversicherung auf der Basis eines monatlichen Bruttoentgelts von 2.000 DM ab Rechtskraft der Scheidung bis zum 60. Lebensjahr der Ehefrau, falls sie keine Erwerbstätigkeit ausüben könne. Die Ehefrau war zunächst

Rechtsanwaltsgehilfin, hatte mit ihrem ersten Mann ein Modegeschäft geführt, bevor sie in der Zahnarztpraxis ihres zweiten Ehemannes Büroarbeiten übernahm, für die sie - auch während der Ehe - überdurchschnittlich gut entlohnt wurde.

Das Verlangen der Ehefrau auf Durchführung des Versorgungsausgleichs, hilfsweise Feststellung der Sittenwidrigkeit des Ehevertrages haben beide Vorinstanzen zurückgewiesen. Der XII. Zivilsenat hat dies bestätigt. Für eine <u>Sittenwidrigkeit</u> des Ehevertrages fehlt es an einer evidenten und einseitigen Belastung der Ehefrau zum Zeitpunkt des Vertragsschlusses. Der Verzicht auf Unterhalt nach § 1570 BGB war ohnehin nicht relevant, da schon aufgrund des Alters der Ehegatten bei Heirat keine Kinder mehr zu erwarten waren. Für den Altersunterhalt war zum Zeitpunkt des Vertragsabschlusses noch nicht absehbar, ob und unter welchen wirtschaftlichen Gegebenheiten die Ehefrau später bedürftig werden könnte, da sie zum einen bereits einen wesentlichen Teil ihrer Altersversorgung bereits erworben hatte, auch während der Ehe aufgrund der ungewöhnlich hohen Entlohnung in der Lage war, angemessen für ihr Alter vorzusorgen und schließlich auch durch die Verpflichtung des Ehemannes zur freiwilligen Beitragszahlung in die gesetzliche Rentenversicherung weiter abgesichert werden sollte. Diese für den Altersunterhalt geltenden Gründe lassen auch den Versorgungsausgleichsverzicht nicht sittenwidrig erscheinen, da der Versorgungsausgleich als vorweggenommener Altersunterhalt an den gleichen Maßstäben zu messen ist. Entsprechendes gilt für den Verzicht auf Krankheitsunterhalt, zumal der Ehemann sich auch zu einer Kompensation in Form der Unterhaltsabfindung von maximal 80.000 DM verpflichtet hatte. Der ohnehin nachrangige Erwerbslosenunterhalt fiel im übrigen deswegen nicht ins Gewicht, weil die Ehefrau keine ehebedingten beruflichen Nachteile in Kauf nehmen musste, im Gegenteil während der Ehe gegen recht hohe Entlohnung in der Praxis mitarbeitete. Im Übrigen war auch insoweit die Unterhaltsabfindung zu berücksichtigen, die sie für eine Übergangszeit absichern sollte, falls mit dem Scheitern der Ehe auch ihre Tätigkeit in der Praxis enden würde.

Der Vertrag hielt im Übrigen auch der <u>Ausübungskontrolle</u> nach § 242 BGB stand, da sich im maßgeblichen Prüfungszeitpunkt - dem Scheitern der Ehe und der Berufung des Ehemannes auf den Ausschluss der Scheidungsfolgen - keine unzumutbare Lastenverteilung zugunsten der Ehefrau ergab. Insbesondere war kein von der ursprünglichen Lebensplanung abweichender Verlauf während der Ehe eingetreten, der ihren

Verzicht aus jetziger Sicht unbillig erscheinen lässt (Senatsurteil vom 12. Januar 2005 - XII ZR 238/03 - FamRZ 2005, 691).

- In einem weiteren Fall hatten die schwangere Ehefrau und der Ehemann kurz vor der Heirat Gütertrennung vereinbart und grundsätzlich auf Versorgungsausgleich und Unterhalt verzichtet. Der Ehemann verpflichtete sich aber zur Zahlung von Rentenversicherungsbeiträgen in Höhe von zwei Drittel des höchsten Rentenbemessungsbetrages während der Ehe. Der Ehefrau war ein Rücktrittsrecht vom Versorgungsausgleichsverzicht für den Fall des Verzugs des Ehemannes mit drei Monatsbeiträgen vorbehalten. Auch der Unterhaltsverzicht war auflösend bedingt für den Fall der Kindesbetreuung. Der sorgeberechtigte, wegen der Kinder nicht erwerbstätige Ehegatte sollte einen zeitlich gestaffelten Unterhalt von 2.000 DM bis zum 6. Lebensjahr und von 1.000 DM bis zum 14. Lebensjahr des jüngsten Kindes erhalten, im übrigen für zwei Jahre nach Rechtskraft der Scheidung monatlich 2.000 DM. Die Ehefrau hat Durchführung des Versorgungsausgleichs und im Wege der Stufenklage Auskunft und Unterhalt und Zugewinnausgleich beantragt. Die Vorinstanzen haben ihr nur den ehevertraglich vereinbarten Unterhalt zugesprochen und im Übrigen die Klage abgewiesen.

Der Senat hat das Urteil aufgehoben und zurückverwiesen. Allerdings hat auch er eine Nichtigkeit des Vertrages gemäß § 138 BGB verneint, da die Schwangerschaft allein hierfür mit Blick auf die getroffene Absicherung durch Unterhalt und Rentenbeitragszahlung nicht ausreicht. Die zeitliche und höhenmäßige Beschränkung des Unterhaltsanspruchs rechtfertigt eine Sittenwidrigkeit nicht schon dann, wenn der eheangemessene Unterhalt nach § 1578 BGB nach den Verhältnissen zum Zeitpunkt des Vertragsschlusses nicht erreicht ist, sondern allenfalls dann, wenn der Unterhalt nicht annähernd geeignet ist, die ehebedingten Nachteile auszugleichen.

Auch hinsichtlich der anderen Unterhaltstatbestände (Alter, Krankheit, Erwerbslosigkeit u.a.) und hinsichtlich des Versorgungsausgleichs ergibt sich aus der zum Zeitpunkt des Abschlusses des Ehevertrags maßgebenden Sicht wegen der Absicherung durch den Kindesbetreuungsunterhalt und den nachehelichen Überbrückungsunterhalt sowie durch die Rentenbeitragszahlung keine Sittenwidrigkeit. Im Rahmen der Ausübungskontrolle hat es der Senat allerdings für möglich gehalten, dass sich der Ehemann nicht auf den vertraglichen Ausschluss berufen kann, wenn die tatsächliche Gestaltung der ehelichen Lebensverhältnisse von der ursprünglichen Lebensplanung abweicht, mithin die <u>Grundsätze des Wegfalls der Geschäftsgrundlage</u> zur Anwendung kommen. Zwar ist ein solcher Wegfall nicht ohne weiteres schon dann gegeben, wenn ein Vertragspartner im Laufe der Ehe ein erheblich höheres Einkommen als der andere bezieht oder ein wirtschaftliches Gefälle entsteht. Es kann aber in Betracht kommen, wenn die Parteien bei Abschluss des Vertrages von einer bestimmten und auch künftig anzunehmenden Relation ihrer Einkommens- und Vermögensverhältnisse ausgegangen sind und ihre Vereinbarung darauf abgestellt haben, diese Dinge sich aber anders entwickelt haben als erwartet. Es ist dann Sache der den Vertrag bekämpfenden Partei, darzutun und notfalls zu beweisen, ob dem Vertrag solche Erwägungen zugrunde lagen. Mangels entsprechender tatricherlicher Feststellungen war die Sache daher aufzuheben und zurückzuverweisen (Senatsurteil vom 25. Mai 2005 - XII ZR 296/01 - FamRZ 2005, 1444).

- In einem weiteren Fall hatte die schwangere Ehefrau kurz vor der Heirat in einem notariellen Ehevertrag Gütertrennung vereinbart und einer Unterhaltsregelung zugestimmt, die ihr - in zeitlicher Staffelung abhängig von der Dauer der Ehe - monatliche Unterhaltsbeträge zwischen 1.500 und 2.500 DM bis zur Vollendung des 16. Lebensjahres des letzten gemeinsamen Kindes zuerkannte.

Der Senat hat diese Regelung im Ergebnis als sittenwidrig (§ 138 BGB) angesehen. Zwar reicht dazu weder allein die Schwangerschaft noch für sich gesehen der Umstand aus, dass der festgelegte Unterhalt der Höhe nach nicht dem eheangemessenen Unterhalt (§ 1578 BGB) der in guten wirtschaftlichen Verhältnissen lebenden Parteien entsprach. Hinzu kam aber, dass die für die erste Zeitstaffel von acht Jahren vereinbarten 1.500 DM nur 200 DM über dem notwendigen Eigenbedarf (= Existenzminimum) eines erwerbstätigen Ehegatten nach der Düsseldorfer Tabelle Stand 1992 lag und absehbar war, dass - mangels Wertsicherungsklausel - diese Summe nicht ausreichen würde, das Existenzminimum für die gesamte Dauer der Unterhaltspflicht zu decken. Bereits 1996 belief sich nämlich der notwendige Eigenbedarf nach Düsseldorfer Tabelle auf 1.500 DM. Da die Ehefrau vor der Ehe als Dipl.-Betriebswirtin jährlich 100.000 DM brutto verdiente, nach der Lebensplanung der Parteien aber ihren Beruf aufgeben und sich der Familie widmen sollte, war die im Ehevertrag getroffene Vereinbarung über den Unterhalt und Gütertrennung nicht annähernd geeignet, ihre ehebedingten Nachteile auszugleichen (Senatsurteil vom 5. Juli 2006 - XII ZR 25/04 - NJW 2006, 3142).

- Die fünfzehn Jahre ältere, aufgrund einer Erkrankung dauerhaft erwerbsunfähige Ehefrau, die von Sozialhilfe lebt, hat mit einem hier eingereisten Polen die Ehe geschlossen, der zunächst ebenfalls mittellos und ohne Einkommen war. Er hatte lediglich ein Haus in Polen, während die Ehefrau eine Rente erwartete. Beide vereinbarten kurz vor der Heirat notariell die Gütertrennung und schlossen Versorgungsausgleich und Unterhalt aus. Die Ehefrau erlitt nach einigen Jahren einen Gehirnschlag und ist nunmehr vollends auf fremde Hilfe und Sozialhilfe angewiesen. Auch während der Ehe hatte sie Sozialhilfe bezogen. Sie verlangt vom Ehemann im Wege der Stufenklage Auskunft über sein Arbeitseinkommen und Unterhalt. Das Amtsgericht hat wegen des Verzichts die Klage abgewiesen, das Oberlandesgericht hat demgegenüber den Ehemann zur Auskunft verurteilt, weil es die Vereinbarung für sittenwidrig, da ersichtlich zu Lasten des Sozialhilfeträgers gehend, hielt.

Der Senat hat demgegenüber eine Sittenwidrigkeit verneint, weil keine einseitige Lastenverteilung im Verhältnis der Ehegatten zueinander vorläge. Beide Ehegatten waren im Zeitpunkt des Vertragsschlusses mittellos und lebten von Sozialhilfe. Die absehbare künftige Entwicklung führt zu keinem anderen Ergebnis. Ziel des notariellen Verzichts war, die erwartete Rente der Ehefrau vor einem Zugriff des arbeitslosen Ehemannes zu sichern; umgekehrt wollte auch der Ehemann seinen einzigen Vermögenswert, ein kleines Haus in Polen, im Scheidungsfall ungeschmälert behalten.

Eine Sittenwidrigkeit, die sich grundsätzlich auch daraus ergeben kann, dass die Ehegatten durch den Unterhaltsverzicht bewusst eine Bedürftigkeit zu Lasten des Sozialhilfeträgers herbeiführen, ist vorliegend auch zu verneinen. Grundsätzlich ist es den Ehegatten nämlich erlaubt, im Rahmen ihrer grundrechtlich geschützten Vertragsfreiheit Lebensrisiken eines Ehegatten, z.B. eine schon bestehende Krankheit, aus der gemeinsamen Verantwortung der Ehegatten füreinander herauszunehmen. Deshalb ist es auch nicht im Verhältnis zum Sozialhilfeträger sittenwidrig, dass durch den Unterhaltsverzicht eine bereits bestehende Sozialhilfebedürftigkeit eines Ehegatten bestehen bleibt. Denn der Sozialhilfeträger hat keinen Anspruch darauf, dass er von seiner Unterstützungspflicht durch die Heirat des Bedürftigen und den dann gegen den Ehegatten entstehenden Unterhaltsanspruch befreit wird. Voraussetzung für eine sittenwidrige Belastung des Sozialhilfeträgers ist stets, dass ohne den Unterhaltsverzicht eines Ehegatten eine Unterhaltspflicht des anderen Ehegatten bestünde und erst der Ausschluss des Unterhalts zur Belastung des Sozialhilfeträgers führt. Das war im vorliegenden Fall nicht so, da die Ehefrau bereits zuvor sozialhilfebedürftig war und diese Hilfsbedürftigkeit durch die Heirat auch nicht gesteigert wurde (Senatsurteil vom 25. Oktober 2006 - XII ZR 144/04 - FamRZ 2007, 197).

- Die Ehefrau ist russische Staatsangehörige, der deutschen Sprache nicht mächtig und Klavierlehrerin. Sie hatte den deutschen Ehemann über Briefkontakt kennen gelernt und war mit ihrem zehnjährigen Sohn mit einem Besuchervisum nach Deutschland gekommen. Kurz vor der Eheschließung schlossen die Parteien in einem notariellen Ehevertrag den Versorgungsausgleich aus und verzichteten auf Unterhalt; der Zugewinnausgleich blieb zunächst bestehen, jedoch sollte Grundbesitz dabei unberücksichtigt bleiben. Einige Monate nach der Heirat vereinbarten sie in einem weiteren notariellen Ehevertrag Gütertrennung. Die Ehefrau litt schon bei Heirat an Skoliose und Bandscheibenerkrankung, die aber später - nach der Heirat - als Multiple Sklerose erkannt wurde. Sie ist nunmehr gehunfähig und pflegebedürftig.

Das Amtsgericht hat die Unterhaltsklage der Ehefrau abgewiesen, das Oberlandesgericht hat ihr demgegenüber einen Unterhalt von 795 € zugesprochen und die weitergehende Klage abgewiesen, weil sich der Ehemann nach den Grundsätzen der Ausübungskontrolle nicht auf den Unterhaltsverzicht berufen könne (§§ 242, 313 BGB).

Der Senat hat demgegenüber den Unterhaltsverzicht bereits als sittenwidrig nach § 138 BGB angesehen. Zwar können durch Vertrag von vornherein einzelne Lebensrisiken, z.B. eine schon vor der Ehe zutage getretene Krankheit, aus der Verantwortung der Ehegatten füreinander herausgenommen werden. Allerdings kann sich ein Ehegatte nicht von jeder Verantwortung freizeichnen, wenn er - wie hier - den anderen Ehegatten aus dem Ausland nach Deutschland geholt hat und dieser andere Ehegatte erkennbar - mangels Sprachkenntnissen und beruflicher Ausbildung, die ihm hier ein selbständiges Auskommen ermöglichen würde - keiner Erwerbstätigkeit wird nachgehen können. Der Senat hat hier die Ehefrau, die mit ihrem zehnjährigen Sohn auf Betreiben des Ehemannes nach Deutschland gekommen war und jegliche Brücken zur Heimat abgebrochen hatte, in einer deutlich schwächeren Verhandlungsposition gesehen, da sie ohne Heirat weder Aufenthalts- noch Arbeitserlaubnis erhalten hätte und somit auf die Eheschließung angewiesen war. Außerdem stand jedenfalls fest, dass sie bei der Heirat schon an einer untersuchungsbedürftigen Krankheit litt (Senatsurteil vom 22. November 2006 - XII ZR 119/04 - FamRZ 2007, 450).

- Die Ehefrau war vor Eingehung ihrer zweiten Ehe wegen der Betreuung ihres erstehelichen Kindes nur teilerwerbstätig gewesen. Bei Eingehung der zweiten Ehe war sie schwanger. Auch der Ehemann war geschieden und einer Ehefrau und zwei Kindern unterhaltspflichtig. Sein Nettoeinkommen betrug bei der zweiten Heirat ca. 4.500 DM. Die Ehegatten schlossen vor der Heirat eine Vereinbarung, wonach der jeweilige Unterhaltsberechtigte einen monatlichen Unterhalt in Höhe eines Beamtengehalts der Besoldungsgruppe A 3, Dienstaltersstufe 10 bekommen sollte. Bis zu dieser Höhe sollte auch ein etwaiger Zuverdienst anrechnungsfrei bleiben. Ob und in welchem Umfang die Ehefrau während der Ehe neben Haushaltsführung und Kindererziehung nach den Vorstellungen der Parteien erwerbstätig sein sollte, ist nicht festgestellt worden. Tatsächlich war die Ehefrau während der Ehe nicht erwerbstätig. Sie verlangt nun vom Ehemann, der während der Ehe wider Erwarten außergewöhnlich gut verdient hat, einen daran gemessenen konkreten Unterhaltsbedarf von 4.915 € zuzüglich Altersvorsorgeunterhalt (994 €) und Krankenvorsorgeunterhalt (271 €). Das Amtsgericht hat ihr nur einen Unterhalt auf der Basis des vereinbarten Beamtengehalts von rund 1.782 € zugesprochen. Das Oberlandesgericht hat ihr demgegenüber einen Unterhalt in Höhe des doppelten Grundgehalts (ca. 3.492 €) zugesprochen mit der Begründung, die ehebedingten Erwerbsnachteile auszugleichen, die der Ehefrau in Höhe des vorgestellten, aber tatsächlich nicht erzielten Zuverdienstes entstanden seien. Es hat dies mit der notwendigen Vertragsanpassung im Rahmen der Rechtsausübungskontrolle nach § 242 BGB begründet.

Der Senat ist dem nicht gefolgt und hat die Sache aufgehoben und zurückverwiesen. An der Rechtswirksamkeit des Ehevertrages nach § 138 BGB besteht kein Zweifel, da sich weder aus dem Umstand der Schwangerschaft der Ehefrau noch aus der vereinbarten Unterhaltshöhe, die damals der üblichen Unterhaltsquote aus dem bereinigten Nettoeinkommen des Ehemannes entsprach, eine einseitige Lastenverteilung zu Lasten der Ehefrau ergab. Gleiches gilt für den Umstand, dass entgegen den Erwartungen eine außergewöhnliche gute Einkommenssteigerung des Ehemannes eintrat. Denn ein Vertrag, in dem der Unterhalt in etwa den Einkommensverhältnissen bei Vertragsschluss entsprach und in dem künftige Einkommenssteigerungen des Unterhaltspflichtigen ausgeschlossen und der Unterhalt nur nach den allgemeinen Lebenshaltungskosten fortgeschrieben werden soll - wie hier mit der Ankoppelung an ein bestimmtes Beamtengehalt, was einer Wertsicherungsklausel gleichkommt - ist nicht sittenwidrig, da es keinen unabdingbaren Anspruch auf Teilhabe an außergewöhnlichen Einkommenssteigerungen des anderen Ehegatten gibt.

Aber es liegt auch keine unzulässige Rechtsausübung vor, wenn der Ehemann sich - trotz seiner Einkommenssteigerung - auf die vertragliche Beschränkung der Unterhaltshöhe beruft. Denn mit der Abkoppelung des nachehelichen Unterhalts von der späteren Einkommensentwicklung haben die Parteien zu verstehen gegeben, dass sich der Unterhalt der Höhe nach nicht nach den jeweiligen ehelichen Lebensverhältnissen (§ 1578 BGB) richten sollte. Das ist bindend.

Eine Vertragsanpassung im Rahmen der Rechtsausübungskontrolle nach § 242 BGB kommt daher hier nur unter dem Gesichtspunkt in Betracht, dass sich die Erwerbsmöglichkeiten der Ehefrau in der Ehe zu ihren Lasten erheblich anders entwickelt haben als ursprünglich vorgestellt. Sind die Parteien bei Vertragsschluss davon ausgegangen, die Ehefrau werde trotz Kinderbetreuung und Haushaltsführung nicht unerheblich erwerbstätig sein (konkrete Feststellungen zu entsprechenden Vorstellungen der Parteien waren hier allerdings nicht getroffen), und haben sich diese Vorstellungen nicht so verwirklicht, müssen die hierdurch entstandenen ehebedingten Erwerbsnachteile ausgeglichen werden. Das bedeutet aber noch nicht, dass dann pauschal die im Vertrag festgelegte Unterhaltsregelung schlicht verdoppelt werden könnte. Das wäre nur dann gerechtfertigt, wenn die Parteien bei Vertragsschluss davon ausgegangen wären, dass die Ehefrau schon in der Ehe einen anrechnungsfreien Zuverdienst in Höhe eines Beamtengehalts A 3/10 erzielen könnte. Nur insoweit läge ein ehebedingter Nachteil vor. Denn ein Ehegatte darf - auch im Rahmen der Ausübungskontrolle - nicht besser gestellt werden, als er ohne die Ehe bei kontinuierlicher Fortsetzung seines vorehelichen Berufsweges gestanden hätte. Darüber hinaus war vorliegend auch zu beachten, dass die Ehefrau schon wegen ihres erstehelichen Kindes ihre Erwerbstätigkeit eingeschränkt hatte. Die bereits daraus resultierenden erstehelich bedingten Nachteile können nicht zu Lasten des zweiten Ehemannes gehen (Senatsurteil vom 28. Februar 2007 - XII ZR 165/04 - FamRZ 2007, 974).

- Die in erster Ehe geschiedene Klägerin ist gelernte Goldschmiedin. Sie lebte zunächst nichtehelich mit dem Beklagten zusammen, der wie sie ebenfalls im Juweliergeschäft seiner Eltern tätig war, das er später übernehmen sollte. Als die Klägerin schwanger wurde, drängten die Eltern des Beklagten auf Heirat und vorherigen Abschluss eines Ehevertrages. Dieser sah die Vereinbarung der Gütertrennung, den Ausschluss des Versorgungsausgleichs und den grundsätzlichen gegenseitigen Unterhaltsverzicht vor, mit Ausnahme des Betreuungsunterhalts nach § 1570 BGB. Dieser sollte nach den Grundlagen der Düsseldorfer Tabelle so lange gezahlt werden, bis das jüngste Kind das 6. Lebensjahr vollendet hatte. Unabhängig davon verpflichtete sich der Ehemann zur Zahlung einer Unterhaltsabfindung für jedes Ehejahr in Höhe von 3.000 DM. Die Unterhaltsregelung war mit einer Wertsicherungsklausel versehen. Die Klägerin arbeitete nach der Geburt des Kindes zunächst nur noch stundenweise, später halbtags im Geschäft der Schwiegereltern. Bei Scheidung erhielt sie eine Unterhaltsabfindung von 65.000 €, teils in bar, teils in Form einer Kapitallebensversicherung.

Die Klägerin hat unter Berufung auf die Gesamtnichtigkeit des Ehevertrags wegen der Beschränkung des Unterhalts gem. § 1570 BGB vom Beklagten im Weg der Stufenklage Auskunft und Zahlung von Zugewinnausgleich begehrt.

Der Senat hat den Vertrag nicht als sittenwidrig angesehen. Für sich genommen ist der Ausschluss des Zugewinnausgleichs - als nicht vom Kernbereich erfasste Scheidungsfolge - ehevertraglicher Disposition am weitesten zugänglich und regelmäßig nicht sittenwidrig. Denn es entspricht dem legitimen Interesse des Ehemannes, das väterliche Geschäft, das auch seine Lebensgrundlage bildet, nicht durch etwaige Ausgleichszahlungen zu gefährden. Eine Nichtigkeit folgt auch nicht aus der notwendigen Gesamtwürdigung mit den anderen Regelungen, insbesondere der zeitlichen Beschränkung des Betreuungsunterhalts bis zum 6. Lebensjahr des Kindes. Der Senat hat hervorgehoben, dass die nach der Rechtsprechung zu § 1570 BGB regelmäßig längere Betreuungszeit eines Kindes, innerhalb derer einen Ehegatten noch keine volle Erwerbsobliegenheit trifft, andererseits nicht bedeutet, dass sich die Ehegatten nicht über einen früheren Wiedereintritt der Ehefrau in das Erwerbsleben neben der Kindesbetreuung verständigen können. Maßgebend sind die Einzelfallumstände, wie etwa hier die unmittelbare Nähe von Wohnung und Geschäft und die Betreuungsbereitschaft der Großeltern. Dies wird nach Inkrafttreten der Unterhaltsrechtsreform, die den Betreuungsunterhalt des geschiedenen Ehegatten zeitlich einschränkt, vermehrt Bedeutung gewinnen.

Darüber hinaus war die Ehefrau auch durch zusätzliche Unterhaltsabfindung abgesichert, wobei die teilweise nachträglich vereinbarte Zahlung in eine Kapitallebensversicherung nicht zu beanstanden war.

Gleiches gilt im Ergebnis für den Verzicht auf den Krankheitsunterhalt, da insofern ein Ausschluss vorehelicher Krankheitsfolgen zulässig ist, und für den Verzicht auf Altersunterhalt, da die Parteien bei Vertragsschluss von einer Wiederaufnahme der Erwerbstätigkeit und Aufbau einer eigenen Altersversorgung der Ehefrau ausgingen, die dann ja auch stattfand, so dass sie keine erheblichen ehebedingten Verluste erlitt. Im Übrigen könnte dem im Wege der Ausübungskontrolle (§ 242 BGB) Rechnung getragen werden, dies hat aber mit der Frage der Nichtigkeit der Gesamtregelung und damit auch des von der Ehefrau erstrebten Zugewinnausgleichs nichts zu tun. Der Versorgungsausgleichsausschluss schließlich war für die Ehefrau nur günstig, da sie andernfalls dem selbständigen Ehemann ausgleichspflichtig geworden wäre (Senatsurteil vom 28. März 2007 - XII ZR 130/04 - FamRZ 2007, 1310).

- Der Zugewinnausgleich wird vom Kernbereich der Scheidungsfolgen nicht umfasst und erweist sich ehevertraglicher Gestaltung am weitesten zugänglich. Der Senat hält deshalb den Ausschluss des Zugewinnausgleichs und die Wahl des vom Gesetz zur Verfügung gestellten Güterstands der Gütertrennung grundsätzlich für zulässig. Insbesondere entspricht es dem legitimen Interesse eines Ehegatten, die wirtschaftliche Substanz seiner Unternehmensbeteiligung und ihren Fortbestand als Lebensgrundlage der Familie nicht durch etwaige Ausgleichszahlungen an den anderen Ehegatten zu gefährden (Senatsurteil vom 28. März 2007 - XII ZR 130/04 - FamRZ 2007, 1310, 1311). Der ehevertragliche Ausschluss des Zugewinnausgleichs ist im Übrigen nicht schon deshalb unwirksam (§ 138 BGB), weil ein Ehegatte - entsprechend den gemeinsamen Vorstellungen der Ehegatten bei Vertragsschluss - in der Ehe einer selbständigen Erwerbstätigkeit nachgegangen ist und deshalb kein im Versorgungsausgleich auszugleichendes Versorgungsvermögen erworben hat. Denn die Gestaltung der Erwerbstätigkeit und der Altersvorsorge entsprach bei Eingehung der Ehe bzw. bei Vertragsschluss den Vorstellungen der Ehegatten. Kein Ehegatte kann daher erwarten, der unterlassene Erwerb von Versorgungsanrechten werde im Scheidungsfall durch den - vertraglich ausgeschlossenen - Versorgungsausgleich kompensiert (Senatsurteil vom 17. Oktober 2007 - XII ZR 96/05 - FamRZ 2008, 386, 388).

Trennungs- und Scheidungsvereinbarungen aus notarieller Sicht

Dr. Christof Münch,
Notar, Kitzingen

Seite

A. Trennungs- und Scheidungsvereinbarungen in der Notarpraxis heute 30
    I. Trennungsvereinbarungen 30
        1. Trennungssituation 30
        2. Vorläufige Regelung 30
        3. Stopp weiterer Ansprüche 31
        4. Formvorschriften 31
        5. Regelungsbereiche 32
    II. Scheidungsvereinbarungen 34
        1. Einigungsumfang 34
        2. Zusammenarbeit mit Anwälten 34
        3. Gründe der Scheidungsvereinbarung beim Notar 34
        4. Regelungsbereiche einer Scheidungsvereinbarung 35
        5. Inhaltskontrolle 37
    III. Scheidungsfolgevereinbarungen 38
        1. Vermögensauseinandersetzung 38
        2. Scheidung „ultra-light" 38

B. Die bisherige einverständliche Scheidung nach § 630 ZPO .. 38
    I. Die Voraussetzungen der einverständlichen Scheidung nach § 630 ZPO 38

		1.	Die Scheidung nach dem 1. EheRG	38
		2.	Die Voraussetzungen des § 630 ZPO	40
	II.	Scheidungspraxis		41
	III.	Verbleibende Bedeutung des § 630 ZPO		41
		1.	Art. 6 Abs. 1 GG	42
		2.	§ 630 ZPO als eheerhaltendes Element	43
		3.	Belange der Kinder	44

C. **Die Stellung des Notars im Familienrecht** **45**
    I. Notar und gerechter Vertrag 45
    II. Streitverhütende Tätigkeit des Notars 48
    III. Notar als Instanz vorweggenommener Inhaltskontrolle 50

D. **Die Funktion des Notars aus der Sicht des BMJ – das notariell begleitete Scheidungsverfahren ohne Anwalt** **51**
    I. Das notariell begleitete Scheidungsverfahren nach BMJ 51
        1. Voraussetzungen des vereinfachten Scheidungsverfahrens 52
        2. Folgen des vereinfachten Scheidungsverfahrens 52
        3. Übergang zum „Normalverfahren" 53
    II. Die Rolle des Notars nach BMJ 53
        1. Vertrauensbeweis 53
        2. Änderung des notariellen Arbeitsalltags 54
        3. Schutz des Schwächeren statt asymmetrischer Vertretung 54
        4. Entlastung der Gerichte und Justizhaushalte 55

E. **Der Regierungsentwurf zum FGG-RG – Scheidung „ultra light"** **56**
    I. Regelungen des Regierungsentwurfs zum Scheidungsverfahren 56
    II. Auswirkungen einer Scheidung ultra light 58
        1. Auf dem Weg zur Konsensualscheidung 58

		2.	Scheidungsfolgen ohne Kenntnis 59
		3.	Umgehung der Inhaltskontrolle 59
		4.	Umgehung von Formgeboten 61

F. **Die Scheidungsvereinbarung nach der Reform des Familienverfahrensrechts** 61

    I. Wegfall des § 630 ZPO 61

        1. Kein Einigungszwang – schnelle Scheidung 61

        2. Außergerichtliche Einigung als Anliegen des Gesetzgebers 62

        3. Vorteile notarieller Befassung aus Sicht des BMJ bleiben 63

        4. Regelungsbedarf schon im Trennungszeitpunkt 63

        5. Vermögensauseinandersetzung 64

        6. Nachehelicher Unterhalt 64

    II. Erhöhter Regelungsbedarf nach neuem Unterhaltsrecht 64

    III. Bleibende Bedeutung einvernehmlicher und kostengünstiger Konfliktlösung 66

G. **Fazit** 67

Als die Bitte an mich erging, als Referent auf diesem Symposium zu sprechen, stand die Rolle des Notars im Scheidungsverfahren im Mittelpunkt der Erwägungen, und zwar noch unter dem Eindruck des vom Justizministerium seinerzeit vorgesehenen sog. vereinfachten Scheidungsverfahrens. Das ist inzwischen Geschichte, aber für die Notare keineswegs das Ende der Geschichte. Wir wollen daher den Blick über die vorgesehenen Reformen des FGG hinausrichten und betrachten, was notarielle Trennungs- und Scheidungsvereinbarungen nach Wegfall eines besonderen Scheidungsverfahrens und nach der vorgesehenen Abschaffung des § 630 ZPO zu leisten vermögen.

A. Trennungs- und Scheidungsvereinbarungen in der Notarpraxis heute

I. Trennungsvereinbarungen

1. Trennungssituation

Trennungsvereinbarungen werden geschlossen, wenn die **Scheidung noch nicht** unmittelbar **ansteht**, sei es nach gerade erst erfolgter Trennung oder im Hinblick darauf, dass nur Trennung, nicht aber Scheidung beabsichtigt ist[1].

Trennungsvereinbarungen sind deshalb praxishäufig, weil sich der unmittelbare **Regelungsbedarf** für die wichtigsten Bereiche der Scheidungsfolgen zumeist schon **kurz nach der Trennung** zeigt und nicht erst im Rahmen der Scheidung[2].

2. Vorläufige Regelung

Ehegatten treffen in diesem Rahmen zum einen eine **vorläufige Regelung** für die gemeinsame Wohnimmobilie und ggf. auch mindestens vorläufige Vermögensauseinandersetzungen.

---

[1] Zur Abgrenzung *Brambring*, in: Münchener Anwaltshandbuch Familienrecht, 2. Aufl. 2008, § 25, Rn. 1 ff.

[2] Vgl. Die wirtschaftlichen Folgen von Trennung und Scheidung, Gutachten im Auftrag des Bundesministeriums für Familie, Senioren, Frauen und Jugend, Band 180 der Schriftenreihe dieses Ministeriums, 2000, 48; nachfolgend zitiert: „Gutachten".

3. Stopp weiterer Ansprüche

Zweites Ziel von Trennungsvereinbarungen ist es insbesondere in Fällen, in denen eine längere Trennung ohne Scheidung beabsichtigt ist, das **Weiterlaufen eherechtlicher Ansprüche** während der Trennungszeit **zu verhindern**.

4. Formvorschriften

Für die meisten dieser Abreden schreibt das BGB die notarielle Beurkundung vor, so für güterstandsrechtliche Regelungen nach § 1410 BGB, für Vereinbarungen zum nachehelichen Unterhalt vor Rechtskraft der Ehescheidung nach dem neuen § 1585c BGB und für Vereinbarungen über den Versorgungsausgleich nach §§ 1408 Abs.2, 1410, § 1587o BGB.

§ 1585c BGB betrifft dabei nicht nur Verzichte, sondern auch Modifikationen des nachehelichen Unterhalts, selbst wenn sie keinen Verzicht zum Gegenstand haben sollten. Dies erstreckt sich bis hin zu einer Vereinbarung über das begrenzte Realsplitting[3].

Die notarielle Beurkundung könnte durch einen **gerichtlichen Vergleich** nach §§ 127a, 1585c BGB ersetzt werden. Allerdings sind zum Trennungszeitpunkt zumeist keine gerichtlichen Verfahren anhängig. Zudem müssen bei gerichtlichen Vergleichen beide Seiten anwaltlich vertreten sein[4], so dass die Kosten eines gerichtlichen Vergleiches diejenigen einer notariellen Trennungs- oder Scheidungsvereinbarung bei weitem übertreffen[5]. Zudem ist die Vorschrift des § 1585c Satz 3 BGB als verunglückt anzusehen, denn gerichtliche Vergleiche haben nur dann ersetzende Wirkung, wenn sie in einem Verfahren in Ehesachen geschlossen werden, nicht aber bereits im Trennungsunterhaltsverfahren[6].

---

[3] *Bergschneider*, FamRZ 2008, 17.
[4] BGH FamRZ 1991, 679, 680; OLG Hamm FamRZ 1979, 848 f.; OLG Zweibrücken FamRZ 1985, 1071; *Zöller/Philippi*, ZPO, 26. Aufl. 2006, § 630 Rn. 15; MünchKomm-ZPO/*Finger*, 3. Aufl. 2007, § 630 Rn. 23; *Baumbach/Lauterbach/ Albers/Hartmann*, ZPO, 61. Aufl. 2008, § 630 Rn. 9.
[5] Auf diesen Kostenvorteil hinweisend *Bergschneider*, FamRZ 2008, 17, 19.
[6] *Bergschneider*, FamRZ 2008, 17, 18.

5. Regelungsbereiche

Folgende **Regelungsbereiche** sind in einer Trennungsvereinbarung regelmäßig zu finden[7]:

- Regelungen zur **Ehewohnung** – Hier kann eine vorläufige Regelung der Nutzung unter Beibehaltung der Eigentumsverhältnisse erfolgen oder eine endgültige Regelung der Eigentumsverhältnisse sowie der Lasten- und Kostentragung und der Auswirkungen dieser Vereinbarung auf den Zugewinnausgleich. Vereinbarungen, die eine Räumung der Ehewohnung durch einen Ehegatten vorsehen, können mit einer notariellen Zwangsvollstreckungsunterwerfung verbunden sein, denn es handelt sich nicht um Ansprüche aus einem Mietverhältnis über Wohnraum, die § 794 Abs.1 Nr. 5 ZPO ausschließt[8].

- **Hausratsverteilung**, bei Bedarf mit Übergabeprozedere, § 1361a BGB

- **Güterstandswechsel**; ein solcher ist insb. im Hinblick auf § 1378 Abs.2 BGB anzuraten, da es für die Forderungsbegrenzung des Ausgleichsanspruchs erst auf den Zeitpunkt der Rechtskraft der Scheidung ankommt. Allerdings soll dies nach dem Entwurf eines Gesetzes zur Änderung des Zugewinnausgleichs vom 1.11.2007[9] durch eine Neufassung des § 1384 BGB behoben werden. Häufig wird im Zeitpunkt der Trennung auch schon ein endgültiger Zugewinnausgleich verabredet, wenn die Vermögensverteilung von vorneherein klar ist, insbesondere wenn die Übernahme der Wohnimmobilie als wesentlicher Vermögensgegenstand ausgehandelt ist.

- **Trennungsunterhalt** – Hier kann nicht oft genug darauf hingewiesen werden, dass auf Trennungsunterhalt nach §§ 1361 Abs. 4 Satz 3, 1360a, 1614 BGB nicht verzichtet werden kann. Daher sind hier in erster Linie Zahlungsverpflichtungen mit Zwangsvoll-

---

[7] Ausführlich zu Trennungsvereinbarungen auch mit Formulierungsvorschlägen: *C. Münch*, Ehebezogene Rechtsgeschäfte, 2. Aufl. 2007, Rn. 2629 ff.; *C. Münch*, ZFE 2005, 432 ff., ZFE 2006, 15 ff.

[8] So ausdrücklich nunmehr DNotI-Gutachten, DNotI-Report 2008, 33 m. w. N.; für das seit 1998 geltende Recht zu voreilig diesen Bereich ausschließend *Dastmaltchi*, § 630 ZPO als eheerhaltendes Element im Scheidungsrecht?, 2006, 113, die daher den Kostenvorteil notarieller Vereinbarung zu Unrecht verneint, *Zöller/Philippi*, ZPO, § 630 Rn. 13; *Thomas/Putzo*, ZPO, 28. Aufl. 2007, § 794 Rn. 51.

[9] Abrufbar unter www.famrb.de.

streckungsunterwerfung gefragt. Verzichte hingegen sind auch in den anwaltlich oft gewünschten Umschreibungen (Absichtserklärungen etc.) nicht möglich. Einige OLGe vertreten, man könne eine Bestimmung der Angemessenheit des Unterhalts nach § 1361 BGB vornehmen und dabei bis zu etwa 20 % unter dem errechneten Unterhaltsniveau bleiben[10]. Wichtig ist eine genaue Abgrenzung von Trennungs- und nachehelichem Unterhalt.

- **Versorgungsausgleich** – häufig sollen hier Verzichte für die Zeit ab Trennung aufgenommen werden. Dabei ist bei der Formulierung darauf zu achten, dass das Ehezeitende nach § 1587 Abs. 2 BGB nicht geändert werden kann[11].

- **Kindesunterhalt** – da auch der Kindesunterhalt keinerlei Verzichten zugänglich ist (§ 1614 BGB), stehen hier Zahlungsregelungen – am besten dynamische Zahlungstitel – im Vordergrund. Mangelfallberechnungen mit Ehegattenunterhalt wird es nach dem neuen Unterhaltsrecht hier seltener geben, da der Kindesunterhalt nunmehr den Vorrang genießt und in der Regel gedeckt werden kann oder jedenfalls dann nichts mehr für den Ehegatten übrig bleibt. Gelegentlich werden in besonderen Konstellationen auch Freistellungsvereinbarungen der Eltern getroffen.

- Begleitet sind solche Trennungsvereinbarungen häufig von **Erbverzichten**, da der Zeitpunkt des Erlöschens des Ehegattenerbrechts nach § 1933 BGB (Scheidungsvoraussetzungen gegeben und Antrag/Zustimmung des Erblassers) erst sehr spät eintreten und häufig schon ab Trennung das Erbrecht ausgeschlossen sein soll.

Im Ergebnis kann die Trennungsvereinbarung bewirken, dass die wichtigsten Ansprüche in der Trennungszeit geregelt sind, das Weiterlaufen eherechtlicher Ansprüche verhindert wird oder bereits die komplette Vermögensauseinandersetzung geleistet ist.

---

[10] OLG Hamm FuR 2000, 280; OLG Düsseldorf NJW-FER 2000, 307; *C. Münch*, Ehebezogene Rechtsgeschäfte, Rn. 1698 ff.
[11] *C. Münch*, Ehebezogene Rechtsgeschäfte, Rn. 2698 f.

II. Scheidungsvereinbarungen

1. Einigungsumfang

Häufiger noch als die Trennungsvereinbarungen sind in der täglichen notariellen Praxis die Scheidungsvereinbarungen zur Vorbereitung einer einvernehmlichen Scheidung anzutreffen. Eine Scheidungsvereinbarung dokumentiert in der Regel eine **komplette Einigung** der Ehegatten in allen Scheidungsfolgen, da die Ehegatten zumeist ein „Gesamtpaket" schnüren und ihre Einigung darauf beruht, dass sicher und planbar geklärt ist, was am Ende jeder Ehegatte nach der Vereinbarung erhält. Einzige Ausnahme ist oft der Versorgungsausgleich, wenn dieser gerichtlich durchgeführt werden soll.

2. Zusammenarbeit mit Anwälten

Bei den Scheidungsvereinbarungen hat sich in der Praxis – jedenfalls in der des Vortragenden – die **Zusammenarbeit** mit den **Anwälten** sehr gut bewährt. Eher selten sind Ehegatten gar nicht anwaltlich vertreten. Zumeist ist ein Ehegatte durch einen Anwalt vertreten, manchmal auch beide. In der Regel ist bei anwaltlicher Vertretung insbesondere die **Unterhaltsberechnung** schon durchgeführt oder die Parteien sind nach überschlägiger Berechnung zu einem Verzicht bereit.

3. Gründe der Scheidungsvereinbarung beim Notar

Forscht man nach den **Gründen**, weshalb eine Scheidungsvereinbarung **beim Notar** geschlossen wird, so werden vor allem die folgenden einschlägig sein:

- Es sind Regelungen zur **Scheidungsimmobilie** gewünscht, die ohnehin notarieller Beurkundung bedürfen.

- In der Unternehmerehe sind **hochkomplexe gesellschaftsrechtliche Sachverhalte** zu gestalten, mit denen der Notar auch sonst befasst ist, so dass die Aufnahme in eine notarielle Scheidungsvereinbarung nahe liegt.

- Es bestand eine **vorsorgende ehevertragliche Vereinbarung** mit nachfolgend abweichender Lebensentwicklung. Hier liegt es nahe, diese im Scheidungsfalle auch wieder vertraglich zu erfassen.

- Es bestehen **Ansprüche der sog. „Zweiten Spur"**, die gleich mitbehandelt werden sollen. Häufig ist die Grundstücksübertragung oder die Ehegattengesellschaft ohnehin mit dem Notar zu gestalten.

- Es ist eine **schnelle Abwicklung** unabhängig von gerichtlicher Terminierung gewollt.

- Die mediative Atmosphäre eines Vertragsgestalters verhilft schneller zu einer Einigung als die hoheitlich dominierte Struktur eines Gerichtsverfahrens.

- Es wird ein Vollstreckungstitel im Hinblick auf eine einvernehmliche Scheidung nach § 630 ZPO benötigt.

- Die Parteien sind sich einig, dass nur einer von ihnen anwaltlich vertreten sein soll. Sie möchten in diesem Fall eine möglichst kostengünstige Regelung der Scheidungsfolgen herbeiführen. Ein gerichtlicher Vergleich mit zwei Anwälten wäre kostenintensiver.

- Eine gute Scheidungsvereinbarung gibt für beide Ehegatten Planungssicherheit. Sie kann den individuellen Bedürfnissen in der jeweiligen Ehe und Scheidungssituation gerecht werden.

4. Regelungsbereiche einer Scheidungsvereinbarung

Die **Regelungsbereiche** einer solchen Scheidungsvereinbarung entsprechen denen bei der Trennungsvereinbarung, allerdings müssen die dort vorläufig geregelten Sachverhalte (z.B. Nutzung von Ehewohnung und Hausrat) nun einer **endgültigen Lösung** zugeführt werden.

Nach dem Entwurf des Gesetzes zur Änderung des Zugewinnausgleichs- und Vormundschaftsrechts[12] der Bundesregierung vom 1.11.2007 sollen die Regelungen zur endgültigen Zuweisung der **Ehewohnung** künftig nach Aufhebung der HausratsVO in § 1586a BGB-E geregelt sein, die Zuweisung des **Hausrat**es in § 1586b BGB. Die Billigkeitsentscheidung des Richters nach § 2 HausratsVO wird durch ein System von Anspruchsgrundlagen ersetzt. Ansonsten werden die bewährten Grundsätze nach Auffassung der Entwurfsverfasser beibehalten.

---

[12] Abrufbar unter www.famrb.de.

Zudem geht es nicht mehr um Trennungsunterhalt, sondern um **nachehelichen Unterhalt**. Für diesen bestehen ganz **vielfältige Regelungsmöglichkeiten**. Hier gilt es für uns Notare, das Bewusstsein zu entwickeln, dass diese Materie aufgrund der **Kompliziertheit**, die sie inzwischen erlangt hat, eine intensive Befassung mit der jeweils aktuellen Rechtsprechung und den Unterhaltsleitsätzen der Oberlandesgerichte erfordert. Gleichzeitig bewirkt die sich verbreitende **Rechtsunsicherheit**, wie ein Unterhaltsstreit am Ende ausgeht, dass die **Einigungsbereitschaft** der Vertragsteile auf eine Lösung, auf die man sich verlassen kann, sehr stark zunimmt. Hier kann eine Scheidungsvereinbarung segensreich wirken, die sich den Variantenreichtum an Lösungsmöglichkeiten zunutze macht[13]. Zu bedenken ist hierbei, dass möglicherweise für verschiedene Lebensphasen unterschiedliche Regelungen vorgesehen sein sollten, insbesondere aber für den Eintritt des Unterhaltspflichtigen in das Rentenalter eine abweichende Regelung erforderlich sein kann.

Das **neue Unterhaltsrecht** hat zu einem steigenden Bedürfnis an vorsorgenden ehevertraglichen, aber auch scheidungsbezogenen Vereinbarungen geführt[14]. Die Ehegatten können hiermit die Spielräume, die das Gesetz vorsieht, für sich ausfüllen.

Die Scheidungsvereinbarung sollte zudem auch alle anderen Ansprüche zwischen den Ehegatten, also solche aus der sog. „**Zweiten Spur**" im Familienrecht[15] berücksichtigen und einer Lösung zuführen. Hierzu gehören insbesondere Ansprüche aus Störung der Geschäftsgrundlage oder Ehegatteninnengesellschaft aber auch der Gesamtschuldnerausgleich. Diese Ansprüche sollen **künftig** einheitlich mit den familienrechtlichen zusammen als **Familienstreitsachen** nach § 112 FGG-RG-E dem großen Familiengericht zugewiesen werden (§ 266 FGG-RG-E). Dies kann **beim Notar** gut **aus einer Hand** mit geregelt werden, da der Notar in der Regel mit Gesellschaftsrecht und Grundstücksrecht ohnehin befasst ist.

---

[13] Formulierungsvorschläge bei *C. Münch*, Ehebezogene Rechtsgeschäfte, Rn. 2139 ff.
[14] Vgl. hierzu *Viefhues*, ZFE 2008, 44, 49.
[15] Hierzu *Schwab*, Brühler Schriften zum Familienrecht, 11. DFGT, 50; *Grziwotz*, DNotZ 2000, 486.

5. Inhaltskontrolle

Die neue Rechtsprechung des BVerfG[16] und des BGH[17] sowie zahlreicher Obergerichte[18] zur **Inhaltskontrolle** von Eheverträgen wirkt sich – wie soeben ausführlich gehört - auf die Beurkundung von Trennungs- und Scheidungsvereinbarungen aus.

Sie macht **einerseits** die Beurkundung schwieriger, da die Grenzen des Zulässigen durchaus noch nicht in jedem Detail trennscharf erkennbar sind und insbesondere Fragen der Ausübungskontrolle bei Scheidungsvereinbarungen noch nicht bis zum BGH gelangt sind. Das OLG Jena[19] hat für eine Ausübungskontrolle keinen Anwendungsbereich mehr gesehen, wenn Vertragsschluss und Scheitern der Ehe zusammenfallen. Dass dem in dieser Allgemeinheit nicht beigepflichtet werden kann, hat bereits Bergschneider unter Hinweis auf Änderungen späterer Sachverhalte begründet[20]. Hier soll zusätzlich vor allem auf die neue Rechtsprechung des BGH zu den wandelbaren ehelichen Lebensverhältnissen (insb. bei zusätzlichen Unterhaltspflichten für Kinder aus einer neuen Beziehung)[21] verwiesen werden, die sich danach nunmehr gefestigt durch zwei Entscheidungen auf den Unterhaltsbedarf auswirken. Angesichts dieser Rechtsprechung kann die Auffassung des OLG Jena nicht das letzte Wort sein.

Andererseits kann der Notar nunmehr Beurkundungswünschen entgegentreten, welche dieser Rechtsprechung nicht mehr standhalten würden.

---

[16] BVerfG FamRZ 2001, 343 = DNotZ 2001, 222 und BVerfG FamRZ 2001, 985 = DNotZ 2001, 708.
[17] BGH FamRZ 2001, 601; BGH FamRZ 2005, 26; BGH FamRZ 2005, 185; BGH FamRZ 2005, 691; BGH FamRZ 2005, 1444; BGH FamRZ 2005, 1449; BGH FamRZ 2006, 1097; BGH ZNotP 2006, 428; BGH FamRZ 2007, 197; BGH DNotI-Report 2007, 47; BGH NJW 2007, 2848; BGH NJW 2007, 2851; BGH NJW 2008, 1076; BGH NJW 2008, 1080.
[18] Eine aktuelle Zusammenstellung findet sich bei *C. Münch*, Ehebezogene Rechtsgeschäfte, Rn. 576 ff.; OLG Saarbrücken NJW-RR 2007, 654; OLG Hamm FamRB 2007, 258; OLG Düsseldorf FamRB 2008, 2.
[19] OLG Jena FamRZ 2007, 2081 = FamRB 2008, 66.
[20] *Bergschneider*, FamRZ 2007, 2082 mit dem Beispiel, dass ein Kind einen Unfall erleidet und nun wesentlich länger betreuungsbedürftig bleibt als ursprünglich angenommen..
[21] BGH FamRZ 2006, 683, 685 f. und jüngst BGH v. 6.2.2008 (XII ZR 14/06), BeckRS 2008 6400 = DNotI-Report 2008, 78.

III. Scheidungsfolgevereinbarungen

1. Vermögensauseinandersetzung

Scheidungsfolgevereinbarungen werden **nach rechtskräftiger Scheidung** geschlossen und dienen in der Regel der **Vermögensauseinandersetzung** unter Ehegatten. Insbesondere bei der Auseinandersetzung von Grundbesitz und Gesellschaftsvermögen werden hier notarielle Urkunden benötigt. In diesem Zusammenhang sind ggf. gerichtlich noch nicht entschiedene Felder wie der endgültige Zugewinnausgleich aufgrund der vorgenommenen Auseinandersetzungen zu klären.

2. Scheidung „ultra-light"

Möglicherweise wird unter diesem Begriff **künftig** nach Abschaffung des § 630 ZPO und der Schaffung einer von mir so bezeichneten **Scheidung „ultra-light"** noch ein ganz anderes Vorgehen zu verstehen sein: Wenn Ehegatten ohne weitere Voraussetzungen einverständlich geschieden werden, dann können sie nachher ohne jeden verfahrensrechtlichen Schutz und ohne jeden familienrechtlichen Beurkundungszwang[22] ihre **Folgesachen** – auch durch **Verzichte** – regeln.

B. Die bisherige einverständliche Scheidung nach § 630 ZPO

I. Die Voraussetzungen der einverständlichen Scheidung nach § 630 ZPO

1. Die Scheidung nach dem 1. EheRG

Nach der Abkehr vom Schuldprinzip und der Hinwendung zum Zerrüttungsprinzip gibt es nur noch **einen Scheidungsgrund**, nämlich das **Scheitern der Ehe**, § 1565 Abs.1 Satz 1 BGB[23].

---

[22] § 1585c BGB schreibt notarielle Beurkundung nur vor Rechtskraft der Scheidung vor. Ebenso sind Rechtsgeschäfte über die Ausgleichsforderung nach § 1378 BGB nach Auflösung des Güterstandes nicht mehr beurkundungsbedürftig (*Palandt/Brudermüller*, BGB, 67. Aufl. 2008, § 1378 Rn. 14 m. w. N.).
[23] Vgl. zum Folgenden: *Schwab/Schwab*, Handbuch des Scheidungsrechts, 5. Aufl. 2004, Kap. II Rn. 5 ff.; *Büte*, FPR 2007, 231.

Nach § 1565 Abs.1 Satz 2 BGB ist die Ehe gescheitert,

- wenn die eheliche Lebensgemeinschaft nicht mehr besteht (**Diagnose**)[24] und

- ihre Wiederherstellung nicht wieder erwartet werden kann (**Prognose**), die Zerrüttung also unheilbar ist[25]. Für diese Prognose genügt nicht ein erneuter Verweis auf das Getrenntleben, vielmehr sind konkrete Tatsachen vorzutragen, nach denen mit an Sicherheit grenzender Wahrscheinlichkeit keine Versöhnung der Ehegatten mehr erfolgt[26].

Dies hätte das Gericht grundsätzlich zu prüfen. Diese **Prüfung kann** aber **entfallen**, wenn eine der beiden unwiderleglichen **Vermutungen** des **§ 1566 BGB** greift, also die Ehegatten entweder

- ein Jahr getrennt leben und beide die Scheidung beantragen bzw. der Antragsgegner der Scheidung zustimmt (§ 1566 Abs.1 BGB) oder

- drei Jahre getrennt leben (§ 1566 Abs.3 BGB).

Die Vermutung des **§ 1566 Abs.1 BGB** kann als Grundlage einer Scheidung aber derzeit **nur** dienen, **wenn** die Ehegatten **zusätzlich** die nachstehend geschilderten Voraussetzungen des **§ 630 ZPO** erfüllen. Insoweit hat § 630 ZPO durchaus materielle Funktion[27]. Der Zweck des § 630 ZPO wird darin gesehen, eine Seriositätskontrolle des einvernehmlichen Scheidungswunsches darzustellen[28] und den Ehegatten die Konsequenzen ihres Scheidungsbegehrens vor Augen zu halten.

Mit der **Scheidungssperre des § 1565 Abs. 2 BGB**, die im Vermittlungsverfahren etwas systemwidrig eingeführt wurde[29], kann die Ehe außer bei Härtegründen immer erst nach Ablauf der einjährigen Tren-

---

[24] Zu dieser Diagnose *Gernhuber/Coester-Waltjen,* Familienrecht, 5. Aufl. 2006, § 27 Rn. 4 ff.
[25] *Schwab*, FamRZ 1976, , 491, 495; BGH NJW 1978, 1810 f.
[26] BGH FamRZ 1995, 229, 230; BGH FamRZ 1981, 127, 129; BGH NJW 1978, 1810; Anwaltkommentar/BGB/*Bisping*, 2005, § 1565 Rn. 10.
[27] *Gernhuber/Coester-Waltjen,* Familienrecht, § 27 Rn. 30; MünchKomm-ZPO/*Finger*, § 630 Rn.1; MünchKomm-BGB/*Wolf*, Band 7, 4. Aufl. 2000, Erg.-Band 2005, § 1566 Rn. 11 mit Nachweis der Gegenansicht in FN 60.
[28] *Gernhuber/Coester-Waltjen,* Familienrecht, § 27 Rn. 30.
[29] *Dastmaltchi,* (Fn. 8), 61.

nungsfrist geschieden werden, gleich ob einverständliche oder streitige Scheidung[30].

Prozessual ist der Scheidungsantrag bei **Fehlen** der Voraussetzungen des **§ 630 ZPO nicht unzulässig**. Vielmehr sind ohne die Voraussetzungen des § 630 ZPO die Voraussetzungen der unwiderleglichen Vermutung des § 1566 Abs.1 BGB nicht schlüssig dargelegt[31] bzw. kann die Zerrüttungsvermutung des § 1566 Abs.1 BGB nicht zum Zuge kommen[32]. Es muss dann zum Scheidungsantrag das Scheitern nach § 1565 Abs.1 BGB festgestellt werden. Eine irgendwie geartete Verfahrensumstellung ist dazu nicht notwendig. Jedes Verfahren kann ohne weiteres als einverständliches beginnen und als streitiges enden[33].

2. Die Voraussetzungen des § 630 ZPO

Die **Voraussetzungen der einverständlichen Scheidung nach dem derzeit gültigen § 630 ZPO** lassen sich folgendermaßen zusammenfassen:

- **Antrag** und Mitteilung, dass der andere Ehegatte der Scheidung **zustimmen** oder sie in gleicher Weise beantragen wird;

- übereinstimmende **Erklärungen der Eltern zur elterlichen Sorge und zum Umgangsrecht** entweder durch Antrag mit Zustimmung oder durch Erklärung, dass keine Anträge gestellt werden;

- Einigung der Ehegatten zum **Kindesunterhalt**;

- Einigung der Ehegatten zum nachehelichen **Ehegattenunterhalt**;

- Einigung der Ehegatten über die Rechtsverhältnisse an **Ehewohnung und Hausrat**;

- zu den letzten drei Punkten sollen die Ehegatten einen **vollstreckbaren Titel** vorlegen.

---

[30] *Palandt/Brudermüller,* BGB, § 1565 Rn.7.
[31] So Anwaltkommentar/BGB/*Bisping,* § 1566 Rn. 8; str. vgl. *Staudinger/Rauscher,* BGB, § 1566 Rn.60 f.
[32] *Schwab/Schwab,* Scheidungsrecht, Kap. II Rn.8.
[33] *Schwab/Maurer/Borth,* Scheidungsrecht, Kap. I Rn. 263.

II. Scheidungspraxis

Die Scheidungspraxis weicht jedoch nicht unerheblich von diesen gesetzlichen Voraussetzungen ab und vermischt die Scheidungstatbestände. So finden **Ermittlungen zur Trennungszeit** nur noch **äußerst selten** statt[34]. Ferner wird aus der Praxis berichtet, dass die unwiderlegliche Vermutung des Scheiterns der Ehe nach § 1566 Abs.1 BGB entgegen der gesetzlichen Intention auch schon **ohne** Vorliegen der Voraussetzungen des § 630 ZPO angenommen wird. Letztlich wird das gesetzliche Scheidungssystem als gescheitert angesehen, weil sich in der Gerichtspraxis die sog. **Konsensualscheidung** durchgesetzt habe[35], und zwar entweder als offene Konsensualscheidung über § 1566 Abs.1 BGB oder als sog. **verdeckte Konsensualscheidung** nach dem Grundtatbestand des § 1565 Abs.1 BGB, wenn zwar ein Ehegatte der Scheidung widerspricht, aber dem Vortrag des anderen zum Scheitern der Ehe nichts entgegensetzt[36]. Resigniert wird daher festgestellt, dass in der derzeitigen Praxis die sog. „**Schnellscheidung**" allein aufgrund einverständlichen Scheidungsantrags durch richterliches Urteil ohne Urteilsgründe (§ 313a ZPO) die Regel sei[37]. Zuweilen wird **§ 630 ZPO** auch **kritisiert**, insbesondere wegen seiner erbrechtlichen Auswirkungen im Rahmen des § 1933 BGB[38].

III. Verbleibende Bedeutung des § 630 ZPO

Nicht zuletzt diese Scheidungspraxis dürfte der Grund dafür sein, dass der Gesetzgeber nun ohne weiteres bereits ist, im Zuge der FGG-Reform die Bestimmung des § 630 ZPO einfach zu streichen. Ob er damit gut beraten ist, mag bezweifelt werden. Es gibt durchaus **Argumente**, eine **Einigung über die Folgesachen**, zumindest aber die Befassung mit den wirtschaftlichen Folgen einer Scheidung herbeizuführen, bevor die Scheidung ausgesprochen wird.

---

[34] MünchKomm-BGB/*Wolf*, Vor § 1564 Rn. 15 ff.; § 1566 Rn.7; *Bergschneider*, in: Münchener Prozessformularbuch, 2. Aufl. 2008, A.I.1., Anm.1.
[35] MünchKomm-BGB/*Wolf*, Vor § 1564 Rn. 16 f.; MünchKomm-ZPO/*Bernreuther*, § 616 Rn. 1.
[36] *Schwab/Schwab*, Scheidungsrecht, Kap. II Rn. 91; vgl. OLG Dresden FamRZ 2003, 1193; *Zöller/Philippi*, ZPO, § 630 Rn. 2; kritisch *Thomas/Putzo*, § 630 Rn. 1: dies dürfe nicht entgegen § 138 Abs. 3 ZPO wahrheitswidrig akzeptiert werden.
[37] *Gernhuber/Coester-Waltjen*, Familienrecht, § 24 Rn. 14.
[38] *Rausch*, FuR 2006, 337, 338.

1. Art. 6 Abs. 1 GG

Der Blick in das Grundgesetz zeigt, dass **Art. 6 Abs.1 GG** die Ehe und die Familie unter den besonderen Schutz der staatlichen Ordnung stellt. Das Grundgesetz gibt jedoch selbst kein Eheleitbild vor, sondern geht von der vorgefundenen Lebensform der bürgerlich-rechtlichen Ehe und ihrer einfachgesetzlichen Ausgestaltung aus[39]. Art. 6 Abs.1 GG macht daher wenig inhaltliche Vorgaben für das gelebte Ehemodell. Zu diesen wenigen **Grundprinzipien** gehört aber – ungeachtet anderslautender publikumswirksamer Vorschläge[40] - die **zeitliche Unbeschränktheit der Lebensgemeinschaft**[41] und die dadurch bewirkte Erstreckung der Schutzwirkung des Art. 6 Abs.1 GG auch noch auf die gescheiterte Ehe[42]. Die Strukturprinzipien sollen andererseits der Disposition des einfachen Gesetzgebers entzogen sein, solange kein verfassungsrechtlich bedeutsamer Wandel des Eheverständnisses stattgefunden hat[43]. Das BVerfG folgert daraus, dass der **Gesetzgeber** – wenn auch mit erheblichem Beurteilungsspielraum – **gehalten** sei, der fortwirkenden personalen Verantwortung der Ehegatten füreinander Rechnung zu tragen und weitergehend, dass das Scheidungsrecht auch **eheerhaltende Elemente** enthalten muss und die Ehescheidung für die Rechtsordnung die Ausnahme zu bilden hat[44].

---

[39] Detailliert *C. Münch*, KritV 2005, 208, 217 ff.; BVerfGE 31, 58 f. = NJW 1971, 1509 f.; *Gröschner*, in: Dreier, Grundgesetz-Kommentar, 2. Aufl. 2004, Art. 6 Rn. 36; *Schmidt-Bleibtreu/Hofmann*, GG, 11. Aufl. 2008, Art.6 Rn. 14; *Loschelder*, FamRZ 1988, 333, 334; *Gellermann*, Grundrechte im einfachgesetzlichen Gewande, 2000, 127 ff.; *Pieroth/Kingreen*, KritV 2002, 219, 220 f.

[40] Zitat aus Wikipedia, der Internet-Enzyklopädie: „Im Vergleich stellt die Ehe sich heute (2007) wie folgt dar: Die Ehe kann einseitig nach drei Jahren Trennung geschieden werden, oder anderes formuliert: Der Vertrag ist nur drei Jahre verbindlich und verlängert sich gleitend. Diese Autoprolongierung kann durch einseitiges Beenden des vertragskonformen Verhaltens jederzeit unterbrochen werden, und zwar ohne Angabe von Gründen. Nach drei Jahren Trennung wird die Ehe auf Antrag durch Scheidung beendet – willigt der andere Partner ein, kann die Scheidung auch nach einem Jahr Trennung erfolgen, § 1566 BGB." Erinnert sei in diesem Zusammenhang auch an die Vorschläge der ehemaligen Fürther Landrätin Pauli zur siebenjährigen Ehe.

[41] *Badura*, in: Maunz/Dürig/Herzog, Grundgesetz-Kommentar (Stand 6/07), Art.6 Rn. 45; *Coester-Waltjen*, in: Münch/Kunig, Grundgesetz, 5. Aufl. 2000, Art.6 Rn. 8 ff.; *Schmidt-Bleibtreu/Hofmann*, GG, Art. 6 Rn. 9.

[42] *Badura*, in: Maunz/Dürig/Herzog, Grundgesetz Art. 6 Rn. 45.

[43] BVerfGE 52, 224 ff. = NJW 1980, 689; *Coester-Waltjen*, in: Münch/Kunig, Art.6 Rn. 13.

[44] BVerfGE 53, 224, 245, 250 = NJW 1980, 689 f.; *Gröschner*, in: Dreier, Grundgesetz-Kommentar, Art. 6 Rn. 62.

2. § 630 ZPO als eheerhaltendes Element

Ein solches Element der Fürsorge des Gesetzgebers für diese fortwirkende Verantwortung ist § 630 ZPO. So betont die **Gesetzesbegründung** ausdrücklich, dass wegen der fehlenden Zerrüttungsprüfung im Rahmen des § 1566 Abs.1 BGB zusätzliche Maßnahmen geboten sind, die einer **übereilten und später bereuten Auflösung der Ehe vorbeugen.** Hierfür erscheine der Zwang, mit der Scheidung bestimmte Folgeregelungen zu treffen, am besten geeignet, denn dies führe den Ehegatten die **Tragweite** ihres Schrittes rechtzeitig **vor Augen**[45]. Dies lässt sich auch **keineswegs** als **veraltete Begründung** einer längst vergangenen Eherechtsreform abtun, wenn führende ZPO-Kommentare auch heute noch diesen Zweck der Vorschrift zustimmend – wenngleich zuweilen im Detail mit Änderungsvorschlägen – bekräftigen. Auch im *Staudinger* liest man noch 2004, dass nach dem wohl noch herrschenden Verständnis des Art. 6 Abs.1 GG die Verfassungsmäßigkeit einer einverständlichen Scheidung ohne zusätzliche scheidungserschwerende Kautelen kaum sicherzustellen sei[46].

Und so kann man in der Praxis durchaus auch erleben, dass der Zwang mit der Befassung der Rechtsfolgen en detail die Ehegatten zunächst ins Gespräch bringt und manchmal – zugegeben sind dies nicht die Regelfälle – dann nicht nur die Beurkundung, sondern auch die Scheidung selbst unterbleibt.

In jedem Falle ist festzustellen, dass eine von den Ehegatten gemeinsam erarbeitete Scheidungsfolgenregelung in der Regel tragfähiger ist, als gerichtlich angeordnete Scheidungsfolgen[47].

Wenn nun diese eheerhaltende Element des § 630 ZPO bestritten wird augrund der anders verfahrenden Praxis bei den Gerichten und bei der anwaltlichen Vertretung durch den zweiten Anwalt, der einen ausgehandelten Vergleich nicht einmal prüfe[48], dann ist dem eines

---

[45] BT-Drs. 7/650, 89 f.
[46] MünchKomm-ZPO/*Finger*, § 630 Rn. 3: „Gleichwohl ist § 630 ZPO eine sinnvolle Regel"; *Zöller/Philippi*, ZPO, § 630 Rn.1: „Das Gesetz will die Ehegatten vor einer übereilten einverständl. Scheidung warnen, die noch Überraschungen hinsichtlich der Scheidungsfolgen in sich birgt."; *Baumbach/Lauterbach/Albers/Hartmann*, § 630 Rn. 2; *Staudinger/Rauscher*, BGB, § 1566 Rn. 6.
[47] MünchKomm-ZPO/*Finger*, § 630 Rn. 3.
[48] *Dastmaltchi*, (Fn. 8), 142 ff.; zu letzterem auch *Staudinger/Rauscher*, J. von Staudingers Kommentar zum Bürgerlichen Gesetzbuch, Neubearbeitung 2000, § 1566 Rn. 10.

entgegenzuhalten: Nicht das Gesetz ist falsch, nicht eine Norm materiellen Gehaltes sollte bei einer Verfahrensreform einfach ohne große Diskussion gestrichen werden[49], sondern die **Praxis sollte sich ändern** und dem grundgesetzlich gebotenen Geist der eheerhaltenden Norm des § 630 ZPO gerecht werden.

Dem aufgezeigten Sinngehalt der Norm wird die Diskussion im Rahmen der Reform des Familienverfahrensrechts jedenfalls nicht gerecht.

3. Belange der Kinder

Bei der Scheidung geht es aber nicht nur um die Belange der Ehegatten, sondern auch um das Schicksal der **Kinder**. Hier betont die Anwaltschaft völlig zu Recht, dass deren Interessen **negativ betroffen** werden, **wenn** der **Einigungszwang** als Voraussetzung der einverständlichen Scheidung nach einjähriger Trennung **wegfalle**[50]. Diese Bedenken bestehen zu Recht, umfasst doch dieser Einigungszwang mit der elterlichen Sorge und dem Umgang, dem Kindesunterhalt und der Ehewohnung sowie dem Hausrat zentrale Bereiche, die für das Wohl der Kinder wichtig sind und die idealerweise schon zu Beginn einer Trennung im Rahmen einer Trennungsvereinbarung geregelt werden.

Im Ergebnis behält § 630 ZPO seine Bedeutung. Seine Streichung ist zu überdenken. Dies ist nicht etwa nur eine Forderung, welche aus und vor dem Kreis der Notare erhoben wird, sondern eine solche Forderung hat auch der Arbeitskreis 8 des 17. Deutschen Familiengerichtstages 2007 erhoben und verlangt, eine dem § 630 ZPO entsprechende Regelung in das FamFG aufzunehmen. Anderenfalls solle das Formerfordernis des § 1585c BGB auch auf die Zeit nach Rechtskraft der Scheidung erstreckt werden[51].

---

[49] So sagt die Begründung FGG-RG (FN 87), 507 lapidar: „Anders als beim bisherigen § 630 Abs.1 ZPO besteht keine Verknüpfung des Verfahrensrechts mit dem materiellen Scheidungsrecht mehr. Damit wird bewirkt, dass eine Regelung für bestimmte Scheidungsfolgen nicht mehr Voraussetzung für das Eingreifen der unwiderlegbaren Vermutung für das Scheitern der Ehe gemäß § 1566 Abs.1 BGB ist." Die Streichung des § 630 ZPO erfolgt zusammen mit der Aufhebung des gesamten 6. Buches der ZPO in einem Satz, Art.29 FGG-RG-E. Nr. 15.

[50] BRAK-Stellungnahme zum Referentenentwurf des FGG-Reformgesetzes, Beilage zu FPR 2006/Heft 11, S. 7 ff.

[51] Brühler Schriften zum Familienrecht, Band 15, 147; so auch Ziffer D. II. der Empfehlungen des Vorstandes des 17. Deutschen Familiengerichtstages, ebenda S. 184 = FamRZ 2007, 2040, 2042; kritisch zur Begrenzung auf Vereinbarungen bis zur Rechtskraft der Scheidung auch *Bergschneider*, FamRZ 2008, 17, 18.

C. Die Stellung des Notars im Familienrecht

I. Notar und gerechter Vertrag

Der Notar ist unabhängiger[52] Träger eines öffentlichen Amtes (§ 1 BNotO). Er ist nicht Vertreter einer Partei, sondern **unabhängiger und unparteiischer Betreuer** der Beteiligten (§ 14 Abs.1 Satz 2 BNotO).

§ 17 BeurkG beschreibt die Aufgabe des Notars so:

– **Erforschung des Willens** der Beteiligten;

– **Klärung des Sachverhaltes**;

– **Belehrung** über die rechtliche Tragweite des Geschäftes;

– klare und unzweideutige Aufnahme in die **Niederschrift** unter Vermeidung von Irrtümern und Zweifeln;

– **Vermeidung von Benachteiligungen** unerfahrener und ungewandter Beteiligter[53];

– bei **Zweifeln an der Wirksamkeit: Urkundsvermerk**, wenn die Beteiligten dennoch auf einer Beurkundung bestehen.

Dem entsprechen auch die Zwecke, welche die Formvorschriften mit der Anordnung notarieller Beurkundung verbinden. Hier sind zu nennen[54]:

– die Überlegungssicherung oder Warnfunktion,

– die Beweissicherung,

– die Belehrungssicherung.

Auch wenn die gesetzlichen Belehrungspflichten nur so weit gehen, wie es für das wirksame Zustandekommen einer Urkunde erforderlich ist,

---

[52] Zur statusrechtlichen Unabhängigkeit: *Preuß,* ZNotP 2008, 98 f.
[53] Kritisch hierzu *Stürner,* JZ 1974, 154 ff. – Teile dieser Kritik sind inzwischen durchaus in die Haftungsrechtsprechung und die gesetzlichen Regelungen des Beurkundungsverfahrens eingegangen.
[54] Vgl. *Reithmann,* Vorsorgende Rechtspflege durch Notare und Gerichte, 1989, 124 ff.

geht das **Selbstverständnis der Notare** auf der Grundlage dieser Pflichten dahin, dass es ihre vornehmste Aufgabe sei, auf dieser Grundlage ein Ergebnis zu erzielen, das nicht nur rechtmäßig, sondern auch ausgewogen und gerecht ist[55].

Zentraler Normzweck aber ist gerade für die notarielle Beurkundung in den letzten Jahren die **Belehrungssicherung** oder Beratungsfunktion geworden[56]. Die notarielle Beurkundung sichert durch die Einschaltung eines rechtskundigen unbeteiligten Dritten, dass der Wille der Beteiligten in der Formulierung korrekten Niederschlag findet und dass die Beteiligten über die rechtliche Tragweite ihrer Erklärungen informiert sind; dies gewährleistet zunächst einmal auf jeden Fall ein **konsultatives Minimum**[57].

Oft **geht** die Bedeutung der notariellen Beurkundung **aber weit darüber hinaus**, denn erst die notarielle Belehrung **bewirkt** in vielen Fällen die **umfassende Willensbildung** der Vertragsbeteiligten[58]. Dazu trägt die vorherige Übersendung von Entwürfen, die bereits entsprechende Hinweise enthalten, entscheidend bei. Mit anderen Worten: Zwar kann der **Notar seinen Willen nicht an die Stelle des Parteiwillens setzen**, vielmehr haben die Beteiligten die Vertrags- und Wertungsautonomie[59]. Der Notar kann jedoch in vielen Fällen **zur Bildung eines sachgerechten Parteiwillens helfen**.

Darüber hinaus hat die Haftungsrechtsprechung des BGH eine dem Notar "allgemein obliegende beratende Betreuungspflicht" entwickelt, insbesondere wenn aufgrund besonderer Umstände des Einzelfalles Anlass zu der Vermutung besteht, einem Beteiligten drohe ein Schaden vor allem deshalb, weil er sich wegen mangelnder Kenntnis der Rechtslage der Gefahr nicht bewusst ist[60]. Eine solche Warnpflicht begründet die Rechtsprechung auch aus § 14 BNotO[61]. Die **Rechtsprechung** geht sogar so weit, dass der **Notar** eine umfassende, **aus-**

---

[55] *Schollen*, DNotZ-Sonderheft 1969, 51, 56; Beck´sches Notarhandbuch/*Bernhard*, 4. Aufl. 2006, Kap. G Rn. 56; *Keim*, MittBayNot 1994, 1, 5.
[56] *Reithmann*, Vorsorgende Rechtspflege, 143 ff.
[57] *Reithmann*, Vorsorgende Rechtspflege, 143.
[58] *Schöttler*, Verbraucherschutz durch Verfahren, 2003, 45.
[59] *Keim*, Das notarielle Beurkundungsverfahren, 1989, 37; *Schollen*, DNotZ 1969, Sonderheft Deutscher Notartag, 51, 63 („deckungsgleiches Bild"); Beck´sches Notarhandbuch/*Bernhard,* Kap G Rn. 56.
[60] BGH, DNotZ 1987, 157, 158/59.
[61] BGH, DNotZ 2003, 426 = ZNotP 2003, 150; zur Notarhaftung *Ganter*, ZNotP 2003, 442 ff.

gewogene und interessengerechte Vertragsgestaltung schulde[62]. Der Notar hat somit von sich aus alle regelungsbedürftigen Fragen anzusprechen und sachgerechte Regelungen vorzuschlagen[63]. Neben der Haftungsrechtsprechung des BGH sorgt auch das Berufsrecht und die Fortentwicklung der ars notarii für die sichere Belehrung durch den Notar[64].

Soweit § 17 Abs.1 Satz 2 BeurkG die besondere Schutzbedürftigkeit des ungewandten und unerfahrenen Beteiligten betont, geht diese **Pflicht zum Schutz des ungewandten Beteiligten der allgemeinen Unparteilichkeitspflicht des Notars vor**[65]; man spricht von einem neuen wertorientierten Unparteilichkeitsgebot, dessen Inhalte sich bisher nur in Umrissen erkennen lassen[66].

Dieses **wertorientierte Unparteilichkeitsgebot** setzt den Notar in die Lage, beide Ziele (Unparteilichkeit und Schutz des Schwächeren) umzusetzen.

Den Notar trifft freilich nach § 17 BeurkG nur eine Pflicht zur **Beratung über** die **rechtliche Tragweite**. Eine **Pflicht zu wirtschaftlicher Beratung** oder Belehrung trifft ihn nach übereinstimmender Auffassung **nicht**[67], so wird der Notar etwa zur Angemessenheit einer Gegenleistung nicht Stellung beziehen. Allerdings kann den Notar bei drohenden wirtschaftlichen Gefahren die schon zitierte Hinweispflicht nach § 14 Abs.1 Satz 2 BNotO treffen und er wird bei Zweifeln über die Wirksamkeit diese vermerken bzw. bei Überzeugung von der Unwirksamkeit – etwa im Rahmen einer vorgezogenen Inhaltskontrolle – seine Mitwirkung nach § 14 BNotO versagen.

Allerdings muss sich hierfür ein **objektiver Anhaltspunkt** für den Notar ergeben. Der Notar ist also **nicht verpflichtet**, von sich aus **Ermittlungen anzustellen**, die erst das Vorliegen besonderer, die Belehrungs-

---

[62] BGH NJW 1994, 2283; BGH NJW 1995, 330; hierzu *Grziwotz*, NJW 1995, 641 und *Limmer* , Jubiläumsfestschrift des Rheinischen Notariats, 1998, 15, 36 ff.
[63] BGH NJW 1995, 330, 331; *Brambring,* Festschrift für Helmut Heinrichs, 1998, 39, 51.
[64] *Limmer* (Fn. 62) 15, 41.
[65] *Frenz*, in: Eylmann/Vaasen, Bundesnotarordnung, Beurkundungsgesetz, 2. Aufl. 2004, § 17 Rn. 17; *Bohrer*, Berufsrecht, Rn. 97.
[66] *Bohrer*, Berufsrecht, Rn. 97.
[67] *Frenz*, in: Eylmann/Vaasen, Bundesnotarordnung, Beurkundungsgesetz, § 17 BeurkG Rn. 18; *Ganter*, DNotZ 1998, 851, 856 f.

pflicht auslösender Umstände ergeben[68]. Eine Amtsermittlung gibt es mit anderen Worten beim Notar nicht[69]. Hierzu fehlen dem Notar die Machtmittel und Auskunftsbefugnisse. Das BVerfG hat hierzu im Bereich des Versorgungsausgleichs die Sphäre des Notars und des Gerichts klar unterschieden und abgegrenzt[70].

Im **Ergebnis** sind die Notare durch ihre Pflicht zur Unparteilichkeit nicht gehindert, den Schwächeren zu schützen und den Weg zu einer ausgewogenen Vertragsgestaltung aufzuzeigen.

II. Streitverhütende Tätigkeit des Notars

Auch wenn dies nicht unmittelbar der Urkundsgewalt entspringt, so ist dem Notar doch mittlerweile **auf vielen Feldern eine streitverhütende Mittlerrolle** zugewachsen[71]. So lassen sich in diesem Bereich etwa die Vermittlung von Nachlasssachen[72] nennen oder die notariellen Vermittlungsverfahren in der Sachenrechtsbereinigung nach §§ 87 ff. SachBerG sowie die Funktion des Notars als Schlichter nach § 15a EGZPO[73]. Hier hat sich eine Filterfunktion der Notare gegenüber den staatlichen Gerichten durchaus bereits herausgebildet[74]. Auch diese Verfahren setzen die Fähigkeit des Notars voraus, **einigungsfähige Vertragsteile zu unterscheiden von denjenigen, die eines streitigen Verfahrens bedürfen**.

Überhaupt hat der Notar diese **Fähigkeit** im Rahmen seiner Amtstätigkeit ausgebildet, denn bei ihm sind vielfach Fälle anhängig, bei denen sich die Beteiligten noch nicht einig sind, aber durch die Vorbesprechungen beim Notar zu einer Einigung gelangen. Hierbei geht es nicht darum, dass der Notar den wirtschaftlichen Vertragsinhalt bestimmt, sondern durch

– Regelungstechniken,

---

[68] BGH WM 1985, 523 f.; *Frenz*, in: Eylmann/Vaasen, Bundesnotarordnung, Beurkundungsgesetz, § 14 BNotO Rn. 25.
[69] Beck´sches Notarhandbuch/*Bernhard,Kap.* G Rn. 58.
[70] BVerfG DNotZ 1982, 564 m. Anm. *Zimmermann*, DNotZ 1982, 573 ff.
[71] *Lichtenberger,* Festschrift 125 Jahre bayerisches Notariat, 1987, 113, 126, 129.
[72] §§ 86 ff. FGG (§ 487 FGG-RG-E) etwa i.V.m. Art. 38 Abs.2 und 3 AGGVG; hierzu *Bracker,* MittBayNot 1984, 114 ff.
[73] *Albrecht,* MittBayNot 2001, 346, 351 „Wandel der Rechtskultur"; *Bracker,* in: Schippel/Bracker, Bundesnotarordnung, 8. Aufl. 2006, § 1 Rn. 5.
[74] *Bracker,* in: Schippel/Bracker, Bundesnotarordnung, § 1 Rn. 6a.

- Schaffung von Zusammenhängen verschiedener Rechtsfragen zur Bildung eines Lösungspools und

- Erläuterung der jeweils gegenläufigen Rechtsposition

einen Weg aufzeigen kann, der zu einer einvernehmlichen Vereinbarung und Abwicklung führen kann. Dass die außergerichtliche Streitbelegung auch in der Praxis angekommen ist, zeigen Formularbücher und literarische Behandlungen dieses Themenbereiches durch Notare deutlich[75].

Die außergerichtliche Konfliktbewältigung beim Notar wird seit längerer Zeit schon herausgestellt. So hat *Wagner*[76] detailliert dargelegt, welche Formen außergerichtlicher Konfliktbewältigung unter notarieller Mitwirkung denkbar sind. Er hat als Vorteile solcher Tätigkeit des Notars folgendes herausgestellt:

- Für den Notar ist die außergerichtliche Konfliktbewältigung im Rahmen des § 24 Abs.1 Satz 1 BNotO **Amtstätigkeit**, so dass er an all seine Amtspflichten gebunden ist und in **abgeleiteter staatlicher Funktion** handelt.

- Der Notar kann das Ergebnis seiner Tätigkeit sogleich in die Form einer **vertraglichen Vereinbarung** gießen und, sofern diese zu beurkunden ist, auch beurkunden.

- Der Notar ist im Rahmen dieser Tätigkeit in der Regel wesentlich **kostengünstiger** als vergleichbare Verfahren.

- Der Notar kann hinsichtlich der Einigung schnell und unkompliziert einen **Vollstreckungstitel** schaffen.

Diese Vorteile notarieller Tätigkeit können **unabhängig davon** wahrgenommen werden, **ob** dem Notar in der entsprechenden Angelegenheit eine **Beurkundungszuständigkeit** oder eine **Verfahrenszuständigkeit** gegeben ist.

---

[75] *Walz*, Formularbuch außergerichtlicher Streitbeilegung, 2006; *Walz*, Verhandlungstechnik für Notare, 2003.
[76] *Klaus-R. Wagner*, DNotZ-Sonderheft 1998, 34 ff.

III. Notar als Instanz vorweggenommener Inhaltskontrolle

Ferner ist der Notar nach § 17 Abs.2 BeurkG als **Wirksamkeitskontrollinstanz vorgeschaltet**[77], denn er hat – insoweit ähnlich einem unabhängigen Richter[78] - die Wirksamkeit des Geschäfts zu prüfen und bei Zweifeln dieselben festzuhalten, wenn die Beteiligten auf Beurkundung bestehen. Ist er von der Unwirksamkeit überzeugt, so hat er die Beurkundung abzulehnen. Der Notar wird in unserem Zusammenhang auch als „**Richter im Vorfeld**" bezeichnet[79]. So schreibt *Heinrichs*:

> *„Der richterlichen Inhaltskontrolle ist mithin eine notarielle vorgeschaltet. .... Wenn eine Partei massiv ihre Interessen durchsetzen will und die Aufnahme von missbräuchlichen Klauseln in den Vertrag verlangt, hat der Notar das Recht und die Pflicht, dem entgegenzutreten und für ausgewogene Regelungen zu sorgen. ... Im Ergebnis **wird der Notar durch die Ausdehnung des Anwendungsbereichs der Inhaltskontrolle in den Kreis der Institutionen einbezogen**, die dafür zu sorgen haben, dass der Rechtsverkehr von missbräuchlichen formularmäßigen Vertragsklauseln freigehalten wird."*[80]

Freilich setzt dies zunächst das Bestehen materieller Vorgaben und ihre Klärung voraus, denn nur im Hinblick auf diese Normen kann der Notar die Wirksamkeitskontrolle durchführen[81]. Ein **Ablehnungsrecht** hat der Notar gleichwohl nur in den Fällen erwiesener Unwirksamkeit[82], ansonsten besteht jedoch eine **Distanzierungspflicht** nach § 17 Abs.2 Satz 2 BeurkG, ohne dass der Notar den Parteien seine Gerechtigkeitsvorstellung aufzwingen kann[83].

Der **Schutz des Schwächeren** verlangt demnach vom Notar durchaus aktives Eingreifen zur Verbesserung der Chancengleichheit[84]. Die Ein-

---

[77] *Keim*, MittBayNot 1994, 1, 4.
[78] *Schöttler* (FN 58), 35.
[79] *Hauser*, notar-intern 2007, 8.
[80] *Heinrichs*, NJW 1995, 153, 158 (zu missbräuchlichen Klauseln in Verbraucherverträgen).
[81] *Deimel*, Notarielle Verbraucherverträge, 2004, 62.
[82] Hieraus folgert *Löwe*, NJW 1974, 337, 338, dass die Kontrolle durch den Notar mangels Folgerungen die gerichtliche Inhaltskontrolle nicht ersetzen kann.
[83] *Schöttler* (Fn.58), 28; *Brambring*, (Fn. 63), 39, 55.
[84] *Schöttler* (Fn. 58), 46. Dazu wie die Notare diesen Auftrag umgesetzt haben: *Langenfeld*, Festschrift für Helmut Schippel, 1996, 251 f.

schränkung der Privatautonomie durch die Beurkundungspflicht schafft somit nach dem Willen des Gesetzgebers erst die Voraussetzung zur Ausübung der Privatautonomie für besonders bedeutsame Rechtsgeschäfte, indem sie eine etwa vorhandene Imparität aufhebt. Hierzu können wir nicht etwa bei Stellungnahmen aus der Notarpraxis, sondern bei *Flume* lesen:

> *„Diese „Einschränkung" der Privatautonomie, durch welche die Gestaltungsfreiheit des einzelnen im Grundsatz unangetastet bleibt und doch bei den beurkundungspflichtigen Geschäften durch die Mitwirkung des Notars der mit dem Grundsatz der Privatautonomie verbundenen Gefahr der unrichtigen Rechtsgestaltung aus Rechtsunverstand begegnet wird, scheint mir ein besonders geglückter Kunstgriff gerade zur Aufrechterhaltung des Grundsatzes der Privatautonomie zu sein."[85]*

Gerade aus Sicht eines Verfassungsrichters wurde erst jüngst betont, dass **Formgebote** als **milderer Eingriff** in die grundgesetzlich geschützte Privatautonomie anzusehen sind und daher für richterliche Inhaltskontrolle neben solchen Formgeboten nur in Extremfällen Raum bleibt[86].

D. Die Funktion des Notars aus der Sicht des BMJ – das notariell begleitete Scheidungsverfahren ohne Anwalt

I. Das notariell begleitete Scheidungsverfahren nach BMJ

Das BMJ hatte in seinem zunächst vorgelegten Referentenentwurf (FamFG-E[87]) ein notariell vorbereitetes Scheidungsverfahren ohne Anwaltszwang mit notarieller Verfahrenswahl vorgesehen. Auf die vielfältig vorgetragene **standespolitische Kritik** soll **hier nicht mehr** einge-

---

[85] *Flume*, Sonderheft DNotZ 1969, 30 ff. = Gesammelte Schriften, Band II, 353.
[86] *Di Fabio*, DNotZ 2006, 342, 346 f., 350.
[87] Ergänzter Referentenentwurf zum „Gesetz zur Reform des Verfahrens in Familiensachen und in den Angelegenheiten der freiwilligen Gerichtsbarkeit" vom 14.2.2006 – nachfolgend „FamFG-E" und soweit auf die Entwurfsbegründung Bezug genommen wird: „Begründung"; Gesetzentwurf der Bundesregierung zum Gesetz zur Reform des Verfahrens in Familiensachen und in den Angelegenheiten der freiwilligen Gerichtsbarkeit, sämtlich abrufbar unter www.famrb.de (aktuelles) – nachfolgend FGG-RG-E und soweit auf die Entwurfsbegründung Bezug genommen wird: „Begründung FGG-RG".

gangen werden[88]. Wir wollen nur kurz – quasi **rechtshistorisch** – dieses Verfahren und die dort vorgesehene Funktion des Notars betrachten.

1. Voraussetzungen des vereinfachten Scheidungsverfahrens

Ein vereinfachtes Scheidungsverfahren sollte nach § 143 Abs.1 FamFG-E unter folgenden **Voraussetzungen** möglich sein:

a) kinderlose **Ehe**;

b) **notariell** beurkundete Erklärung, das vereinfachte Verfahren zu **wählen**;

c) **notariell beurkundet**e Vereinbarung oder Titel nach § 794 ZPO[89] über den **Ehegattenunterhalt**;

d) formfreie Einigung oder Titel nach § 794 ZPO über **Ehewohnung und Hausrat**;

e) **außer dem Versorgungsausgleich keine weitere Folgesache** anhängig.

Die Erklärungen zu b) bis d) sollten mit der Antragsschrift eingereicht werden, also bereits zu diesem Zeitpunkt vorliegen[90].

2. Folgen des vereinfachten Scheidungsverfahrens

Von dem vereinfachten Scheidungsverfahren versprach sich das BMJ eine **Entlastung der Gerichte** und einen **beschleunigten und kostengünstigen Verfahrensablauf** für die Scheidungswilligen. Die notwendigen Einigungen sollten außergerichtlich erfolgen und dem Gericht nachgewiesen werden. Für das notariell vorbereitete Scheidungs-

---

[88] Vgl. nur die Stellungnahmen von *Born*, FamRZ 2006, 829 ff., *Dombek*, BRAK-Mitteilungen 2006, 49; *Groß*, AnwBl. 2005, 337 f. Wenn aber zugleich betont wird, es gebe keine Fachnotare für Familienrecht und die Notare beherrschten die Inhaltskontrolle nicht, so dass man sich gegen einen Vertrauensvorschuss für Notare wende, **so verlässt dies ein Stück weit den Boden der sachlichen Diskussion** und soll hier nicht polarisierend aufgegriffen sein, vgl. *Born*, FamRZ 2006, 829, 834; *Göhler-Schlicht*, FF 2006, 77.

[89] Die Rechtsanwaltschaft sieht hier auch einen Anwendungsbereich für den für vollstreckbar erklärten Anwaltsvergleich nach §§ 796a ff., 794 Nr. 4b) ZPO, vgl. *Bergschneider*, FamRZ 2006, 153, 155 zur Unterhaltsrechtsreform.

[90] Begründung, 378.

verfahren sah das FamFG-E in § 130 Abs.1 Satz 2 einen **Wegfall des Anwaltszwanges** vor, da es nach den Vorstellungen des BMJ nur noch um die Einreichung des Scheidungsantrages ging, so dass von den Akteuren keine besonderen prozessualen Kenntnisse erwartet wurden[91].

Eine Beschleunigung des Scheidungsausspruches sollte durch Abtrennung des **Versorgungsausgleichs bereits nach sechs Monaten** erreicht werden[92].

Die Wahl des vereinfachten Scheidungsverfahrens hätte für die Beteiligten ferner durch **Absenkung der Gerichtsgebühren** von 2,0 auf 1,0 honoriert werden sollen[93].

3. Übergang zum „Normalverfahren"

Das BMJ sah vor, dass die Wahlerklärung zum vereinfachten Scheidungsverfahren nach § 143 Abs.2 i.V.m. § 142 Abs.2 FamFG-E bis zum Schluss der mündlichen Verhandlung, in der über die Scheidung der Ehe entschieden wird, **widerrufen** werden konnte.

Ferner sollte bei **Wegfall** der Voraussetzungen für das vereinfachte Scheidungsverfahren (z.B. durch Geburt eines Kindes oder Anhängigkeit einer weiteren Folgesache) das Verfahren ohne Anwendung der besonderen Vorschriften für das vereinfachte Verfahren fortgeführt werden.

Dabei sollte der **Übergang** zum Normalverfahren **von selbst** erfolgen, ohne dass es eines besonderen Beschlusses bedurft hätte[94].

II. Die Rolle des Notars nach BMJ

1. Vertrauensbeweis

Für die Notare war die ihnen vom BMJ zugedachte Funktion zunächst als **Vertrauensbeweis** zu begrüßen. Das notariell vorbereitete Scheidungsverfahren würde der **Tendenz** entsprechen**, die neutrale Funktion des Notars auch als schlichtende und vermittelnde Position**

---

[91] So Begründung, 477.
[92] § 149 Abs.2 Nr. 4 FamFG-E; im FGG-RG-E nunmehr generell vorgesehen, § 140 Abs.2 Nr.4 FGG-RG-E.
[93] Nr. 1111 des Kostenverzeichnisses Anlage 1 zu § 3 Abs. 2 FamGKG; vgl. Begründung 478.
[94] Begründung, 480; kritisch hierzu *Viefhues*, FF 2006, 183, 185.

einzusetzen und den Notar als **Richter im Vorfeld** zu begreifen, der eine **Filterwirkung** zur Entlastung der Gerichte ausübt.

2. Änderung des notariellen Arbeitsalltags

Was die tägliche Praxis der notariell begleiteten Scheidungsverfahren anbelangt, so sei für die anwesenden Kolleginnen und Kollegen freilich betont, dass sich für uns der **familienrechtliche Arbeitsalltag ganz erheblich geändert** hätte.

Die Scheidungsvereinbarungen in einem solchen Verfahren hätten von uns weitaus mehr Sachverhaltsaufnahme und Vorklärung verlangt, als es in den Fällen notwendig ist, die schon von zwei Anwälten aufbereitet zu uns kommen. Zudem wären sicherlich mehr **Unterhaltsberechnungen** im Zusammenhang mit der Herbeiführung der Einigung über den nachehelichen Unterhalt erforderlich gewesen[95]. Dass uns dies gelungen wäre, daran habe ich bei der Intensität, mit der die Notare das Familienrecht betreiben, keinen Zweifel. Nachdem wir den elektronischen Rechtsverkehr bewältigt haben, hätten uns auch **Berechnungsprogramme** nicht geschreckt.

3. Schutz des Schwächeren statt asymmetrischer Vertretung

Das bisherige Recht und auch die mit dem Regierungsentwurf beabsichtigte Rechtslage führten aus Kostengründen sehr häufig zu einer **asymmetrischen Vertretungsstruktur**, so dass bei Stellung eines Scheidungsantrages und häufig auch zuvor überhaupt **nur ein Ehegatte anwaltlich vertreten** war. Dies war zumeist nicht der sog. „schwächere Ehegatte." Insofern hätte das notariell vorbereitete Scheidungsverfahren eine deutliche Verbesserung gebracht, als **beide Ehepartner nunmehr vor Stellung des Scheidungsantrages rechtlich beraten** gewesen wären.

Freilich ist nicht jeder Ehegatte, der zum Scheidungsprozess keinen Anwalt mitbringt, zuvor nicht anwaltlich beraten gewesen. Vielmehr haben in vielen Fällen erfolgreiche Vorverhandlungen der Anwälte über die Scheidungsfolgen erst den Verzicht auf den zweiten Anwalt im Verfahren selbst erlaubt. Aber zumindest in meiner Praxis gibt es mindestens ebenso oft die Fälle, in denen von vorneherein nur ein Anwalt tätig war und auch im Scheidungsverfahren allein tätig wird.

---

[95] *Groß*, notar-intern 2007, 18.

Alle Argumente, die seitens der Anwaltschaft vorgebracht werden, vermögen nach meinem Dafürhalten **nicht zu erklären, warum diese asymmetrische Vertretung besser sein soll als die Einschaltung des neutralen Notars.** Wollte der Gesetzgeber den **Schutz des Schwächeren** wirklich erreichen, so müsste er in der Tat bei anwaltlicher Vertretung einen **Anwaltszwang für beide Vertragsteile** anordnen[96].

Es ist zwar auch die **gemeinsame anwaltliche Beratung** getrennt lebender Ehegatten nicht absolut verboten, sondern in Grenzbereichen ohne widerstreitende Interessen zulässig; zeichnen sich aber **widerstreitende Interessen** der Eheleute konkret ab und setzt der Anwalt die Beratung beider fort, so ist der **Anwaltsvertrag nichtig** (§ 43a Abs. 4 BRAO) und der Vergütungsanspruch entfällt komplett[97]. Der Anwalt ist also gut beraten, es bei der einseitigen Interessenvertretung zu belassen, sonst riskiert er ggf. seinen gesamten Vergütungsanspruch[98] (darauf werden sich die Eheleute wieder einigen können).

4. Entlastung der Gerichte und Justizhaushalte

Zur Entlastung der Gerichte hätte das Verfahren beitragen können, wenn der Notar auch noch zugleich den **Scheidungsantrag an das zuständige Gericht mit aufgenommen hätte**, ist doch die gerichtliche Antragstellung seine gewohnte Tätigkeit. Der Notar hätte alle Scheidungsfolgen in seiner Verhandlung einbezogen, um eine **möglichst umfassende Einigung** zu erreichen. Für die spätere gerichtliche Wirksamkeitskontrolle wäre eine **umfassende Präambel** in die Scheidungsvereinbarung[99] aufzunehmen gewesen.

Unter dem Stichwort „**Entlastung der Justizhaushalte**" sei darauf hingewiesen, dass es sich bei den neu zu erwartenden Mandanten im Rahmen eines notariell vorbereiteten Scheidungsverfahrens ohne Anwaltszwang durchaus nicht nur um lukrative Mandate gehandelt hätte. Ein ganz erheblicher Teil der Scheidungsverfahren – nach verschiedenen Statistiken über 70 % – wird über **Prozesskostenhilfe** abgewi-

---

[96] So BRAK, Stellungnahme zum Referentenentwurf des FGG-Reformgesetzes, Beilage zu FPR 2006/Heft 11, 9.
[97] KG FamRB 2008, 12.
[98] *Krause*, FamRB 2008, 13.
[99] Vgl. *C. Münch*, Ehebezogene Rechtsgeschäfte, Rn. 692 ff.

ckelt[100], so dass uns schon früh bei den Kommentierungen zum notariell vorbereiteten Scheidungsverfahren zugerufen wurde[101], dass die Notare in diesem Zusammenhang den **§ 17 Abs.2 BNotO** ganz neu erfahren würden. Danach hat der Notar für einen Beteiligten, der Anspruch auf Prozesskostenhilfe hätte, seine Urkundstätigkeit **vorläufig gebührenfrei oder gegen Zahlung der Gebühren in Monatsraten** zu gewähren. Vorläufig heißt hier nicht etwa, dass später die Staatskasse erstattet, sondern dass bei einer späteren finanziellen Besserstellung eines Kostenschuldners die Gebühren nachträglich erhoben werden können[102]. In der Regel bleibt es daher bei der Gebührenfreiheit. Auch die Begründung zum FamFG-E[103] weist auf diesen Zusammenhang hin.

Die Notare hätten also in diesem Bereich einen erheblichen Beitrag zur Entlastung der Gerichte erbracht, auch ohne dass dieser stets vergütet worden wäre.

Für die Scheidungswilligen wäre es zu einer erheblichen Verbilligung des Verfahrens gekommen und für den Fiskus wäre ebenfalls mit einer **erheblichen Einsparung von Prozesskostenhilfeausgaben** zu rechnen gewesen[104], weil Beiordnungen eines Rechtsanwaltes in einem solchen Verfahren sehr häufig hätten entfallen können. Der Gebührenausfall des Notars aber wäre nicht zu ersetzen gewesen.

E. Der Regierungsentwurf zum FGG-RG – Scheidung „ultra light"

I. Regelungen des Regierungsentwurfs zum Scheidungsverfahren

Zu alledem aber ist es nicht gekommen, nachdem im Bundestag Vorbehalte gegen die Scheidung ohne Anwalt geltend gemacht wurden[105] und

---

[100] Tendenziell dürfte die Quote jedoch bei Familien mit Kindern aufgrund der noch immer verbesserungsfähigen staatlichen Förderung leider höher liegen, als bei kinderlosen Scheidungswilligen, die beide arbeiten.
[101] *Braeuer,* notar-intern 2007, 15 (für die Notare das wirtschaftlich schlechteste Geschäft, das sie je hatten); *Born,* FamRZ 2006, 829, 835 (kein wirtschaftlicher Anreiz für die Notare, wenn sie für viel weniger Geld das Gleiche leisten sollen wie zuvor der Rechtsanwalt).
[102] *Schippel/Bracker/Schäfer,* Bundesnotarordnung, § 17 Rn. 36.
[103] Begründung, 478.
[104] Die Begründung zum FamFG-E führt hierzu aus, dass im Jahre 2002 87.076 Antragstellern Prozesskostenhilfe im Scheidungsverfahren bewilligt wurden.
[105] Pressemitteilung des BMJ vom 09.05.2007; vgl. *Schnitzler,* FF 2007, 307 ff.: „Es ist noch mal gut gegangen", allerdings sei noch nicht sicher, ob die Scheidung light damit auf Dauer ad acta gelegt ist.

der Bundesrat die Einführung eines solchen notariell begleiteten Scheidungsverfahrens nicht wieder auf die Tagesordnung gesetzt hat[106].

Wurde dies vor allem mit der nicht gewollten Erleichterung des Scheidungsverfahrens begründet, so reibt man sich verwundert die Augen über das jetzt erreichte Ergebnis.

Dieses zeichnet sich dadurch aus, dass der Einigungszwang über die Scheidungsfolgen abgeschafft wurde und die asymmetrische anwaltliche Vertretung zementiert wurde. In der Praxis ist dies die Scheidung „ultra light".

Der Einigungszwang nach **§ 630 ZPO wird abgeschafft,** so dass allein nach Ablauf der Jahresfrist des § 1566 Abs.1 BGB ohne Einigung über Folgesachen geschieden werden kann. Der bisherige § 630 Abs.2 Satz 2 ZPO (Zustimmung zu Protokoll der Geschäftsstelle oder Niederschrift des Gerichtes) findet sich nunmehr in § 134 FGG-RG-E und gilt für alle Scheidungsverfahren.

Schon § 114 Abs. 4 Nr. 3 FGG-RG-E stellt klar, dass für die Zustimmung zur Scheidung kein Anwaltszwang besteht. Daher ist nunmehr die **asymmetrische Vertretung im Scheidungsverfahren gesetzlich noch legitimiert und zementiert** worden.

Der vom BMJ noch zentral bedachte **Schutz des Schwächeren** durch Beratung beider Ehegatten vor der Scheidung ist **in den Hintergrund getreten.** Er wird in der Gesetzesbegründung zum FGG-RGE ebenso wenig thematisiert wie die anderen Punkte, welche nach BMJ für das vereinfachte Scheidungsverfahren sprechen, da es ja – vermeintlich - bei der bisherigen Regelung bleibt[107].

---

[106] BR-Drs. 309/07 (Beschluss) gegen die Empfehlungen der Ausschüsse des Bundesrates zu § 134a (neu), BR-Drs. 309/2/07, S. 39 ff., wo nochmals betont worden war, der Anwaltszwang sei für Ehegatten ohne minderjährigen Kinder, die sich über die Scheidungsfolgen einig sind, eine sachlich nicht gerechtfertigte Verfahrensanordnung.
[107] Eine gute Kurzübersicht zum FGG-RG findet sich bei *Bergschneider,* in: Brühler Schriften zum Familienrecht, Band 15, 63 ff. und bei *Borth,* FamRZ 2007, 1925 ff. mit Synopse.

II. Auswirkungen einer Scheidung ultra light

1. Auf dem Weg zur Konsensualscheidung

Mit der Abschaffung des § 630 Abs.1 ZPO ist die **Regelung bestimmter Scheidungsfolgen nicht mehr Voraussetzung für die Vermutung des § 1566 Abs.1 BGB.**

Das bedeutet, jede Ehe kann geschieden werden,

- wenn die Ehegatten ein Jahr getrennt leben
- und der Scheidung zustimmen.

Dies gilt auch dann, wenn die Ehegatten sich über keine Scheidungsfolge einig sind. **Gerichtlich** sind dann **weder** weitere **Feststellungen zum Scheitern der Ehe** erforderlich **noch** irgendwelche **Ermittlungen hinsichtlich der Scheidungsfolgen**, da keine Vereinbarungen mehr vorgelegt werden müssen. Ein Scheidungsverfahren, das nicht mehr nur light ist, sondern in **Ermangelung jeglicher Inhalte „ultra-light"**.[108]

Damit wird nicht berücksichtigt, dass **§ 630 ZPO noch immer seinen guten Sinn** hat, denn gemeinsam erarbeitete Grundlagen pflegen oft länger zu halten als gerichtlich erzwungene Entscheidungen[109].

Das bloße Einvernehmen der Eheleute nach Ablauf der Trennungszeit soll künftig zur Scheidung ausreichen. Damit wird der **Weg hin zu einer Konsensualscheidung**[110] beschritten, deren verfassungsrechtliche Zulässigkeit von führenden Grundgesetz-Kommentatoren in Zweifel gezogen wird[111], fehlen ihr doch die auch vom BVerfG geforderten eheerhaltenden Elemente.

---

[108] Nachdem Anglizismen in Mode sind, könnte man auch von „content without contents" sprechen, der Staat gibt sich also zufrieden mit einem Scheidungsverfahren ohne Inhalt.

[109] So MünchKomm-ZPO/*Finger,* § 630 Rn.2.

[110] Zur Begrifflichkeit: *Gernhuber/Coester-Waltjen,* Familienrecht, § 24 Rn. 14; vgl. auch *Bergschneider,* in: Münchener Prozessformularbuch, 2. Aufl. 2008, A.I.1. schon in der Überschrift.

[111] *Von Münch/Coester-Waltjen,* Grundgesetz-Kommentar, 5. Aufl. 2000, Art. 6 Rn. 10: verfassungsrechtliche Zulässigkeit der Konsensualscheidung bisher stets verneint; *von Mangoldt/Klein/Robbers,* Das Bonner Grundgesetz, 4. Aufl. 2001, Art. 6 Rn. 64: Die einfachrechtliche Ausgestaltung des Scheidungsrechts darf die Funktion der Ehe nicht in Frage stellen; *Maunz/Dürig/Herzog u.a./Badura,* Art. 6 Rn. 72: Der Gesetzgeber ist an die verfassungsrechtliche Gewährleistung der grds. unauflöslichen

Es mag ja sein, dass man dreißig Jahre nach Einführung der Zerrüttungsscheidung diesen Weg gehen will. Dann muss man dies entsprechend offen legen und ggf. im Lichte des Art. 6 Abs.1 GG einen entsprechenden Wandel begründen. Aber man kann dann nicht die notariell begleitete Scheidung mit der Bezeichnung „Scheidung-light" diskreditieren, nur um anschließend auf jegliche weitere Erfordernisse gänzlich zu verzichten außer auf einen Scheidungsantrag durch einen Anwalt und der übereinstimmenden Erklärung beider Ehegatten, ein Jahr getrennt zu leben und die Scheidung zu wollen.

2. Scheidungsfolgen ohne Kenntnis

Mit der Zustimmung zur Scheidung löst der anwaltlich nicht beratende Ehegatte Rechtsfolgen aus, die er nicht überblickt und zu denen er nicht beraten war. Er weiß nicht, ob und in welcher Höhe ihm Unterhalt zusteht oder wie er bei der Vermögensauseinandersetzung abschneidet.

3. Umgehung der Inhaltskontrolle

Das Verfassungsrecht gibt den Gerichten die **Inhaltskontrolle ehelicher Verträge** auf. In der gegenwärtigen Umsetzung dieser Vorgaben muten sich die Gerichte viel Arbeit zu. Das wird derzeit bemerkbar bei der Kontrolle vorsorgender Eheverträge im Rahmen der Scheidungsfolgen. Die Inhaltskontrolle als Missbrauchskontrolle wird zum Teil auch als eine Art Leitbildabweichungskontrolle gesehen und führt dann zu Einzelkorrekturen, die vom Verfassungsgericht nicht gemeint waren. Die Gerichte haben ausgesprochen, dass diese Inhaltskontrolle **auch** auf **Scheidungsvereinbarungen** Anwendung finden muss[112] bzw. auch auf **Vereinbarungen nach der Scheidung**[113]. Dem wurde in der Literatur widersprochen[114], aber auch zugestimmt[115]. Hierzu haben wir soeben aus berufenem Munde nähere Ausführungen gehört.

Zu Recht wird dabei der Unterschied betont, dass im Gegensatz zum vorsorgenden Ehevertrag, der eine Prognose über die zukünftige Entwicklung leisten muss, bei der Scheidungsvereinbarung eine **Bilanz der Ehezeit** gezogen werden kann, so dass diese von einer gesicherten

---

Ehe gebunden. Das Scheidungsrecht muss also auch eheerhaltende Elemente enthalten..... Dieser Ordnungsauftrag umfasst auch die Scheidungsfolgen.

[112] OLG Celle DNotI-Report 2004, 81; OLG Celle, FamRZ 2004, 1969; OLG München FamRB 2005, 3 mit Anm. *Grziwotz*.
[113] OLG München, FamRZ 2005, 215.
[114] *Wachter*, ZNotP 2004, 264 ff.
[115] *Brandt*, MittBayNot 2004, 278, 281; *Gageik*, FPR 2005, 122, 129.

Datenbasis, aber auch von einer rückblickenden Beurteilung der gelebten Ehe ausgehen kann. Man kann deshalb sicher nicht unbesehen alle Aussagen der Inhaltskontrolle von Eheverträgen auf Scheidungsvereinbarungen übertragen.

Bei den Vorschlägen eines notariell vorbereiteten Scheidungsverfahrens war von der **Richterschaft diese Inhaltkontrolle** vorzulegender Unterhaltsvereinbarungen **kritisch betrachtet** worden[116]. Man sah die Aufgabe des Richters mit einer zusätzlichen zeitraubenden Prüfung des Inhalts vorzulegender Unterhaltsvereinbarungen belastet. Allerdings wurde diese Last erst herbeigeredet durch die übertriebene Auffassung, die notarielle Unterhaltsvereinbarung der Parteien müsse exakt den gesetzlichen Unterhalt festlegen[117]. Zudem wäre es kaum vermittelbar, wenn bei der Überprüfung der Voraussetzung des notariell vorbereiteten Scheidungsverfahrens ein wesentlich strengerer Maßstab angelegt werden müsste, als bei Anhängigkeit des Unterhalts als Folgesache selbst, für die keine Amtsermittlung gelten würde.

Es kann **keine Lösung im Sinne des staatlichen Schutzauftrags nach Art.6 Abs.1 GG** sein, dass die Gerichte sich der Mühe der Inhaltskontrolle deshalb künftig nicht mehr unterziehen müssen, weil die Scheidungsvereinbarungen dort gar nicht mehr vorgelegt werden müssen. Hierbei ist zu beachten, dass der Schutzauftrag nach Art. 6 Abs.1 GG in erster Linie den Gesetzgeber trifft[118]. Das bedeutet, der Gesetzgeber ist gehalten, seine Gesetze so zu erlassen, dass der (auch nachwirkende) Schutz von Ehe und Familie gewährleistet ist. Es wird genau zu prüfen sein, ob der Staat diesen Schutzauftrag erfüllt, wenn er die Scheidung ausspricht, ohne dass er sich vergewissert, ob und welche Regelung die Ehegatten für den Kernbereich der Scheidungsfolgen getroffen haben. Schließlich sind davon auch in erster Linie die Kinder betroffen.

Angesichts der in der Begründung zum FamFG-E bereits hervorgehobenen Tendenz, aus Kostengründen Folgesachen nicht anhängig zu machen[119], läuft dies darauf hinaus, die **Inhaltskontrolle für Scheidungsvereinbarungen auszuhebeln, und zwar auch im Kernbereich.**

---

[116] *Brudermüller,* notar-intern 2007, 20 ff.; *Viefhues,* FF 2006, 183 ff.
[117] *Viefhues,* FF 2006, 183, 185.
[118] Hierzu näher *C. Münch,* KritV 2005, 208 ff.
[119] Begründung, 347.

4. Umgehung von Formgeboten

Entgegen der Tendenz der Unterhaltsreform 2008, die mit der **Beurkundungspflicht für Unterhaltsverzichte nach § 1585c BGB** eine Warnung und Belehrung des verzichtenden Teils erreichen wollte, sind solche Vereinbarungen nun bei Scheidung nicht mehr vorzulegen. Nach Rechtskraft der Scheidung können sie ohne Formgebot geschlossen werden. Damit kann zu Lasten des schwächeren Ehegatten das **Formgebot für den Verzicht auf nachehelichen Unterhalt umgangen** werden. Gleiches gilt übrigens für Vereinbarungen über die Zugewinnausgleichsforderung nach § 1378 Abs. 3 BGB, die nach Rechtskraft der Scheidung formfrei möglich wären.

In der Folge wird überlegt werden müssen, ob nicht bei **Abschaffung der Vorlage von Einigungen über die Scheidungsfolgen** bei Gericht im Zusammenhang mit der Scheidung auch **Vereinbarungen nach der Scheidung** weiterhin der **Beurkundungspflicht** zu unterwerfen sind, da sonst der Schutzzweck des Formgebotes allzu leicht umgangen werden könnte.

F. Die Scheidungsvereinbarung nach der Reform des Familienverfahrensrechts

Nach diesen Erläuterungen soll nun der Frage nachgegangen werden, welche Bedeutung die Scheidungsvereinbarung nach der Reform des Familienverfahrensrechts in der notariellen Praxis haben wird. Um es vorwegzunehmen: Es wird sich zeigen, dass sie ihre Bedeutung als kostengünstige Gesamtregelung aller Scheidungsfolgen mit Vollstreckungstitel behalten wird.

I. Wegfall des § 630 ZPO

1. Kein Einigungszwang – schnelle Scheidung

Mit dem **Wegfall des Einigungszwanges** nach § 630 ZPO gibt der Gesetzgeber seinen Einfluss auf die Parteien eines Scheidungsverfahrens zur Regelung der Folgesachen auf.

Sicher wird es Fälle geben, in denen dies ausgenutzt wird, um ohne jegliche Regelungen der Folgesachen eine **schnelle Scheidung** zu erreichen. Es wird sich aber sehr schnell zeigen, dass damit wenig gewonnen ist, wenn Konfliktpotentiale bleiben, die nicht gelöst sind. Wenn sich nach einiger Zeit herausstellt, dass informelle Vereinbarungen vor Scheidung oder auch Nachscheidungsvereinbarungen nicht eingehalten werden, dann wird ein Titel zur Durchsetzung sehr häufig fehlen. Dies dürfte zu einer **verstärkten Belastung der Gerichte mit isolierten Folgesachen** im Nachhinein führen[120].

2. Außergerichtliche Einigung als Anliegen des Gesetzgebers

Wenn der Gesetzgeber im Gegenzug die **vorherige außergerichtliche Einigung** fördert, ja sogar über Kostenanreize den Parteien nahe legt (§§ 135, 150 Abs. 4 Satz 2 FGG-RG-E), dann zeigt dies, dass es allein **mit der schnellen Scheidung** jedenfalls in den Fällen **nicht getan** ist, bei denen entweder persönliche Regelungen z.B. des Sorge- und Umgangsrechtes oder vermögensrechtliche Regelungen der Vermögensauseinandersetzung oder der anderen Scheidungsfolgen erforderlich sind.

Diese **außergerichtliche Einigung**, die der Gesetzgeber wünscht, ist nirgendwo besser aufgehoben als **bei den Notaren**. Es wurde bereits dargestellt, dass der Notar eine neutrale Beratung, die dennoch den Schwächeren schützt, durchführen kann, aber keine einseitige Interessenvertretung. Die **Vorteile** solcher außergerichtlicher Einigungsverfahren beim Notar liegen vor allem darin, dass die Ergebnisse sogleich in eine **Scheidungsvereinbarung** mit entsprechenden Vollstreckungstiteln **einmünden** können.

Solche Beratungen finden **auch jetzt schon in großem Umfang** statt, werden aber als „Vorbereitungshandlung" zur Scheidungsvereinbarung **nicht** größer **thematisiert** (und auch nicht gesondert berechnet, wenn es hinterher zur Scheidungsvereinbarung kommt). Dabei besteht kein Interessengegensatz zwischen anwaltlicher Beratung und notarieller Tätigkeit. In eigener Praxis erlebt man sehr wohl, dass solche Gespräche mit zwei Anwälten, mit einem Anwalt oder auch ohne Anwälte stattfinden. Dennoch kann das Gespräch beim Notar helfen, weit auseinander liegende Positionen zu vermitteln, weil auch im Bewusstsein der Beteiligten ein „Neutraler" die Rechtslage beurteilt und Vermittlungsvorschläge macht.

---

[120] Damit wird dann der zunächst verfolgte Ansatz, die Justizhaushalte von Kosten zu entlasten, endgültig konterkariert werden.

3. Vorteile notarieller Befassung aus Sicht des BMJ bleiben

Schließlich ist darauf hinzuweisen, dass die **Vorteile**, die das **BMJ** bei der Einschaltung der Notare in der Scheidung **beschrieben** hat, ja **unabhängig davon bestehen** bleiben, ob sie **politisch opportun** sind. So hat das BMJ ausgeführt, es entspreche dem Leitbild der Einvernehmlichkeit und Kooperation, „dass die Ehegatten gemeinsam einen Notar beauftragen und dort die wesentlichen Scheidungsfolgen regeln."[121] Es war bereits ausgeführt, dass niemand belegt hat, was bei der asymmetrisch einseitigen anwaltlichen Beratung besser sein soll als bei der notariellen Befassung. Ferner ist das BMJ der Auffassung, das dem Schutzbedürfnis des wirtschaftlich schwächeren Partners durch den Formzwang – d.h. durch die Einschaltung eines Notars – ausreichend Rechnung getragen ist.[122] Auch der jetzige **Regierungsentwurf** will den **Notar nicht ausschalten, sondern den Anwalt zusätzlich einschalten.**

4. Regelungsbedarf schon im Trennungszeitpunkt

Untersuchungen im Auftrage des Bundesfamilienministeriums haben gezeigt, dass der Gedanke einer **Verbundregelung**, wie ihn das Gesetz eigentlich bisher verfolgte, **praxisfern ist**[123]. Der **reale Regelungsbedarf** besteht vielmehr **kurz nach der Trennung**. In diesem Zusammenhang stellt das zitierte Gutachten auch fest, dass notariell beurkundete Scheidungsvereinbarungen entsprechend der in § 630 ZPO niedergelegten Intention des Gesetzgebers eine nicht unerhebliche Ursache dafür sind, dass in den gerichtlichen Scheidungsverfahren die Folgesachen nur noch in geringen Prozentsätzen mit entschieden werden müssen. Eine Aussage, die allerdings noch vor der Einführung der Inhaltskontrolle getroffen wurde, mit der sich die Gerichte nun sehr intensiv befassen, weil sie diese nicht als bloße Missbrauchskontrolle sehen.

Ein weiterer Grund, warum Vereinbarungen von Ehegatten relativ früh nach Trennung getroffen werden, liegt in der Bestimmung des **§ 1587o BGB**. Sehr viele Ehegatten wollen der Genehmigungspflicht nach dieser Vorschrift entgehen und einen Versorgungsausgleichsverzicht oder eine – modifizierung nach § 1408 Abs.2 BGB vereinbaren. Hierfür ist der Abschluss einer solchen Vereinbarung ein Jahr vor Rechtshängigkeit einer Scheidung erforderlich.

---

[121] Begründung, S. 347
[122] Begründung, 477, 478.
[123] Die wirtschaftlichen Folgen von Trennung und Scheidung, Gutachten, 2000, 48.

In solch **frühem Stadium**, in dem noch kein Verfahren anhängig ist, bietet sich die **notarielle Trennungs- und Scheidungsvereinbarung** als **Lösung** förmlich an.

5. Vermögensauseinandersetzung

Die bei uns statistisch sicher häufigsten Scheidungsvereinbarungen sind diejenigen, bei denen **Immobilien auseinandergesetzt** werden. Diese kommen auch in Zukunft zum Notar. Wenn mit dieser Immobilienübertragung weitere Vereinbarungen etwa im Bereich des Unterhalts oder aber auch gesellschaftsrechtliche oder sonstige schuldrechtliche Ansprüche zusammenhängen, so wird sich die Beurkundungsbedürftigkeit für solche Vereinbarungen auch nach Rechtskraft der Scheidung und damit über § 1585c BGB hinaus schon aus **§ 311b BGB** ergeben.

Aus allen Scheidungsverfahren ist dies jedoch nur ein **spezieller Sektor**. Wie sich aus der großen Zahl von Prozesskostenhilfefällen im Familienrecht ergibt, sind die weitaus häufigeren Scheidungsfälle so, dass es nichts zu verteilen gibt. Hier wären wir im sog. vereinfachten Scheidungsverfahren wesentlich stärker eingebunden gewesen.

6. Nachehelicher Unterhalt

Mit **§ 1585c BGB** ist zudem klargestellt, dass mit der Erfassung des Unterhaltsrechtes nunmehr alle Regelungen der Scheidungsfolgen vor der Rechtskraft der Scheidung der notariellen Beurkundung bzw. eines gerichtlichen Vergleiches bedürfen. Das bedeutet alle bindenden Absprachen, die vor der Scheidung getroffen werden, bedürfen dieser Form. Hier muss sich wirklich **jeder Ehegatte selbst überlegen, ob er einer Scheidung zustimmt**, ohne dass er eine bindende und vollstreckbare Vereinbarung in Händen hält, denn alle vorherigen Zusagen auf nach der Scheidung formfrei zu treffenden Vereinbarungen sind unwirksam.

II. Erhöhter Regelungsbedarf nach neuem Unterhaltsrecht

Von richterlicher Seite[124] wird zum neuen Unterhaltsrecht schon festgestellt, dass die unterhaltsrechtlichen Folgen nicht in gleicher Weise planbar sind, wie dies im „alten" Unterhaltsrecht der Fall war. Daher seien **verstärkt individuelle ehevertragliche Regelungen erforder-**

---

[124] *Viefhues*, ZFE 2008, 44, 49.

lich, um den Ehegatten Planungssicherheit auch nach der Scheidung zu geben. Auch wenn hier zunächst die **vorsorgenden Eheverträge** angesprochen sind – die wir nun plötzlich in umgekehrter Form haben, d.h. mit einer Verlängerung der gesetzlichen Unterhaltsfrist – so gilt dies **in gleicher Weise** für die **Trennungs- und Scheidungsvereinbarungen**. Zu den Neuregelungen tritt noch die Verkomplizierung und Individualisierung gerade dieses Rechtsbereiches hinzu. Wer familienrechtliche Berufungs- und Revisionsentscheidungen liest, wird sehr schnell bemerken, dass ein ganz erheblicher Teil hiervon dem Unterhaltsrecht geschuldet ist.

Wir werden im nächsten Vortrag über die Auswirkungen der Unterhaltsrechtsreform auf Trennungs- und Scheidungsvereinbarungen Näheres hören. Dies soll auch nicht vorweggenommen werden. Ich möchte nur kurz **zusammenstellen**, in welchen Punkten das **Unterhaltsrecht weniger planbar** geworden ist, um die Schlussfolgerung zu begründen, dass es angesichts vielfältig bestehender Unwägbarkeit der Abschluss einer **Vereinbarung**, die einen gesicherten Rechtsanspruch in bestimmter Höhe und für eine bestimmte Zeit gibt und andererseits die Verpflichtung auf eben diese Höhe beschränkt, **für die Ehegatten vorzugswürdiger** sein kann, als sich in die Untiefen eines gerichtlichen Verfahrens zu begeben.

Im Einzelnen ist hier auf folgendes hinzuweisen:

- **Kompromissregelung des § 1570 BGB**: Anstatt einer klaren Regelung nun: drei Jahre Basisunterhalt, danach Verlängerung bei Billigkeit unter Berücksichtigung der Kindesbelange, dann ggf. noch länger als „Treueunterhalt"[125]. Die Auswirkungen in der gerichtlichen Praxis sind sehr schwer abzusehen. Wir erhalten erste Anfragen für vorsorgende Eheverträge mit Wünschen zur Verlängerung oder Klarstellung der Fristen. Gleiches würde sich in der Scheidungssituation mit absehbaren Möglichkeiten beruflichen Wiedereinstiegs und Kinderbetreuung anbieten.

- **Neue** Befristungsmöglichkeiten **nach § 1578b BGB**; hier wird eine erhebliche Änderung der Gerichtspraxis erwartet. Die Ehegatten können selbst die Dauer des Unterhalts und ggf. eine abnehmende Unterhaltshöhe bestimmen.

---

[125] *Hauß*, FamRB 2007, 369.

- Neue **Rechtsprechung des BGH zu Auswirkungen späterer Änderungen auf den Bedarf**[126]. Eheleute haben vielfach ein Interesse, einen einmal verabredeten Unterhalt ohne Änderungen oder mit fest absehbaren Anpassungen zu zahlen. Sie möchten vielfach nicht mit ständigen Auskunftsbegehren überzogen werden.

- **Schwierige Ermittlung von Komponenten** des Unterhaltsanspruchs wie **Wohnvorteil**, Unternehmereinkommen etc.

- Sich andeutende Erweiterung von **Mehrbedarfspositionen** gegenüber den Regelsätzen der Düsseldorfer Tabelle beim Kindesunterhalt [127]

Im Ergebnis ist die zutreffende Sicht genau umgekehrt. Es muss nicht Ziel notarieller Vereinbarung sein, genau den gesetzlichen Unterhaltsanspruch mit all seinen Kompliziertheiten zu treffen, denn dieser wird trotz guter Berechnungsprogramme nur sehr schwer zu treffen sein, da in vielen Komponenten zugleich Wertungsfragen verborgen sind (z.B. überobligatorische Einkünfte, fiktive Einkünfte, Wohnvorteil, Billigkeit), über die der Notar nicht wie ein Richter entscheiden kann. Zudem ändern sich zum Teil Berechnungskonstanten mit der Zeit (vgl. z.B. die Tendenz, nunmehr den Selbstbehalt für Erwerbstätige und nicht Erwerbstätige in gleicher Höhe anzunehmen[128]). Aber der Notar kann die mögliche **Anspruchsbreite** unter Aufzeigen aller **möglichen Streitpunkte ermitteln**[129], daraus eine **sinnvolle vertragliche Regelung entwickeln** und diese den Vertragsteilen unterbreiten, damit sie eine Einigung finden. Vertraglich konsentierte Vereinbarungen entwickeln eine ganz erhebliche Befriedungswirkung.

III. Bleibende Bedeutung einvernehmlicher und kostengünstiger Konfliktlösung

Die Darstellung hat daher gezeigt, dass ganz unabhängig vom Wegfall des § 630 ZPO die notarielle Trennungs- und Scheidungsvereinbarung ihre Bedeutung behalten wird.

Sie hilft, Planbarkeit und Sicherheit für die trennungswilligen Partner von der Trennung an zu gewährleisten.

---

[126] BGH FamRZ 2006, 683 ff.; BGH DNotI-Report 2008, 78.
[127] BGH v. 5.3. 2008 XII ZR 150/05, becklink 254428.
[128] OLG Celle vom 21.2.2008 – 21 UF 195/07, BeckRS 2008, 2526.
[129] *Braeuer*, FPR 2007, 257, 259.

Hier müssen wir – wie in anderen Fällen auch – **nicht** nur in **Abhängigkeit** von **Beurkundungsbedürftigkeiten** tätig werden, sondern wir müssen viel mehr als dies bisher bekannt ist, darstellen, dass die notarielle Tätigkeit zur Konfliktlösung geeignet ist. Notarielle Urkunden gewähren eine schnelle und flexible Dienstleistung, die zudem im Bereich von Scheidungs- und Trennungsvereinbarungen im Vergleich zu gerichtlichen Verfahren oder auch gerichtlichen Vergleichen mit zwei anwaltlichen Vertretern durchaus Kostenvorteile bietet.

Die **Rolle des Notars im Scheidungsrecht** wird damit auch nach der Änderung des FGG-RG-E **erhalten bleiben**, sich vielleicht sogar noch verstärken. Wir müssen uns auf dieses interessante und vielgestaltige Arbeitsfeld gut einstellen und unseren Anteil an diesem Arbeitsbereich durch qualifizierte Beratung und ausgewogene und exakte Vertragsgestaltung immer neu verdienen.

G. Fazit

Trennungs- und Scheidungsvereinbarungen werden **auch weiterhin** – unabhängig von der vorgesehenen Reform des FGG und der Abschaffung des § 630 ZPO - zum **Repertoire notarieller Tätigkeit** gehören. Im Verhältnis zu anderen Alternativen ist die Trennungs- oder Scheidungsvereinbarungen für einigungsfähige Ehegatten das flexible und kostengünstige Mittel, die Scheidungsfolgen einvernehmlich zu regeln und zu titulieren.

Trennungs- und Scheidungsvereinbarungen vor dem Hintergrund der Unterhaltsrechtsreform

Prof. Dr. Dr. h. c. Dieter Schwab,
Universität Regensburg, Ehrenmitglied der NotRV

		Seite
I.	Eine neue Situation?	70
II.	Zu den Kriterien der Vertragskontrolle nach der Rechtsprechung	73
III.	Für den Berechtigten nachteilige Verträge über den Geschiedenenunterhalt	77

1. Betreuungsunterhalt, § 1570 BGB 77
   a) Rechtsprechung zum bisherigen Recht 77
   b) Das neue Recht 80
2. Unterhalt wegen Alters und Krankheit, §§ 1571, 1572 84
   a) Bisherige Rechtsprechung 84
   b) Auswirkungen des neuen Unterhaltsrechts 86
3. Unterhalt wegen Erwerbslosigkeit 88
   a) Bisherige Rechtsprechung 88
   b) Rechtslage nach der Reform 89
4. Aufstockungsunterhalt (§ 1573 Abs. 2) 89
5. Ausbildungsunterhalt (§ 1575) 91
6. Billigkeitsunterhalt, § 1576 92
7. Eine neue Rangleiter? 92
8. Modifizierungen der nachehelichen Unterhaltsansprüche 93

IV. Verträge, die den Unterhaltsberechtigten begünstigen 94

1. Grundsätzliche Erwägungen 94
2. Verträge, die den Berechtigten eindeutig besser stellen als nach gesetzlicher Lage 95
3. Vereinbarungen über den Rang? 99
4. Zu den Instrumenten der Vertragskorrektur 100

V. **Schluss** **101**

I. Eine neue Situation?

Durch die Unterhaltsrechtsreform[1] ist das BGB verändert worden, nicht aber das Grundgesetz der Bundesrepublik Deutschland. Da sich die Prinzipien der richterlichen Vertragskontrolle als Einschränkung der Vertragsfreiheit, besser eigentlich: als Herstellung wahrer Vertragsfreiheit aus dem Grundgesetz herleiten, kann sich – so möchte man denken – durch einfache Bundesgesetzgebung nicht viel geändert haben.

Und doch spüren wir, dass der rechtspolitische Zug der Zeit, der die Reform angetrieben hat, sich auch auf die Interpretation der Vertragsfreiheit auswirken könnte. Dem Bundesgerichtshof verdanken wir die Theorie vom Kernbereich der Scheidungsfolgen. Erleben wir nun, dass durch die Gesetzgebung eine juristische Kernschmelze stattfindet? Kann man nicht sagen: Wenn der Spielraum der Gerichte für Kürzung, Senkung und Versagung von Unterhalt größer geworden ist, dann muss sich doch auch der Spielraum für vertragliche Reduzierungen erweitert haben? Wenn es ein wichtiges Ziel des Gesetzgebers war, die Eigenverantwortung geschiedener Frauen zu stärken,[2] soll diesen Frauen dann durch Vertrag nicht zusätzliche Stärkung zu gönnen sein? Doch sehen wir zu. Die Sache ist kompliziert, weil unbekannte und fließende Größen miteinander in Verbindung zu bringen sind.

Zum einen erscheinen *die Prinzipien der richterlichen Vertragskontrolle nicht als statische Größe*. Schon die unterschiedlichen Ansätze bei BVerfG und BGH können für Zweifel sorgen: Während das Bundesverfassungsgericht den entscheidenden Hebel für die Vertragskontrolle in der Frage der Disparität der Willensmacht der Parteien, in der Frage der Dominanz einer der Parteien über die andere bei Vertragsschluss sieht, legt der BGH eher objektive Kriterien an, die freilich im Kontext mit allen auch subjektiven Umständen des Einzelfalls angewendet werden sollen. Auch wenn man sich in erster Linie an den BGH mit seiner ausdifferenzierten Doktrin halten will, muss man mit Fortentwicklungen rechnen: Mit fast jeder BGH-Entscheidung kommen neue Elemente hinzu oder werden bisherige relativiert. Wie schwierig die Lage ist, zeigt die Tatsache, dass nicht wenige Oberlandesgerichte in ihrem redlichen Bemühen, es dem BGH recht zu machen, keine Gnade vor den kritischen

---

[1] Gesetz zur Änderung des Unterhaltsrechts vom 21.12.2007 (BGBl. I S. 3189), in Kraft gesetzt zum 1.1.2008.
[2] So der Ausdruck der Regierungsbegründung für das, was man auch „Reduzierung des Geschiedenenunterhalts" hätte nennen können, vgl. BT-Drucksache 16/1830, S. 13.

Augen des Revisionsgerichts gefunden haben. Es kommt hinzu, dass die Unterhaltsrechtsprechung des BGH generell dabei ist, sich von früheren Positionen zu lösen, man denke an die wunderliche Fähigkeit der ehelichen Lebensverhältnisse, sich auch nach rechtskräftiger Ehescheidung noch zu verändern[3] oder an die neuesten Erkenntnisse zum Aufstockungsunterhalt.[4] Mit anderen Worten: Auch ohne Reformgesetz hätten wir es mit einem dynamischen Recht zu tun.[5]

Geradezu *unbekannt ist die neue gesetzliche Rechtslage.* Die Reform arbeitet – angefangen beim neuen Tatbestand des § 1570[6] bis hin zu den Härteklauseln – mit „Billigkeit" und „Unbilligkeit", den unbestimmtesten aller unbestimmten Rechtsbegriffe. Im Nebel dieser Begriffe lebt die sachliche Kontroverse um die Frage, was man einer kindererziehenden Mutter außerdem noch an Erwerbstätigkeit zumuten kann, munter weiter und generiert unterschiedliche Interpretationen des neuen Rechts.

Was neu an diesem Recht ist, kann in unserem Rahmen nur kurz angerissen werden. Dabei beschränken sich die folgenden Ausführungen auf das *Unterhaltsrechtsverhältnis unter geschiedenen Ehegatten*, denn die Ansprüche der Kinder, getrenntlebender Ehegatten und der Eltern nichtehelicher Kinder stehen allesamt unter dem Verzichtsverbot des § 1614 Abs. 1. Nur beim Scheidungsunterhalt kann von Vertragsfreiheit die Rede sein. Im nachehelichen Unterhalt liegt letztlich auch der Hauptakzent des neuen Rechts.

1) Der umformulierte § 1569 akzentuiert noch deutlicher als sein Vorgänger, dass grundsätzlich jeder Ehegatte nach der Scheidung für seinen Unterhalt selbst zu sorgen hat und die folgenden Anspruchstatbestände als Ausnahmen von dieser Regel zu verstehen sind. Das war auch schon für das alte Recht überall nachzulesen, doch soll die Neufassung offenbar der Rechtsprechung einen Kick für eine strengere Handhabung der Anspruchsvoraussetzungen geben.[7]

---

[3] Vgl. BGH FamRZ 2007, 793; 2008, 968 m. Anm. *Maurer.*
[4] Vgl. BGH FamRZ 2007, 200; 2007, 793; 2007, 1232; 2007, 2049; 2007, 2052,
[5] Siehe dazu *Dose,* FamRZ 2007, 1289 ff.
[6] §§-Nennungen ohne weitere Angaben beziehen sich auf das BGB in seiner ab 1.1.2008 geltenden Fassung.
[7] Die Begründung zum Regierungsentwurf spricht von „neuer Rechtsqualität", ohne diese Qualität näher einzuordnen (BT-Drucksache 16/1830, S. 16).

2) Die Unterhaltstatbestände bleiben unverändert, ausgenommen der neu gestaltete Unterhaltsanspruch wegen Kindesbetreuung (§ 1570), siehe unten III.1

3) Bei der Frage, *welche Erwerbstätigkeit* für einen geschiedenen Ehegatten als angemessen erscheint, sind die Anforderungen verschärft worden (§ 1574 Abs. 1, 2). Auch eine *frühere Erwerbstätigkeit* ist zu berücksichtigen. Die Angemessenheit nach den *„ehelichen Lebensverhältnissen"* wird nur noch in Form einer Einwendung ins Kalkül gezogen.

4) Theoretisch alle Unterhaltsansprüche können nun nach der neuen Billigkeitsklausel des § 1578b herabgesetzt und/oder zeitlich begrenzt werden.

5) Die Rangordnung ist völlig neu gestaltet (§§ 1582, 1609). Die Ansprüche der minderjährigen und der diesen gleichgestellten Kinder haben den Vorrang vor allen anderen. Dahinter rangieren pari passu Elternteile, die wegen der Betreuung eines Kindes unterhaltsberechtigt sind oder im Fall einer Scheidung wären sowie Ehegatten und geschiedene Ehegatten bei einer Ehe von langer Dauer; bei der Bemessung dieser Zeitdauer sind ehebedingte Nachteile, die sich für den Berechtigten ergeben, zu berücksichtigen. Erst im dritten Rang folgen die übrigen Ehegatten, im vierten die übrigen Kinder, sodann in drei weiteren Rangstufen die Enkel und ihre Abkömmlinge, die Eltern und weitere Verwandte der aufsteigenden Linie. Entscheidend ist in unserem Zusammenhang der mögliche *Gleichrang* oder *Nachrang* des geschiedenen Ehegatten gegenüber einem neuen Partner des Unterhaltspflichtigen.

Unter den drei von der Bundesregierung proklamierten Zielen der Unterhaltsrechtsreform – Förderung des Kindeswohls, Vereinfachung des Unterhaltsrechts und Stärkung der Eigenverantwortung nach der Ehe – hat das letztgenannte am ehesten die Chance, erreicht zu werden. Mit dem euphemistischen Slogan „Stärkung der Eigenverantwortung" wird die Rückbildung der Unterhaltsansprüche geschiedener Ehegatten angesteuert, und zwar in einer Art Zangenbewegung gleichzeitig von mehreren Seiten: der Umformulierung des Unterhaltstatbestands nach § 1570, der Verschärfung der Erwerbsobliegenheit nach § 1574, der Kreation einer neuen Unbilligkeitsklausel des § 1578b und der Umsortierung der Ränge von konkurrierenden Unterhaltsansprüchen. Wie weit sich die Gerichtsbarkeit in den Dienst des Abbaus der nachehelichen Solidarität stellen lässt, ist abzuwarten. Das Reformgesetz selbst, Ergebnis eines politischen Kompromisses, bietet vor allem in den §§ 1570 und 1578b offene Texte, die sehr unterschiedliche Interpretationen zulassen.

Dem Thema der Unterhaltsvereinbarungen im Lichte des neuen Rechts sollen drei Abschnitte gewidmet sein:

– Zunächst sollen kurz die Prinzipien in Erinnerung gerufen werden, mit denen die Rechtsprechung das Problem der Vertragsfreiheit zu bewältigen versucht.

– In einem zweiten Abschnitt sollen im Lichte dieser Rechtsprechung Vereinbarungen betrachtet werden, welche die Lage *zum Nachteil des Berechtigten verändern* wollen.

– Drittens soll das Thema aufgegriffen werden, inwieweit auf dem Hintergrund des neuen Rechts auch Verträge *zum Vorteil des unterhaltsbedürftigen Ehegatten* möglich sind.

II. Zu den Kriterien der Vertragskontrolle nach der Rechtsprechung

Bekanntlich liegen zur richterlichen Vertragskontrolle zwei unterschiedliche Konzepte vor: die des Bundesverfassungsgerichts und die des Bundesgerichtshofes.

1) Das **Bundesverfassungsgericht** lässt die richterliche Vertragskontrolle unter zwei Voraussetzungen auf den Plan treten, einer subjektiven und einer objektiven:

a) *Subjektiv* muss eine „erheblich ungleiche Verhandlungsposition" der Partner feststellbar sein, die dem einen faktisch die einseitige Bestimmung des Vertragsinhalts ermöglicht. Das Gericht spricht auch von einseitiger Dominanz und sieht eine solche Situation insbesondere bei Frauen, die bei Vertragsschluss schwanger sind, als naheliegend an („Indiz").[8]

b) *Objektiv* muss die ungleiche Verhandlungsposition zu einem Ergebnis geführt haben, für das das Gericht diverse Begriffe bereithält: „besonders einseitige Aufbürdung von vertraglichen Lasten"[9]; „erkennbar

---

[8] BVerfG FamRZ 2001, 343, 345, 346 = BVerfGE 103, 89.
[9] BVerfG FamRZ 2001, 343, 345.

einseitige Lastenverteilung zuungunsten der Frau"[10]; „wenn der Vertrag die Schwangere einseitig belastet und ihre Interessen keine angemessene Berücksichtigung finden"[11].

2) Demgegenüber stehen beim **Bundesgerichtshof** die objektiven Kriterien im Vordergrund. Der BGH führt aus: „Die grundsätzliche Disponibilität der Scheidungsfolgen darf indes nicht dazu führen, dass der Schutzzweck der gesetzlichen Regelungen durch vertragliche Vereinbarungen beliebig unterlaufen werden kann. Das wäre der Fall, wenn dadurch eine evident einseitige und durch die individuelle Gestaltung der ehelichen Lebensverhältnisse nicht gerechtfertigte Lastenverteilung entstünde, die hinzunehmen für den belasteten Ehegatten – bei angemessener Berücksichtigung der Belange des anderen Ehegatten und seines Vertrauens in die Geltung der getroffenen Abrede – bei verständiger Würdigung des Wesens der Ehe unzumutbar erscheint."[12]

Auch der Bundesgerichtshof nennt *zwei Voraussetzungen* der richterlichen Vertragskontrolle, die aber – im Gegensatz zu den Ausführungen des Verfassungsgerichts – *beide* den *Inhalt* des Vertrages und seine Bewertung betreffen, *nicht aber die Art und Weise, wie er zustande gekommen ist*. Nach BGH setzt die Inhaltskontrolle voraus:

– *erstens,* dass durch den Vertrag eine evident einseitige und durch die Lebensverhältnisse nicht gerechtfertigte Lastenverteilung entsteht,

– *zweitens,* dass diese Lastenverteilung für den benachteiligten Ehegatten bei verständiger Würdigung des Wesens der Ehe unzumutbar ist.

Ob der benachteiligte Ehegatte bei Vertragschluss aufgrund seiner konkreten Lage (Schwangerschaft etc.) zur Selbstbestimmung in der Lage war, ob der andere seine Ziele aufgrund einer Dominanz bei Vertragsschluss durchsetzen konnte, wird hingegen – anders als beim BVerfG – nicht als gesondertes Prüfungselement genannt, spielt aber dann bei der konkreten Fallprüfung dennoch eine Rolle.[13]

---

[10] BVerfG FamRZ 2001, 343, 346.
[11] BVerfG FamRZ 2001, 343, 347.
[12] FamRZ 2004, 601, 605 = BGHZ 158, 81.
[13] FamRZ 2004, 601, 606 f. Dazu auch *Mayer,* FPR 2004, 363, 368; *Koch,* NotBZ 2004, 147, 149.

Für das Unterhaltsrecht ist wichtig, dass der BGH mit **drei Instrumenten der richterlichen Vertragskontrolle** arbeitet: der Sittenwidrigkeit (§ 138 BGB), der Änderung der Geschäftsgrundlage (§ 313 BGB) und – allgemein – des Rechtsmissbrauchs (§ 242 BGB). Wann der eine oder andere in Betracht kommt, ist Gegenstand ausführlicher Erwägungen des Senats.[14] Bei Prüfung der **Sittenwidrigkeit** ist nach Auffassung des BGH entscheidend, ob die Vereinbarung *schon im Zeitpunkt ihres Zustandekommens offenkundig* zu einer derart einseitigen Lastenverteilung für den Scheidungsfall führt, dass ihr schon jetzt, d.h. unabhängig von der künftigen Entwicklung der Ehegatten und ihrer Lebensverhältnisse, wegen Verstoßes gegen die guten Sitten die Anerkennung der Rechtsordnung ganz oder teilweise zu versagen ist. Für die Prüfung des Vertrages nach **Treu und Glauben** (§ 242, „Ausübungskontrolle") stellt der BGH auf die Interessenlage ab, die sich *im Zeitpunkt des Scheiterns der Lebensgemeinschaft* ergibt. Den Einstieg bietet die Lehre vom Rechtsmissbrauch. Zu prüfen ist, ob ein Ehegatte die ihm durch den Vertrag eingeräumte Rechtsstellung missbraucht, wenn er sich im Scheidungsfall auf die Geltung des Vertrages beruft. „Dafür sind nicht nur die Verhältnisse im Zeitpunkt des Vertragsschlusses maßgebend. Entscheidend ist vielmehr, ob sich nunmehr – im Zeitpunkt des Scheiterns der Lebensgemeinschaft – aus dem vereinbarten Ausschluss der Scheidungsfolge eine evident einseitige Lastenverteilung ergibt, die hinzunehmen für den belasteten Ehegatten auch bei angemessener Berücksichtigung der Belange des anderen Ehegatten und seines Vertrauens in die Geltung der getroffenen Abrede sowie bei verständiger Würdigung des Wesens der Ehe unzumutbar ist."[15] Die Grenze zwischen der Anwendung des § 242 und der Korrektur aufgrund einer **Änderung der Geschäftsgrundlage (§ 313)** scheint noch fließend.[16] Für das Notariat ist wichtig, dass der BGH zum scharfen Schwert der Sittenwidrigkeit, das auch andere Teile eines Ehevertrages zu durchschneiden droht, nicht häufig greift[17], wenn nicht gerade russische Klavierlehrerinnen oder junge Brasilianerinnen, der deutschen Sprache kaum mächtig, auf ihre gesetzlichen Rechte verzichten.[18]

---

[14] Grundlegend BGH FamRZ 2004, 601, 606-608.
[15] FamRZ 2004, 601, 606.
[16] Die grundlegende Entscheidung vom 11.2.2004 (FamRZ 2004, 601) hatte § 313 noch nicht einbezogen. § 313 hielt aber dann ab BGH FamRZ 2005, 1444, 1448 und BGH FamRZ 2008, 386, 388 [36] Einzug in die Rechtsprechung des XII. Zivilsenats. Hingegen ist ein Fall nachträglich veränderter Umstände (nachträgliche Erkrankung) in BGH FamRZ 2008, 582, 586 [34-37] wiederum als Fall des § 242 behandelt worden.
[17] Freilich neigt der BGH auch nicht zur Einschränkung der Nichtigkeitsfolgen nach § 139 BGB, siehe BGH FamRZ 2005, 1444, 1447; BGH FamRZ 2006, 1097, 1098.
[18] Siehe die Entscheidungen BGH FamRZ 2006, 1097; BGH FamRZ 2007, 450.

Beim Einsatz aller dieser Instrumente spielt die berühmte **Kernbereichstheorie** eine wesentliche Rolle, die für Unterhaltsansprüche besonders differenziert ausgefallen ist. Sie lässt sich – zunächst in Bezug auf das bisherige Recht und nach den Formulierungen in der BGH-Entscheidung vom 11.2.2004 – in Form einer Rangleiter darstellen, wobei je nach Graustufe die Grenzen der Vertragsfreiheit enger gezogen sind.

Anspruch aus § 1570 (einschließlich § 1578 Abs. 2 Alt. 1, Abs. 3, wenn Bedarfslage ehebedingt)
Ansprüche aus §§ 1571, 1572
Versorgungsausgleich als vorweggenommener Altersunterhalt
Anspruch aus § 1573 Abs. 1, 4
Ansprüche auf Unterhalt wegen Bedarfs nach § 1578 Abs. 2 Alt. 1, Abs. 3
Anspruch aus § 1573 Abs. 2
Ansprüche aus §§ 1575 und 1576
Zugewinnausgleich

Zur Kernbereichstheorie sind einige Feststellungen anzufügen:

a) Soweit Ansprüche zum Kernbereich gehören, sind sie einer vertraglichen Einschränkung nicht gänzlich entzogen. Es findet gleichsam eine *gleitende Bewertung* statt:[19] Je unmittelbarer ein Vertrag in den Kernbereich eingreift, desto näher liegt die Annahme einer einseitigen Lastenverteilung. Aber es gibt eigentlich keinen absolut unzulässigen Vertragsinhalt. Das Gericht schreibt: „Die Belastungen des anderen Ehegatten werden dabei (scil. bei Einschätzung evident einseitiger, nicht gerechtfertigter Lastenverteilung) umso schwerer wiegen und die Belange des anderen Ehegatten umso genauerer Prüfung bedürfen, je unmittelbarer die vertragliche Abbedingung gesetzlicher Regelungen in den Kernbereich des Scheidungsfolgenrechts eingreift."[20] Je weiter durch den Vertrag gesetzliche Regelungen des Kernbereichs betroffen sind, desto näher liegt die Beurteilung als einseitige Lastenverteilung und desto stärker müssen die legitimen Interessen des anderen Teils an der vertraglichen Regelung sein, um den Vertrag zu retten.

---

[19] Dazu auch *Koch*, NotBZ 2004, 147, 148.
[20] BGH FamRZ 2004, 601, 605.

b) Nachdrücklich verlangt der BGH für die Vertragskontrolle, dass das Ergebnis letztlich von einer *Gesamtbetrachtung* abhängen muss.[21] Das zielt nicht nur auf den Zusammenhang mehrerer in einem Vertrag geregelter Scheidungsfolgen, sondern auch auf die Berücksichtigung aller subjektiven wie objektiven Fallumstände und Interessenlagen.[22] Das gesamte Ranggebäude versteht sich also „cum grano salis", was die Voraussehbarkeit der Ergebnisse nicht steigert.

c) Schließlich ist zu beobachten, dass für den Bundesgerichtshof, je weiter seine Rechtsprechung fortschreitet, die „Ehebedingtheit" der jeweiligen Bedarfslage eine zentrale Rolle spielt.[23] Die Rangstufung wird dadurch relativiert. Man könnte sagen: Je ehebedingter *im konkreten Fall* der Nachteil ist, der durch eine gesetzlich Scheidungsfolge ausgeglichen werden soll, desto schwerer wird es, von der gesetzlichen Regelung zu Lasten des Benachteiligten abzuweichen.

III. Für den Berechtigten nachteilige Verträge über den Geschiedenenunterhalt

Was das für einzelne Felder des nachehelichen Unterhalts bedeutet, sei anhand der Rangleiter näher betrachtet.

1. Betreuungsunterhalt, § 1570 BGB

a) Rechtsprechung zum bisherigen Recht

Der Betreuungsunterhalt steht bekanntlich an der Spitze der Leiter, er ist – mit Goethe zu sprechen – des Pudels Kern. Trotzdem ist er nach dem System der gleitenden Bewertung „nicht jeder Modifikation entzogen".[24]

---

[21] BGH FamRZ 2004, 601, 604; BGH FamRZ 2007, 450, 451; ferner BGH FamRZ 2006, 1097; BGH FamRZ 2007, 1310, 1312 (20).
[22] Die Gesamtwürdigung soll bei der Wirksamkeitskontrolle auf die individuellen Verhältnisse beim Vertragsschluss abstellen, „insbesondere also auf die Einkommens- und Vermögensverhältnisse, den geplanten oder bereits verwirklichten Zuschnitt der Ehe sowie auf die Auswirkungen auf die Ehegatten und ggf. auf deren Kinder. Subjektiv sind die von den Ehegatten mit der Abrede verfolgten Zwecke sowie die sonstigen Beweggründe zu berücksichtigen, die den begünstigten Ehegatten zu seinem Verlangen nach der ehevertraglichen Gestaltung veranlasst und den benachteiligten Ehegatten bewogen haben, diesem Verlangen zu entsprechen." (BGH FamRZ 2007, 450, 451).
[23] Vgl. nur BGH FamRZ 2004, 601, 608; BGH FamRZ 2005, 185, 187; BGH FamRZ 2005, 691, 693; BGH FamRZ 2005, 1444, 1446. 1447; BGH FamRZ 2005, 1449, 1451; BGH FamRZ 2007, 197, 199.
[24] BGH FamRZ 2004, 601, 605; FamRZ 2006, 1359, 1361.

Was die **Dauer des Unterhalts** betrifft hat der BGH im Rahmen der Wirksamkeitskontrolle moderate Abweichungen vom Altersphasenmodell (z.B. bis zum 6. Lebensjahr des jüngsten Kindes)[25] zugelassen; es seien die Umstände des Einzelfalls maßgebend, etwa die räumliche Nähe von Arbeitsplatz und Wohnung und die Betreuungsbereitschaft der Großeltern.[26] Abstrakt sagt das Gericht, es ließen sich immerhin Fälle denken, in denen die Art des Berufs es der Mutter erlaubt, Kinderbetreuung und Erwerbstätigkeit miteinander zu vereinbaren, ohne dass das Kind Erziehungseinbußen erleidet. Auch erscheint eine ganztägige Betreuung durch die Mutter nicht als unabdingbare Voraussetzung für einen guten Erziehungserfolg, sodass sich Ehegatten auch darüber verständigen könnten, ab einem bestimmten Kindesalter Dritte zur Betreuung heranzuziehen, um einen möglichst frühen Wiedereintritt der Mutter in das Berufsleben zu ermöglichen.

Auch die **Höhe des Betreuungsunterhalts** erlaubt Modifikationen. Der BGH hat es im Rahmen der Wirksamkeitskontrolle nicht beanstandet, dass der vereinbarte Unterhalt *unter dem eheangemessenen* bleibt,[27] eine Sittenwidrigkeit komme „allenfalls dann" in Frage, „wenn die vertraglich vorgesehene Unterhaltshöhe nicht annähernd geeignet ist, die ehebedingten Nachteile ... auszugleichen".[28] Eine weitere Grenze setzt das Gericht, wenn absehbar ist, dass der vereinbarte Unterhalt nicht ausreicht, um das Existenzminimum für die Dauer der Unterhaltsverpflichtung zu decken;[29] in einem solchen Fall nahm das Gericht sogar die Sittenwidrigkeit an.

Zu beachten ist auch, dass der sonst nachrangige **Kranken- und Altersvorsorgunterhalt** nach § 1578 Abs. 2 Alt. 1, Abs. 3 im Rahmen des § 1570 zum Kernbereich gehört: Ein Nachrang komme nicht in Frage, wo die Unterhaltspflicht ehebedingte Nachteile ausgleichen soll, und das gelte, auch, wenn die Kinder selbst an diesen Unterhaltsposten nicht partizipieren.[30] Im Rahmen der Ausübungskontrolle hat das Gericht den in einem Vertrag ausgeschlossenen Anspruch auf den Aus-

---

[25] Siehe die Fälle BGH FamRZ 2005, 1444, 1447 (2000 Euro bis das jüngste Kind 6 Jahre alt ist, 1000 Euro, bis das jüngste Kind 14 Jahre alt ist); BGH FamRZ 2007, 1310 (Betreuungsunterhalt bis zum vollendeten 6. Lebensjahr des jüngsten Kindes; im übrigen Unterhaltsausschluss plus Abfindung).
[26] BGH FamRZ 2007, 1310.
[27] BGH FamRZ 2005, 1444, 1447; BGH FamRZ 2006, 1359, 1361.
[28] BGH FamRZ 2005, 1444, 1447.
[29] BGH FamRZ 2006, 1359, 1361 (der nur leicht über dem Existenzminimum liegende Betrag war ohne Wertsicherungsklausel vereinbart).
[30] BGH FamRZ 2005, 1449, 1451.

gleich desjenigen konkreten Nachteils beschränkt, den der kinderbetreuende Elternteil als Folge seines zeitweiligen Verzichts auf eine eigene Berufstätigkeit zu tragen hatte: Der berechtigte Ehegatte soll – das ist das Ergebnis der Vertragskontrolle – wirtschaftlich nicht besser gestellt sein, als er bei Weiterführung seiner Erwerbstätigkeit ohne die Kinderbetreuung gestanden hätte.[31]

In diesem Zusammenhang ist wichtig, dass der BGH viele Verträge durch ein problematisches Manöver **von der Wirksamkeitskontrolle in die Ausübungskontrolle** rettet. Auch in Fällen, in denen jeglicher nacheheliche Unterhalt, damit auch der Betreuungsunterhalt ausgeschlossen war, lässt der Senat diesen Punkt bei der Wirksamkeitskontrolle unberücksichtigt, wenn die Kontrahenten im Zeitpunkt des Vertragsschlusses keine Kinder planten.[32] Das ist schwer nachzuvollziehen: Wenn die Verlobten den Betreuungsunterhalt vertraglich ausschließen, setzen sie denknotwendig den Fall voraus, dass gemeinsame Kinder kommen könnten. Geplant oder ungeplant ist für den Tatbestand des § 1570 gleichgültig. Kommen dann die ungeplanten Kinder, so ist im Vertrag gerade der Fall geregelt, der später wirklich eingetreten ist. Von der Wirksamkeitskontrolle kann dann m.E. nicht mit der Begründung abgesehen werden, der als möglich vorausgesehene und auch eingetretene Fall sei nicht geplant gewesen. Doch wird das Notariat mit diesem zweifelhaften Punkt der Rechtsprechung nicht unzufrieden sein und ihr durch entsprechende Textbausteine („die Parteien planen keine Kinder etc.") Rechnung tragen. Denn der BGH rettete mit der beschriebenen Operation Verträge, in denen Unterhalt inklusive Betreuungsunterhalt gänzlich ausgeschlossen war, in die Ausübungskontrolle, die für den Berechtigten in aller Regel sehr viel ungünstiger ist. Denn bei der nun fälligen Anpassung an die realen Lebensverhältnisse darf der Berechtigte nicht besser stehen als er stünde, wenn er nicht wegen der Kinder seine Erwerbstätigkeit reduziert hätte.[33]

Von diesem zweifelhaften Punkt abgesehen, kann man für das bisherige Recht das Fazit ziehen: Der Betreuungsunterhalt nach § 1570 ist in seiner Substanz einer beliebigen Verfügung durch die Ehegatten entzogen. Es sind gegenüber den gesetzlichen Standards moderate Abweichungen möglich, sie dürfen aber nicht das Existenzminimum

---

[31] BGH FamRZ 2005, 1449, 1452.
[32] Vgl. nur BGH FamRZ 2005, 1449, 1450 ff.; BGH FamRZ 2008, 582 [21].
[33] BGH FamRZ 2005, 1449, 1452; siehe auch BGH FamRZ 2008, 582 [21]. Kritisch zu dieser Rechtsprechung *Erman/Graba*, Bürgerliches Gesetzesbuch. Handkommentar, 12. Aufl. 2008, § 1585c Rn. 18.

unterschreiten. Auch müssen sie so gestaltet sein, dass ehebedingte Nachteile nicht einseitig dem Unterhaltsberechtigten aufgebürdet werden, und natürlich dürfen sie das Kindeswohl nicht beeinträchtigen.[34]

b) Das neue Recht

Die Reform hat den Tatbestand des § 1570 grundlegend verändert, allerdings in keiner Hinsicht verbessert. Der tragende Grund – wegen Kindesbetreuung kann eine Erwerbstätigkeit nicht erwartet werden – wird nicht mehr offen thematisiert (wohl aber noch bei der nichtehelichen Mutter, § 1615l Abs. 2 S. 2!). Dafür ist der Anspruch nun aufgespalten in zwei Altersphasen – jetzt haben wir ein *gesetzliches* Alterphasenmodell!

- Bis drei Jahre nach der Geburt hat der kindesbetreuende Ehegatte den Anspruch, seine Bedürftigkeit unterstellt, ohne weiteres (§ 1570 Abs. 1 S. 1).[35] Die Erwerbsobliegenheit entfällt – ob stets oder nur in aller Regel werden die Gerichte entscheiden.

- Dieser Anspruch „verlängert sich" vom vollendeten 3. Lebensjahr des Kindes an, soweit dies der Billigkeit entspricht, bei dieser Billigkeitswertung sind die Belange des Kindes und die bestehenden Möglichkeiten der Kindesbetreuung zu berücksichtigen § 1570 Abs. 1 S. 2, 3).

- Der Anspruch „verlängert sich" darüber hinaus, wenn dies unter Berücksichtigung der Gestaltung von Kinderbetreuung und Erwerbstätigkeit in der Ehe sowie der Dauer der Ehe der Billigkeit entspricht (§ 1570 Abs. 2).

Trotz der Aufspaltung handelt es sich nach der Gesetzesbegründung um ein und denselben Anspruch,[36] der – wie bisher – auf dem Gedanken beruhen muss, dass dem kindesbetreuenden Elternteil keine Erwerbstätigkeit zugemutet wird, soweit seine Kräfte durch Pflege und Erziehung der gemeinsamen Kinder gebunden sind. Im Wesentlichen hat die Reform daran nichts geändert,[37] abgesehen von der Mindest-

---

[34] „Ausrichtung am Kindesinteresse" BGH FamRZ 2004, 601, 605; siehe auch BVerfG FamRZ 2007, 965 [53 ff.].
[35] BT-Drucksache 16/6980, S. 8.
[36] BT-Drucksache 16/6980, S. 9.
[37] Die Begründung der Beschlussempfehlung des Rechtsausschusses sieht im terminologischen Wechsel keine sachliche Änderung, BT-Drucksache 16/6980, S. 9.

dauer und der erstaunlichen Berücksichtigung auch ehebezogener Gründe jenseits der Belange des Kindes.[38]

Für die ehebezogenen Billigkeitsgründe des § 1570 Abs. 2 verwendet die Gesetzesbegründung auch den Begriff „Annexanspruch".[39] Das erscheint missverständlich. Es handelt sich nicht um einen Anspruch, der zeitlich auf den eigentlichen Betreuungsanspruch folgt, vielmehr bildet die Unterhaltsberechtigung aus § 1570 einen einzigen Anspruch, dessen Dauer von Billigkeitsgründen abhängt, in die eben nicht nur kindbezogene, sondern auch partnerbezogene Gesichtspunkte einfließen können[40] – letzteres soll auch beim Anspruch der nichtehelichen Mutter nach § 1615l Abs. 1 BGB der Fall sein, mit dem Unterschied, dass dies dort nur in der Gesetzesbegründung verlautbart ist.[41] Die Deutung des neuen § 1570 als einheitlichen Anspruch hat zur Folge, dass die Verlängerung aus den Gründen des § 1570 Abs. 2 auch unmittelbar an die dreijährige Berechtigung anknüpfen kann, auch wenn die erste „Verlängerung" nach § 1570 Abs. 1 S. 2 nicht greift.[42]

Was bedeutet die Neufassung des § 1570 für die richterliche Vertragskontrolle? Man könnte an die Dreigliedrigkeit des Anspruchs wie folgt anknüpfen: Der Anspruch bis zum vollendeten 3. Lebensjahr des Kindes (§ 1570 Abs. 1 S. 1) kann in aller Regel nicht angetastet werden, er ist erkennbar das vom Gesetzgeber gewährte Minimum. Soweit der Anspruch darüber hinaus (§ 1570 Abs. 1 S. 2) aus den Belangen des Kindeswohls begründet wird, ist er gemäß der bisherigen Judikatur der vertraglichen Konkretisierung nicht gänzlich entzogen. Sollte sich – was derzeit noch unklar ist – eine neues Altersphasenmodell durchsetzen,[43] so sind auch weiterhin moderate Abweichungen davon möglich.

---

[38] Ob die Regelung des § 1570 Abs. 2 auf die Entscheidung des BVerfG FamRZ 2007, 965 [58 ff.] gestützt werden kann, scheint mir zweifelhaft.
[39] BT-Drucksache 16/6980, S. 8.
[40] In diesem Sinne lesen sich auch überwiegend die Unterhaltsleitlinien, siehe jeweils bei 17.1
[41] BT-Drucksache 16/6980, S. 10.
[42] *Erman/Graba* (Fn.33), § 1570 Rn. 11.
[43] Dafür *Klein,* Das neue Unterhaltsrecht 2008, 2008, S. 52; *Borth,* Unterhaltsrechtsänderungsgesetz, 2008. Rn. 69 ff.; *Bergschneider,* DNotZ 2008, 95, 99. Vgl. auch die Ansätze in den Unterhaltsgrundsätzen des OLG Frankfurt am Main, 17.1 (FamRZ 2008, 228); Süddeutsche Leitlinien 17.1 (FamRZ 2008, 233); Unterhaltsrechtliche Leitlinien der Familiensenate des KG 17.1 (FamRZ 2008, 476), Unterhaltsleitlinien des OLG Köln 17.1 (FamRZ 2008, 574) – jeweils „gestufter Übergang" zur vollen Erwerbstätigkeit.

Gerade bei Scheidungsvereinbarungen sind vertragliche Konkretisierungen wichtig und der Rechtssicherheit dienlich, weil die Eltern selbst am besten einschätzen können, welche Gestaltung von Erziehung und Erwerbstätigkeit mit dem Kindeswohl am ehesten vereinbar ist und auf welche sonstigen Betreuungsmöglichkeiten zurückgegriffen werden kann. Die Konkretisierung der „Billigkeit", von der hier alles abhängt, steht nicht im Monopol des Staates, sondern ist zunächst Angelegenheit der am Rechtsverhältnis beteiligten Ehegatten selbst. Wenn diese keine Einigung finden oder die Billigkeit grob verfehlen, sind allerdings die Gerichte berufen, ihre objektive Billigkeitswertung den Parteien aufzuerlegen. Je unklarer die Rechtsnormen sind, die in die persönlichen Lebensverhältnisse eingreifen, desto weiter muss der Spielraum für autonome Gestaltungen sein.

Bei all dem darf der Kern des Unterhaltsanspruchs aus § 1570 Abs. 1 nicht angetastet werden, es darf unter dem Aspekt der gemeinsamen Elternverantwortung keine einseitige Lastenverteilung entstehen, und es muss, soweit die Leistungsfähigkeit reicht, das Existenzminimum des Unterhaltsberechtigten gewahrt sein. Schließlich darf die Vereinbarung nicht das Kindeswohl beeinträchtigen, um dessentwillen nach der Erkenntnis des BVerfG[44] der Anspruch überhaupt gegeben ist.

Wenn wir der Dreigliedrigkeit des Anspruchs folgen, ist die Verlängerungsmöglichkeit nach § 1570 Abs. 2 (ehebezogene Gründe) am ehesten disponibel.[45] Wir unterstellen dabei, dass sich die auf das Kindeswohl und auf das Paarverhältnis bezogenen Billigkeitsaspekte konkret trennen lassen. Da bei § 1570 Abs. 2 die Belange des Kindes keine Rolle spielen, muss den Ehegatten die Möglichkeit bleiben, die auf ihre eigenen Interessen bezogene Billigkeit einvernehmlich zu definieren. Anders ausgedrückt: Die Verlängerungsmöglichkeit nach § 1570 Abs. 2 dürfte nicht oder nicht im vollen Sinne dem Kernbereich des Scheidungsfolgenrechts zuzurechnen sein. Daraus folgt m.E. ihre Abdingbarkeit in dem Rahmen, in dem z.B. auch der Erwerbslosenunterhalt (§ 1573 Abs. 1) disponibel ist. Freilich bleiben die allgemeinen Grenzen: Es darf auch hier keine einseitige Lastenverteilung entstehen, vor allem dürfen keine ehebedingte Bedarfslagen einseitig dem Unterhaltsberechtigten aufgebürdet werden.

Bei all dem ist aber eine grundsätzliche Problematik noch nicht einbezogen, die aber m.E. nicht vernachlässigt werden darf. Der Gesetzgeber

---

[44] BVerfGE 118, 45 [53] = FamRZ 2007, 965, 969.
[45] In diesem Sinn auch *Bergschneider*, DNotZ 2008, 95, 100.

hat es – rechtzeitig darauf hingewiesen[46] und daher sehenden Auges – bei dem Widerspruch belassen, dass der Betreuungsunterhalt bei *nichtehelichen Kindern* unverzichtbar ist (§ 1615l Abs. 3 S. 1 i. V. m. § 1614 Abs. 1), bei *ehelichen* aber grundsätzlich der Privatautonomie unterliegt (§ 1585c S. 1). Diese Diskrepanz steht in einem Spannungsverhältnis zur Entscheidung des BVerfG, wonach der unterhaltsrechtlich abzusichernde Betreuungsbedarf bei ehelichen und nichtehelichen Kindern nach gleichen Kriterien bemessen werden muss.[47] Das kann nicht nur für die Dauer der Unterhaltsberechtigung gelten, sondern muss auch für andere Normelemente maßgebend sein, die darüber entscheiden, ob das Bestehen eines Unterhaltsanspruchs die Betreuungsleistung des betreffenden Elternteils absichert. Die Einschränkung der Disposition über Unterhaltsansprüche gemäß § 1614 Abs. 1 dient dem Schutz des potenziell Unterhaltsberechtigten, hier also des kindesbetreuenden Elternteils und damit dem Schutz des Kindes. Es ist aber nicht einsichtig, aus welchem Grund geschiedene Ehegatten und die von ihnen betreuten Kinder weniger schutzwürdig sein sollen als nicht miteinander verheiratete Eltern und ihre Kinder, nachdem die Reform die Voraussetzungen der beiden Betreuungsansprüche nun weitgehend angeglichen hat.

Daraus folgt, dass Vereinbarungen, die sich als Verzicht oder Teilverzicht auf den Betreuungsunterhalt geschiedener Eltern darstellen, mit einem verfassungsrechtlichen Risiko (Art. 3 Abs. 1 GG) behaftet sind. Das schließt vertragliche Konkretisierungen gemäß den Einkommens- und Lebensverhältnissen nicht aus, weder bei § 1570 noch bei § 1615l, da § 1614 Abs. 1 einen gewissen Spielraum für vertragliche Festlegungen belässt.[48] Der vorsichtige Notar wird bei Vereinbarungen über den Betreuungsunterhalt eine Parallelprüfung anstellen: Würde sich der Vertragsinhalt, gesetzt es handle sich um einen Anspruch aus § 1615 Abs. 2 S. 2, als unzulässiger Verzicht oder Teilverzicht darstellen? Wenn ja, ist eine andere Gestaltung anzuraten.

---

[46] S. meine Abhandlung FamRZ 2007, 1053, 1056 und meine Stellungnahme vor dem Rechtsausschuss des Deutschen Bundestages am 16.11.2006, nachzulesen in: http://www.bundestag.de/ausschuesse/a06/anhoerungen/05_unterhaltsrecht/04_stn/stellungnahme_prof__schwab.pdf
[47] FamRZ 2007, 965 = BVerfGE 118, 45
[48] Man nimmt überwiegend einen Gestaltungsspielraum von 20 % an.

2. Unterhalt wegen Alters und Krankheit, §§ 1571, 1572

a) Bisherige Rechtsprechung

Nach der Rechtsprechung des BGH gehören auch die Unterhaltsansprüche wegen Alters und Krankheit (§§ 1571, 1572) zum Kernbereich des Scheidungsfolgenrechts, allerdings im Rang nach dem Betreuungsunterhalt.[49] Nach den Worten des Gerichts misst das Gesetz diesen Einstandspflichten als Ausdruck der nachehelichen Solidarität besondere Bedeutung zu.[50] Im selben Atemzug betont der BGH allerdings, dass ein Verzicht nicht generell ausgeschlossen ist, „etwa wenn die Ehe erst nach Ausbruch der Krankheit oder im Alter geschlossen wird."[51] Für die Beurteilungen von Unterhaltsverzichten spielt die Frage der Ehebedingtheit der nachehelichen Bedarfslage eine wesentliche Rolle. Kann das Unvermögen oder die Unzumutbarkeit eigener Erwerbstätigkeit nicht auf die Ehe zurückgeführt werden, so behauptet sich die Vertragsfreiheit, zumindest in der Stufe der Wirksamkeitskontrolle.

Für den **Altersunterhalt (§ 1571)** wird dies wie folgt konkretisiert: Er ist zum einen disponibel, wenn die Ehe erst im Alter geschlossen wird.[52] Bei Mittvierzigern ist zu berücksichtigen, dass sie in einem Alter sind, in dem ein nicht unwesentlicher Teil der Altersversorgung bereits erworben ist.[53] Der Vorwurf der Sittenwidrigkeit ist nach BGH allenfalls dann begründet, wenn die Parteien bei ihrer Lebensplanung im Zeitpunkt des Vertragsschlusses einvernehmlich davon ausgegangen sind, dass sich der betreffende Ehegatte dauerhaft oder langfristig völlig aus dem Erwerbsleben zurückziehen und der Familienarbeit widmen sollte.[54]

Die vertragliche Verfügbarkeit des Anspruchs auf Altersunterhalt wird zudem durch dasselbe methodische Manöver gesteigert, das der BGH auch beim Betreuungsunterhalt anwendet. Das Gericht verneint die Sittenwidrigkeit des Verzichts schon dann, wenn „im Zeitpunkt des Ver-

---

[49] BGH FamRZ 2004, 601, 605; FamRZ 2005, 185, 187; es fällt auf, dass in einigen späteren Entscheidungen der Begriff „Kernbereich" nicht mehr verwendet wird.
[50] BGH FamRZ 2004, 601, 605; FamRZ 2005, 185, 187; FamRZ 2005, 691, 692; 2005, 1444, 1447; FamRZ 2005, 1449, 1450: FamRZ 2007, 1310, 1312 [20] – allerdings ist hier nur noch von einer „wichtigen Scheidungsfolge" die Rede; FamRZ 2008, 582, 584 [22].
[51] BGH FamRZ 2004, 601, 605.
[52] BGH FamRZ 2004, 601, 605.
[53] BGH FamRZ 2005, 691, 692; FamRZ 2008, 582, 584 f.
[54] BGH FamRZ 2005, 601, 607; FamRZ 2007, 1310,1312 [20].

tragsschlusses für die Parteien noch gar nicht absehbar war, ob, wann und unter welchen Gegebenheiten die Antragstellerin wegen Alters oder Krankheit unterhaltsbedürftig werden könnte."[55]

Im Ergebnis unterliegt der Anspruch aus § 1571, obgleich dem Kernbereich angehörend, doch in weitem Umfang der Disposition der Parteien. Von dem Verdikt der Sittenwidrigkeit ist ein Verzicht – seinem objektiven Gehalt nach – nur dann bedroht, wenn die Bedarfslage auf einer gemeinsamen Lebensplanung, etwa auf einvernehmlich gewählter langfristiger Berufsabstinenz zugunsten der Familienarbeit beruht und bei Vertragsschluss bereits absehbar war.[56] Bei der Abwägung in den entschiedenen Fällen spielte allerdings zum Teil eine Rolle, dass die Verzichte mit anderweitigen Leistungen verknüpft waren[57], es kam hier die Gesamtbetrachtung zum Zuge. Ergibt sich die Bedarfslage ehebedingt, aber aufgrund einer bei Vertragsschluss noch nicht absehbaren Entwicklung, so kommt die Beurteilung des Vertrages als sittenwidrig in der Regel nicht in Betracht, wohl aber eine Überprüfung des Falles anhand des § 313 oder des § 242.

Der Unterhalt wegen **krankheitsbedingten Unvermögens zum Erwerb (§ 1572)** wird vom BGH parallel zum Altersunterhalt behandelt. Hier wirkt der Satz, der Ausschluss des Unterhalts sei unter dem Aspekt des § 138 Abs. 1 nicht bedenklich, wenn bei Vertragsschluss noch gar nicht absehbar sei, ob und wann eine krankheitsbedingte Bedarfslage eintreten könne,[58] etwas makaber. Im Übrigen ist auch beim Unterhalt wegen Krankheit die Frage der Ehebedingtheit der Bedarfslage von entscheidender Bedeutung. Der BGH lässt erkennen, dass ein vertraglicher Ausschluss auf jeden Fall dann in Betracht kommt, wenn die Krankheit bereits bei Vertragsschluss bzw. bei der Heirat ausgebrochen war.[59] Im Falle einer Goldschmiedin stellt der XII. Senat lapidar fest: „Der Ausschluss des Unterhalts wegen Krankheit ist ... durch die bereits vor der Ehe erkennbar gewordenen Folgen eines Fahrradunfalls gerechtfertigt."[60]

---

[55] BGH FamRZ 2005, 691, 692; FamRZ 2005, 1444, 1447 f..; FamRZ 2008, 582, 584 [22].
[56] Wenn z.B. der Anspruch auf Unterhalt wegen Alter und Krankheit als Anschluss an die Betreuung gemeinsamer Kinder in Betracht kam, vgl. BGH FamRZ 2005, 691, 692.
[57] Z. B. BGH FamRZ 2005, 691 und 1444 (Verpflichtung zu Beiträgen zur gesetzlichen Rentenversicherung).
[58] Siehe etwa BGH FamRZ 2005, 691, 692.
[59] BGH FamRZ 2004, 601, 605; 2005, 185, 187.
[60] BGH FamRZ 2007, 1310, 1312.

Dass andererseits eine Beanstandung als sittenwidrig nicht ausgeschlossen ist, zeigt der Fall jener russischen Klavierlehrerin, die nach Brief- und Telefonkontakten mit einem Mann nach Deutschland zuzog, den Mann heiratete, nicht ohne zuvor – der deutschen Sprache nicht hinreichend mächtig – in einen gegenseitigen Verzicht auf Unterhalt und Versorgungsausgleich eingewilligt zu haben. Der BGH[61] erklärte den Vertrag für sittenwidrig, obwohl eine Erkrankung (später als MS diagnostiziert) bereits bei der Heirat vorlag und dies dem Mann bekannt war. Das Gericht stützte die Entscheidung auf die *Ehebedingtheit der in Deutschland entstandenen konkreten Bedarfssituation* und auf die deutlich schwächere Verhandlungsposition, weil die Frau ohne Eheschließung weder eine unbefristete Aufenthalts- noch eine Arbeitserlaubnis in Deutschland erhalten hätte. Offenkundig wird der Gesichtspunkt der „Ehebedingtheit" flexibler eingesetzt, wenn bei Vertragsschluss eine einseitige Dominanz ausgenutzt wird – hier kreuzen die Kriterien des BVerfG und die des BGH ihren Weg.

In einer neuen Entscheidung hat der BGH die Auffassung vertreten, dass eine Erkrankung, die bei Abschluss eines Unterhaltsverzichts nicht vorhersehbar gewesen war, eine Änderung der Geschäftsgrundlage mit der Folge einseitiger Belastung darstellen könne. Doch dämpft das Gericht auch hier die Hoffnungen der betroffenen Frauen mit der Einschränkung, in solchem Fall könne mit einer Vertragsanpassung nur verhindert werden, dass der Bedürftige durch den Ausschluss von Scheidungsfolgen ehebedingte Nachteile erleide; das sei im konkreten Fall nicht festgestellt: auch ohne Eheschließung stünde die Betroffene wirtschaftlich nicht besser als sie nach der Vertragslage jetzt steht.[62]

b) Auswirkungen des neuen Unterhaltsrechts

Die Frage, was diese Rechtsprechung unter dem Blickwinkel der Reform bedeutet, muss in Rechnung stellen, dass der Gesetzeswortlaut der §§ 1571, 1572 nicht verändert worden ist. Der gesetzliche Anspruch besteht nach wie vor auch dann, wenn die Bedarfslage bei Krankheit oder im Alter *nicht* ehebedingt ist. Eine gesetzliche Änderung ist aber insofern eingetreten, als nun auch der Unterhaltsanspruch wegen Alters und Krankheit nach der neuen Härteklausel § 1578b nicht nur, wie bisher, ab einer gewissen Zeit, sondern von vorn herein abgesenkt und zudem zeitlich begrenzt werden kann. Man könnte daraus schließen,

---

[61] BGH FamRZ 2007, 450; dazu die Entscheidung zur Anhörungsrüge BGH FamRZ 2007, 1157.
[62] BGH FamRZ 2008, 582, 586 [37].

dass die Reform die genannten Ansprüche „tiefer hängen" möchte und sich daraus ein größerer Spielraum für Verträge ergibt.

Voreilige Schlüsse sind indes hier nicht angebracht. Ziel des neuen § 1578b ist es, die Beschränkung von Unterhaltsansprüchen anhand objektiver Billigkeitsmaßstäbe zu erleichtern. Dabei soll insbesondere eine Rolle spielen, inwieweit die Bedarfslage nach Scheidung als ehebedingt erscheint.[63] Die *ehebedingten Nachteile* stellen sich als *Schranke gegen eine unangemessene Kürzung oder Senkung* des Unterhaltsanspruchs dar. Für die Verträge ist von Bedeutung, dass parallel dazu der BGH den Ausgleich ehebedingter Nachteile als Barriere für vertragliche Unterhaltsverzichte sieht, insofern ergibt sich ein Gleichklang von Gesetzgebung und Rechtsprechung. Der Unterschied könnte darin liegen, dass die fehlende Ehebedingtheit nach dem Gesetz zur *Kürzung* und *Befristung* führen kann, während es möglich ist, im gleichen Fall den Anspruch durch Vertrag *ganz auszuschließen*.

Soweit es hingegen um Fälle geht, in denen die *Bedarfslage ehebedingt* ist, ist durch die Reform kein größerer Spielraum für vertragliche Abweichungen zu Lasten des Unterhaltsgläubigers entstanden. Gewiss haben die Parteien die Freiheit, die Einzelheiten der Risikoverteilung für das Scheitern der gemeinsamen Lebensplanung vertraglich festzulegen und dabei auch von dem abzuweichen, was voraussichtlich Ergebnis einer richterlichen Billigkeitswertung sein würde. Doch ist das Ende der Vertragsfreiheit erreicht, wenn die Gesamtwürdigung die berühmte einseitige Lastenverteilung ergibt. Der BGH ist bei der Disponibilität der nachehelichen Unterhaltsansprüche, wie geschildert, schon bisher sehr weit gegangen. Weitere Schritte in dieser Richtung werden möglicherweise auch nicht die Billigung des Bundesverfassungsgerichts finden.

Die Lage ist vielmehr wie folgt zu sehen: Die gesteigerten Möglichkeiten der Gerichte, nacheheliche Unterhaltsansprüche abzusenken und zu befristen, mindern einerseits das Bedürfnis für vertragliche Einschränkungen der als überschießend empfundenen Ansprüche. Gleichzeitig ergibt sich aber die Chance, durch Eheverträge und Scheidungsvereinbarungen die Billigkeit, die im Konfliktfall durch die Gerichte zu handhaben ist, einvernehmlich für den konkreten Fall zu finden.[64] So wird es, den § 1572 betreffend, auch künftig möglich sein, das Einstehen für den Unterhalt bei Krankheit auf eine Übergangszeit zu beschränken, wenn

---

[63] BT-Drucksache 16/1830, S. 18.
[64] In diesem Sinn *Bergschneider,* DNotZ 2008, 95, 103.

die Krankheit schon bei Eheschließung erkannt war oder wenn die Ehe nicht lange gedauert hat.

3. Unterhalt wegen Erwerbslosigkeit

a) Bisherige Rechtsprechung

Die weiteren Unterhaltsberechtigungen rechnet der BGH nicht mehr zum Kernbereich, öffnet sie also noch weiter, aber nicht grenzenlos der privatautonomen Disposition. Den Anspruch aus § 1573 Abs. 1 wegen Erwerbslosigkeit setzt das Gericht an die dritte Rangstelle unter den Unterhaltsansprüchen. Er hält ihn für „nachrangig", da das Gesetz das Arbeitsplatzrisiko ohnehin auf den Berechtigten verlagere, sobald dieser einen nachhaltig gesicherten Arbeitsplatz gefunden habe.[65] Zum andern diene dieser Anspruch dem Ausgleich beruflicher Nachteile, die ein Ehegatte um der Ehe willen in Kauf genommen hat und die deshalb im Scheidungsfall auf beide Ehegatten verteilt werden sollen.[66]

Man darf das so verstehen, dass dem Ausschluss des Unterhalts Grenzen gesetzt sind, wenn die Bedarfslage bei Scheidung darauf beruht, dass der eine Ehegatte im Einvernehmen mit dem anderen zugunsten der Familienarbeit für längere Zeit erwerbslos blieb. Unter welchen Voraussetzungen ein Unterhaltsverzicht sittenwidrig ist, wenn die berufliche Abstinenz des Unterhaltsberechtigten von vorn herein geplant war, scheint noch nicht endgültig geklärt. Andererseits kommt der Gesichtspunkt des Wegfalls der Geschäftsgrundlage zum Zuge, wenn ein Erwerbsverzicht eines Ehegatten nicht schon bei Vertragsschluss ins Auge gefasst war, sich aber später ergeben hat – wiederum mit der Einschränkung, durch die Anpassung dürfe der Berechtigte nicht besser gestellt werden, als er bei Fortsetzung seines vorehelichen Berufswegs stünde.[67] Stimmen hingegen Vorstellungen bei Vertragsschluss und spätere Realität überein, so bleibt es beim vertraglich Vereinbarten – immer unterstellt, dass der Vertrag die Wirksamkeitskontrolle überwunden hat.[68]

---

[65] BGH FamRZ 2004, 601, 605; FamRZ 2005, 691, 692; FamRZ 2005, 1444, 1448; 2008, 582, 585 [23].
[66] BGH FamRZ 2005, 691, 692; 2008, 582, 585 [23].
[67] BGH FamRZ 2007, 974, 977 [28, 29].
[68] Knallhart in diesem Sinne BGH FamRZ 2007, 974, 977 [25].

b) Rechtslage nach der Reform

Für die Rechtslage nach neuem Recht ergibt sich wiederum nur der Gesichtspunkt, dass das Problem ehebedürftiger Bedarfslagen nun vom Gesetz in § 1578b eigens thematisiert wird. Auch hier ist m.E. der Spielraum für vertragliche Verzichte nicht größer als bisher. Zu bedenken ist, dass der Anspruch wegen Erwerbslosigkeit schon bisher nicht nur abgesenkt, sondern auch gekürzt werden konnte (§ 1573 Abs. 5 a. F.), eine nennenswerte Änderung der Rechtslage ist also nicht eingetreten. Bedenklich bleibt also nach wie vor ein Verzicht auf den Anspruch aus § 1573 Abs. 1 in der langfristig geplanten oder gelebten Hausfrauen- oder Hausmannsehe. Je weiter die Gerichte den Unterhaltsanspruch wegen Kindesbetreuung zurückbilden, desto mehr wächst dem § 1573 Abs. 1 die Funktion des Ausgleichs ehebedingter Nachteile zu. Gleiches gilt für den Aufstockungsunterhalt.

4. Aufstockungsunterhalt (§ 1573 Abs. 2)

Am ehesten verzichtbar erscheint dem BGH – neben dem Anspruch auf Ausbildungsunterhalt (§ 1575) – der Anspruch auf Aufstockungsunterhalt. Diese Unterhaltspflichten seien, so das Gericht, vom Gesetz am schwächsten ausgestaltet und nicht nur der Höhe, sondern auch – schon nach altem Recht – dem Grunde nach zeitlich begrenzbar.[69] Das Gericht hält sich mit ausführlichen Begründungen nicht auf: „Der Verzicht auf Aufstockungsunterhalt (für die Zeit nach der Kinderbetreuung) und auf Billigkeitsunterhalt rechtfertigen – schon nach ihrer Bedeutung im System des Scheidungsfolgenrechts – das Verdikt der Sittenwidrigkeit nicht."[70] Die niedrige Rangstufe des Aufstockungsunterhalts ist auch im Zusammenhang mit der neuesten Rechtsprechung des BGH zu sehen, welche die Kürzungs- und Senkungsmöglichkeiten bei einem Anspruch aus § 1573 Abs. 2 stark akzentuiert.[71]

Gleichwohl darf der Aufstockungsunterhalt nicht *generell* in einen Rang hinter den Erwerbslosenunterhalt nach § 1573 Abs. 1 versetzt werden.[72] Man stelle folgende Fälle nebeneinander: Die geschiedene Ehefrau A findet im Anschluss an ihre Unterhaltsberechtigung nach § 1570 keinen

---

[69] BGH FamRZ 2004, 601, 605.
[70] BGH FamRZ 2004, 601, 607; FamRZ 2005, 691, 692; 2008, 582, 585 [24].
[71] Vgl. BGH FamRZ 2007, 793; 2007, 1232; 2007, 2049; 2007; 2052.
[72] So aber FamRZ 2004, 601, 605 (dort werden, nachdem § 1573 Abs. 1 behandelt ist, die Ansprüche aus § 1573 Abs. 2 und § 1575 als „am ehesten verzichtbar" bezeichnet).

zumutbaren Job – sie hat Anspruch aus § 1573 Abs. 1. Die geschiedene Ehefrau B in gleicher Lage findet zwar einen Job, der aber ihren Bedarf bei weitem nicht deckt – Frau B hat Anspruch aus § 1573 Abs. 2. Schwerlich kann begründet werden, dass der Anspruch von Frau B weiter vom Kern des Scheidungsfolgenrechts entfernt ist als der von Frau A.

Bei vertraglichen Gestaltungen muss berücksichtigt werden, dass unter dem Dach des § 1573 Abs. 2 BGB (wie auch des § 1573 Abs. 1) sich ganz unterschiedliche Fälle versammeln: Einerseits der Fall des beiderseits voll berufstätigen und kinderlosen Paares (double income no kids), das unterschiedlich hoch verdient und nach der üblichen Differenzmethode schon deshalb in den Anwendungsbereich des § 1573 Abs. 2 gerät. Auf der anderen Seite der Fall einer „traditionellen" Ehe, in der ein Ehegatte während der Ehe hauptsächlich den Haushalt geführt und die Kinder betreut hat und nun, am Ende der durch § 1570 abgedeckten Betreuungszeit, keine seinen Unterhalt voll sichernde Tätigkeit findet. In der Rechtsprechung zur Kürzungsmöglichkeit nach dem alten § 1573 Abs. 5 stellt der BGH zu Recht entscheidend darauf ab, ob sich die Einkommensdifferenz, die den Aufstockungsunterhalt begründen könnte, als ehebedingter Nachteil darstellt oder nicht.[73] Das muss auch künftig bei der richterlichen Vertragskontrolle der entscheidende Gesichtspunkt sein.[74]

Die Lage ist ähnlich bei § 1573 Abs. 1: Die Grenzen der Vertragsfreiheit kommen dann ins Blickfeld, wenn der Ausschluss des Aufstockungsunterhalts dem Verzichtenden einseitig die Lasten einer gescheiterten Beziehung aufbürden würde. In seiner ersten Entscheidung zur neuen Vertragskontrolle vom Februar 2004 hat der BGH in diese Richtung gedacht. Ich zitiere: „ ... Entsprach es einem gemeinsamen Entschluss der Parteien, dass die AGg. im Interesse der Familie dauerhaft auf eine weitere Tätigkeit in ihrem erlernten Beruf verzichten sollte, so könnte es unbillig erscheinen, wenn der ASt. die sich hieraus ergebenden nachteiligen Konsequenzen unter Berufung auf die notarielle Abrede allein der AGg. aufbürdet."[75] – es ging bei diesen Sätzen ausdrücklich auch um einen möglichen Aufstockungsanspruch. Interessanterweise erfolgte dieser Hinweis für den Fall eines von vornherein gemeinsam *geplanten* Erwerbsverzichts, die Ausübungskontrolle war also nicht nur

---

[73] BGH FamRZ 2007, 2049, 2051 [23].
[74] Siehe auch Erman/*Graba* (Fn. 33), § 1585c Rn.18.
[75] BGH FamRZ 2004, 601, 608.

für den Fall eines Wegfalls der Geschäftsgrundlage ins Spiel gebracht, sondern einer schon von Beginn an erkennbaren Treuwidrigkeit.

Für die Vertragspraxis ergibt sich somit ein Warnsignal bei pauschalen Verzichten auf den Aufstockungsunterhalt. Es ist stets zu prüfen, ob der in Frage stehende Anspruch nicht im konkreten Fall eine Bedarfslage ausgleicht, die sich aus der Art der Eheführung ergibt. Der Aufstockungsanspruch kann sich im Einzelfall als *Folgeanspruch einer Berechtigung nach § 1570* erweisen und ist insoweit nicht frei disponibel. Je früher nach der künftigen Rechtsprechung die Erwerbsobliegenheit der kindesbetreuenden Mütter einsetzt, desto wichtiger wird der Aufstockungsanspruch als Instrument des Ausgleichs für ehebedingte Nachteile und desto früher wird auch hier die richterliche Kontrolle greifen müssen.

5. Ausbildungsunterhalt (§ 1575)

Gleichfalls an das Ende platziert der BGH den Ausbildungsunterhalt nach § 1575. Das Gericht macht wegen eines vertraglichen Ausschlusses hier wenig Federlesens: Auch dieser Anspruch sei vom Gesetz am schwächsten ausgestaltet und daher am ehesten verzichtbar,[76] die Wirksamkeitskontrolle wird mit dieser Formel leicht übersprungen. Das wird nach neuem Recht nicht anders gesehen werden.

Auffällig ist dabei nur, dass die Ansprüche aus § 1575 Abs. 1 und 2 BGB die einzigen sind, die *um der Ehebedingtheit der Bedarfslage* willen eingeführt wurden. Es geht in Abs. 1 um Ausbildungen, die „in Erwartung" oder „während" der Ehe nicht aufgenommen oder abgebrochen wurden, es geht in Abs. 2 um „Nachteile, die durch die Ehe eingetreten sind". Wenn also die Ehebedingtheit der Bedarfslage eine so große Rolle spielt, dann dürfte eigentlich ein Unterhaltsverzicht hier nicht mit einem Satz für zulässig erklärt werden. Doch scheint die Einschätzung des BGH gerechtfertigt. Bei § 1575 handelt es sich um geschiedene Ehegatten, die an sich selbst für ihren Unterhalt sorgen könnten, die dem Ex-Partner aber gleichwohl den Unterhalt für eine nachzuholende Ausbildung aufbürden wollen. Die Bedarfslage ist nur in Bezug auf die Qualität des eigenen Erwerbsvermögens und nicht schlechthin ehebedingt. Gleichwohl mag es aber Fälle geben, in denen der vertragliche Ausschluss auch dieses Anspruchs die richterliche

---

[76] BGH FamRZ 2004, 601, 605; FamRZ 2005, 1444, 1446.

Korrektur verlangt. Es ist an das Prinzip der gleitenden Bewertung zu erinnern.

6. Billigkeitsunterhalt, § 1576

Gleiches gilt für den Billigkeitsunterhalt nach dem unveränderten § 1576, wonach ein Ehegatte nach der Scheidung von dem anderen Unterhalt verlangen kann, soweit aus sonstigen schwerwiegenden Gründen eine Erwerbstätigkeit nicht erwartet werden kann und die Versagung von Unterhalt grob unbillig wäre. Diesen Anspruch erwähnt der BGH bei der Prüfung von Generalverzichten auf Unterhalt nur beiläufig. Er stellt ihn in etwa auf die Stufe des Aufstockungs- und Ausbildungsunterhalts: Ein Verzicht rechtfertige das Verdikt der Sittenwidrigkeit „schon nach der Bedeutung" auch dieses Anspruchs „im System des Scheidungsfolgenrechts" nicht.[77]

Scheint es somit, als könne der Billigkeitsunterhalt – auch nach der Reform – problemlos abbedungen werden kann, so ist doch in Rechnung zu stellen, dass auch Bedarfslagen des § 1576 ehebedingt sein können, z.B. wenn das Ehepaar einvernehmlich Pflegekinder aufgenommen hat, die nach der Scheidung von der Ehefrau weiter betreut werden. Es wird also nicht in jedem Fall möglich sein, einen Verzicht mit einer bloß formelhaften Begründung zu rechtfertigen. Überhaupt spitzt sich hier das Problem einer „Freiheit zur Unbilligkeit" zu, welches ein ganz auf Billigkeitskriterien zugeschnittenes Unterhaltsrecht aufwirft.

7. Eine neue Rangleiter?

Fasst man die vorstehenden Erwägungen zusammen, so könnte man eine Rangleiter entwickeln, die den Differenzierungen auch innerhalb der einzelnen Anspruchsgrundlagen Rechnung trägt.

---

[77] FamRZ 2004, 601, 607; FamRZ 2005, 691, 692; FamRZ 2008, 582, 585 [24].

§ 1570 Abs. 1 (einschl. § 1578 Abs. 2, 3)	§ 1570 Abs. 2
§§ 1571, 1572 ehebedingt	§§ 1571, 1572 nicht ehebedingt
Versorgungsausgleich	
§ 1573 Abs. 1, 4 nicht ehebedingt	§ 1573 Abs. 1, 4 ehebedingt
§ 1573 Abs. 2 nicht ehebedingt	§ 1573 Abs. 2 ehebedingt
§ 1578 Abs. 2 Alt. 1, Abs. 3 (wenn nicht Teil eines stärkeren Anspruchs	
§ 1576 nicht ehebedingt	§ 1576 ehebedingt?
§ 1575	
Zugewinnausgleich	

8. Modifizierungen der nachehelichen Unterhaltsansprüche

Das Problem der Vertragsfreiheit ergibt sich nicht nur in Bezug auf die Tatbestände, sondern auch auf die Modalitäten eines Anspruchs: etwa die Höhe des Unterhalts (Höchstgrenze, Höchstquote), die Festschreibung der ehelichen Lebensverhältnisse, die Anrechnung oder Nichtanrechnung von Einkünften auf der einen oder anderen Seite, die Anwendung der Härteklauseln, usw. Auf die Einzelheiten, die in Handbüchern zum Ehevertragsrecht näher dargestellt sind, kann im Rahmen eines Vortrags nicht eingegangen werden.[78] Auch bei derartigen Modellierungen des gesetzlich geschuldeten Unterhalts hat sich durch die Reform nichts Grundlegendes geändert. Soweit nach der Rechtsprechung des BGH auf eine Unterhaltsberechtigung verzichtet werden kann, steht sie umso mehr auch vertraglichen Modifikationen offen.

Es ist allerdings wichtig, dass es bei Verträgen, die für den Berechtigten nachteilig sind, entscheidend darauf ankommt, aus welchem Unter-

---

[78] Ausführliche Behandlung der in Betracht kommenden Modalitäten bei *Kilger/Pfeil*, in: Göppinger/Börger, Vereinbarungen anlässlich der Ehescheidung, 8. Aufl. 2005, S. 338 ff.; *Münch*, Ehebezogene Rechtsgeschäfte, 2. Aufl. 2007, Teil 6 C.

haltstatbestand der betroffene Anspruch begründet ist, ob er dem „Kernbereich des Scheidungsfolgenrechts" angehört oder ob er im konkreten Fall die Funktion hat, ehebedingte Nachteile auszugleichen. Ist dies der Fall, so kann auch die Modifikation der gesetzlichen Unterhaltslage im Ergebnis zu einer einseitigen Lastenverteilung führen, etwa wenn die vertragliche Regelung das Existenzminimum unterschreitet oder die Dauer des Unterhaltsanspruchs in einer Weise festlegt, die vorhergegangenen Eheführung in keiner Weise entspricht.

Im Übrigen sei wiederholt: Gerade das neue Recht mit seinen unkonturierten Begriffen verlangt geradezu nach individuellen, von der Einschätzung und vom Willen beider Ehegatten getragenen Lösungen.

IV. Verträge, die den Unterhaltsberechtigten begünstigen

1. Grundsätzliche Erwägungen

Bei den mit dem neuen Unterhaltsrecht verfolgten Tendenzen drängt sich die Frage auf, ob die Ehegatten für den Fall einer Scheidung einen höheren oder länger bestehenden Unterhalt verabreden können als er der gesetzlichen Lage entspricht.[79] Vor dem Versuch einer Antwort muss eine andere Frage vorgeschaltet werden: Unter welchen Voraussetzungen kann man annehmen, dass dieser Fall überhaupt gegeben ist? Wann kann man sagen, das Vereinbarte übersteige das gesetzlich Geschuldete? Immer schon dann, wenn der Tabellenunterhalt modifiziert wird? Immer schon dann, wenn ein später mit der Sache befasstes Gericht den Unterhalt nach Billigkeit weiter herabsetzen oder kürzer befristen würde?

Es gilt, sich der schönen Formulierungen zu erinnern, die der BGH für nachteilige Abweichungen von den gerichtlichen Standards gefunden hat: Es gehört zum grundgesetzlich verbürgten Recht der Ehegatten, ihre eheliche Lebensgemeinschaft eigenverantwortlich und frei von gesetzlichen Vorgaben entsprechend ihren individuellen Vorstellungen und Bedürfnissen zu gestalten.[80] Deswegen bestimmen sie auch, wie sie die ehelichen Lebensverhältnisse anlegen; diese ihre Entscheidung ist von anderen Unterhaltsgläubigern zu respektieren. Auch künftige Scheidungsfolgen betreffend setzt die Vertragsfreiheit die Ehegatten instand, Abweichungen zur gesetzlichen Rechtslage zu vereinbaren, die zu dem

---

[79] Dazu auch *Bergschneider*, DNotZ 2008, 95, 99; *Erman/Graba* (Fn. 33), § 1585c Rn. 18a.
[80] BGH FamRZ 2004, 601, 604.

individuellen Ehebild der Ehegatten besser passen.[81] Folgerichtig muss dies ohne Rücksicht darauf gelten, ob die Ehegatten im konkreten Fall die Meßlatte des nachehelichen Unterhalts etwas höher oder tiefer legen.

Das bedeutet: Solange sich der vereinbarte Unterhalt im Rahmen der Interpretationsspielräume des gesetzlichen Unterhaltsrechts bewegt, entsteht die eingangs gestellte Frage in Wirklichkeit nicht. Es handelt sich dann um die Anwendung des Gesetzesrechts, das die Ehegatten für ihr Unterhaltsrechtsverhältnis im Hinblick auf ihre individuellen Lebensverhältnisse und ihre persönlichen Einschätzungen konkretisieren. So wie konkurrierende Unterhaltsgläubiger in Mangelfällen die Nutznießer einer für den Berechtigten ungünstigen, aber der Vertragskontrolle standhaltenden Regelung sind, so müssen sie auch eine für den Berechtigten günstige Regelung gegen sich gelten lassen, wenn die Vereinbarung im Rahmen möglicher Gesetzesinterpretation bleibt. Dieser Rahmen ist im Bereich des Billigkeits- und Unbilligkeitskriteriums weit – den Ehegatten muss vorbehalten bleiben, die ihrer Lebensgeschichte, ihre Lebensauffassungen, ihrem Problembewusstsein entsprechende „Billigkeit" zu finden. Dabei ist es unerheblich, ob es sich um einen „Ehevertrag" handelt, der für eine ungewisse Zukunft geschlossen wird, oder um eine Scheidungsvereinbarung zur Bewältigung der akut anstehenden Unterhaltsprobleme.

2. Verträge, die den Berechtigten eindeutig besser stellen als nach gesetzlicher Lage

Die Unterhaltsrechtsreform wirft darüber hinaus die Frage auf, ob Unterhaltsverträge möglich sind, die den Unterhaltsberechtigten eindeutig besser stellen als den geänderten Rechtsregeln entspricht. So könnten die Parteien zum Beispiel vereinbaren wollen, dass gegen den vereinbarten Unterhalt nicht die Einwendung der verfestigten Partnerschaft (§ 1579 Nr.2) geltend gemacht werden kann oder dass der Unterhalt wegen Krankheit geschuldet wird, auch wenn die Bedarfslage nicht ehebedingt ist, ohne dass dem die Einwendung des § 1578b entgegengesetzt werden dürfe. Kann man durch Vereinbarung eine solidarische Ehe nach Art des bisherigen Rechts wählen?

Die Frage der überschießenden Unterhaltsvereinbarungen spielte in der bisherigen Judikatur nur eine geringe Rolle. Ausgangspunkt der Überlegungen ist auch hier das Prinzip der Vertragsfreiheit. Die Ausgestaltung

---

[81] BGH FamRZ 2004, 601, 604; BGH FamRZ 2007, 197, 199.

der nachehelichen Solidarität durch das gesetzliche Unterhaltsrecht ist für Durchschnittsverhältnisse gedacht und orientiert sich am ethischen Minimum. Es ist das gute Recht von Ehepartnern, für sich ein anderes Solidaritätskonzept zu entwickeln als es *dem jeweils geltenden Gesetzesrecht* entspricht. Man mag dabei bedenken, dass das bisherige Unterhaltsrecht seine verfassungsrechtliche Überprüfung in fast allen Punkten (vor allem abgesehen von der Diskrepanz zwischen § 1570 und § 1615l) bestanden hat,[82] während das neue Recht die verfassungsrechtlichen Feuerproben noch vor sich sieht.

Das Prinzip der Vertragsfreiheit leitete auch die bisherige Rechtsprechung. Einige Gerichte haben Unterhaltsverträge selbst dann als wirksam behandelt, wenn der versprochene Unterhalt das Leistungsvermögen des Schuldners überforderte.[83] Wo sind die Grenzen?

– § 138 Abs. 1 greift zweifellos dann ein, wenn sich eine Vereinbarung als Knebelung eines Vertragspartners durch den anderen darstellt oder wenn entsprechend den Kriterien des § 138 Abs. 2 die geminderte Willensfreiheit eines Partners ausgebeutet wird. Die allgemeinen Grundsätze des Rechts gelten auch im vierten Buch des BGB.

– Auf dem Boden des bisherigen Rechts ist streitig, ob die Nichtigkeit daraus hergeleitet werden kann, dass die einem Ehegatten versprochenen Vermögensvorteile ganz erheblich aus dem Rahmen fallen, der für seine Absicherung erforderlich ist.[84]

– Auch unter dem Gesichtspunkt einer unzulässigen Erschwerung der Scheidung (Konventionalstrafe) wird die Sittenwidrigkeit eines überhöhten Unterhaltsversprechens diskutiert.[85]

---

[82] Vgl. nur BVerfGE 57, 361, 389; BVerfGE 66, 84 = FamRZ 1984, 346; BVerfGE 108, 351= FamRZ 2003, 1821; BVerfG FamRZ 2002, 527.

[83] OLG Stuttgart FamRZ 1998, 1296; OLG Karlsruhe FamRZ 1998, 1436 (Unterhalt in vollem Umfang auch bei späterer Erwerbslosigkeit oder Einkommensminderung).

[84] So. MünchKomm/*Maurer,* 4.Aufl. 2000, § 1585c Rn. 46 mit Berufung auf RGZ 142, 152, 153; RGZ 157, 161, 165 f.; RGZ 166, 40, 42, 49; *Göppinger/Wax/Hoffmann;* Unterhaltsrecht, 8. Aufl. 2003, Rn. 1323. Dagegen steht die Meinung, dem Schuldner sei es überlassen, die Grenzen seiner Leistungsfähigkeit selbst zu bestimmen, vgl. OLG Stuttgart FamRZ 1998, 1296; OLG Karlsruhe FamRZ 1998, 1436; OLG Brandenburg NJW-RR 2002, 578, 579. Zum Problem *Wendl/Staudigl/Pauling,* 6. Aufl. 2004, § 6 Rn. 600 b.

[85] Beiläufig erwogen in BGH FamRZ 1997, 156, 157 (nur ausnahmsweise unter besonderen Umständen). Einige krasse Fälle dieser Art entschieden OLG Oldenburg,

Darüber hinaus fragt sich, inwieweit durch Vertrag Unterhaltspflichten in einer Weise ausgedehnt werden können, dass dies **zu Lasten konkurrierender gesetzlicher Unterhaltsberechtigter** geht. Dabei ist in Rechnung zu stellen, dass jeder Ausbau des nachehelichen Unterhaltsanspruchs *potenziell*, vor allem im Mangelfall, die Unterhaltsaussichten von gleich- oder nachrangigen Unterhaltskonkurrenten verringert. Da wir gelernt haben, dass es Verträge zu Lasten Dritter ohne deren Zustimmung nicht geben darf, liegt die Auffassung nahe, solche Vereinbarungen seien unzulässig oder könnten zumindest den vor- und gleichrangigen Unterhaltsberechtigten gegenüber nicht entgegengehalten werden.

Doch zeigt uns die Rechtsprechung zu Unterhaltspflichten zu Lasten der Sozialhilfe[86], dass die Rechtslage so einfach nicht ist. In der Literatur findet sich darüber hinaus die allgemeine Aussage, die Sittenwidrigkeit einer Vereinbarung könne vorliegen, wenn mit einer Veränderung der Unterhaltspflicht bewusst in die Rechte Dritter eingegriffen oder dies in Kauf genommen wird.[87] Bringt uns das weiter?

Man könnte einige Unterscheidungen treffen.

– Einmal ist zu differenzieren zwischen Verträgen, welche den **gesetzlichen Unterhaltsanspruch näher ausgestalten** (das ist der Regelfall) und solchen, die unabhängig von der gesetzlichen Lage einen **selbständigen vertraglichen Unterhaltsanspruch schaffen (Novation)**.[88] Dass durch einen bloß vertraglichen Unterhaltsanspruch nicht in die gesetzlichen Rechte Dritter eingegriffen werden kann, wird konsensfähig sein. Hier stellt sich dann die Frage, ob eine solche vertragliche Unterhaltsverbindlichkeit bei später akut werdenden Unterhaltspflichten als die Leistungsfähigkeit des Schuldners mindernd anerkannt werden kann.[89] Das ist – vorbehaltlich einer abweichenden Wertung aufgrund besonderer

---

[86] FamRZ 1994, 1454; OLG Hamm FamRZ 1991, 443; zum Problem *Göppinger/Wax/Hoffmann* (Fn. 84), Rn. 1324.
[87] Zuletzt BGH FamRZ 2007, 197.
[88] *Staudinger/Baumann*, Kommentar zum BGB, 12. Aufl. 1999, § 1585c Rn. 184.
Die Grenze zwischen Ausgestaltung des gesetzlichen Anspruchs und Novation wird z.T. zu stark in Richtung Novation verschoben, so bei *Brambring*, Ehevertrag und Vermögenszuordnung unter Ehegatten, 6. Aufl. 2008, Rn. 125.
[89] Bejahend *Göppinger/Wax/Kodal* (Fn. 84), Rn. 1584.

Fallumstände[90] – zu verneinen, soweit die vereinbarten Unterhaltsbeiträge sich nicht mit einer gesetzlichen Unterhaltspflicht decken.[91]

- Bei Vereinbarungen, welche eine gesetzliche Unterhaltspflicht ausgestalten, könnte man unterscheiden zwischen dem Fall, dass ein Unterhaltsrechtsverhältnis zu einem konkurrierenden Unterhaltsgläubiger *bei* **Vertragsschluss bereits besteht** oder nur **potenziell entstehen kann.** Konkretes Beispiel: In einem Fall schließt ein Ehepaar einen Unterhaltsvertrag zu einem Zeitpunkt, in dem die Freundin des Ehemannes von ihm bereits ein Kind hat oder schon schwanger ist; im anderen Fall wird der Vertrag für den ungewissen künftigen Fall geschlossen, dass eines ungewissen Tages ein neuen unterhaltsberechtigter Partner auf der Bildfläche erscheinen könnte.

Für diesen zweiten Fall zumindest sollte die Vertragsfreiheit eine Chance haben. Der „Dritte", zu dessen Lasten die Ausgestaltung des gesetzlichen Geschiedenenunterhalts gehen könnte, ist im Zeitpunkt des Vertragsschlusses als Berechtigter noch nicht vorhanden.[92] Tritt er später hinzu, so hat er sich mit der Existenz früher entstandener gesetzlicher Unterhaltsverbindlichkeiten des Schuldners in ihrer jeweiligen, auch vertraglichen Ausgestaltung abzufinden. Eine Ausnahme muss für den Unterhaltsanspruch minderjähriger Kinder gemacht werden, weil diese die Versorgungssituation so, wie sie sie vorfinden, alternativlos hinnehmen müssen. Demgegenüber ist der spätere Partner des Pflichtigen in der Lage, sich auf die „Altlasten", die dieser aus seiner bisherigen Lebensgeschichte mitschleppt, einzustellen.

Mit anderen Worten: Bei dem genannten Problem könnte man unterscheiden zwischen Eheverträgen, welche die Verhältnisse für eine ungewisse Zukunft gestalten wollen, und Vereinbarungen, mit denen die Folgen einer anstehenden Scheidung geregelt werden. Eine Scheidungsvereinbarung, die den Geschiedenenunterhalt über die gesetzliche Regelung hinaus zu Lasten bereits vorhandener Unterhaltsgläubiger ausweiten wollte, schiene mir hingegen bedenklich. Freilich muss

---

[90] Man denke an Unterhaltszusagen, die einer sittlichen Pflicht entsprechen, *Kalthoener/Büttner/Niepmann,* Die Rechtsprechung zur Höhe des Unterhalts, 10. Auflage 2008, Rn. 1056.
[91] *Kalthoener/Büttner/Niepmann* (Fn. 90), Rn. 1056 (auch dann wäre der Rang der gesetzlichen Unterhaltspflicht zu berücksichtigen).
[92] Zu Recht hat auf OLG Karlsruhe, FamRZ 1998, 1436, 1437 in einem Fall der vertraglichen Unterhaltsbegünstigung über das gesetzliche Maß hinaus künftige Entwicklungen noch nicht ins Kalkül gezogen, soweit sie noch nicht eingetreten waren.

hinzugefügt werden, dass diese Thesen durch keine Rechtsprechung gesichert sind.

3. Vereinbarungen über den Rang?

Bei der Rangfrage spitzt sich das Problem zu. Kann man wirksam die Rangfolge des neuen § 1609 verändern, z.b. in einem Ehevertrag festlegen, dass die Unterhaltsansprüche im Falle der Scheidung in jedem Fall Vorrang vor dem Anspruch einer späteren Ehefrau oder Kindesmutter haben sollen?

Die verneinende Antwort drängt sich auf. So lesen wir auch in der Literatur: Durch Vereinbarung kann das Rangverhältnis geändert werden, aber nicht zu Lasten eines an der Vereinbarung nicht Beteiligten und nicht zu Lasten des Sozialhilfeträgers.[93] Andererseits kann sich *Borth* sehr wohl vorstellen, dass sich scheidende Eheleute durch Vereinbarung die gesetzliche Unterhaltslage zugunsten des kinderbetreuenden Elternteils so verschieben, dass sie auch nach der Reform in den Genuss des begrenzten Realsplitting kommen können, solange nur das Existenzminimum des Kindes gewahrt bleibt.[94] Auch der BGH hat in einer Entscheidung von 1980[95] die Einigung der Eltern, ein Kind auch nach Erreichen der Volljährigkeit ranggleich mit den minderjährigen Kindern aus zweiter Ehe zu behandeln, akzeptiert – ob das Gericht auch heute so entscheiden würde, steht dahin.

Generell fragt sich, ob vertragliche Eingriffe in das gesetzliche Ranggefüge, die sich zu Lasten anderer Unterhaltsberechtigter auswirken, eo ipso gesetzeswidrig (§ 134)[96] oder sittenwidrig (§ 138) sind oder ob auch hier Differenzierungen möglich erscheinen. Da der Rang des Unterhalts minderjähriger Kinder (§ 1609 Nr.1) m.E. keinesfalls angetastet werden darf, beschränken sich die folgenden Überlegungen auf den Rang von Partneransprüchen. Wiederum steht die Konstellation im Vordergrund, dass ein Paar schon bei der Eheschließung vereinbart, dass im Fall einer Scheidung die Unterhaltsansprüche aus dieser Ehe den Vorrang vor oder zumindest den Gleichrang mit den Ansprüchen

---

[93] *Kalthoener/Büttner/Niepmann* (Fn. 90), Rn. 110; so auch *Kilger/Pfeil,* in: Göppinger/Börger (Fn. 78), S. 354, Rn. 201; *Göpppinger/Wax/Kodal* (Fn. 84), Rn. 1581; MünchKomm/*Maurer* (Fn. 84), § 1582 Rn.21.
[94] *Borth* (Fn.43), Rn. 288.
[95] BGH FamRZ 1981, 341, 343; ebenso *Wendl/Staudigl/Gutdeutsch* (Fn. 84), § 5 Rn. 43.
[96] Dann müsste § 1609 zwingendes Recht sein, was aber nicht der herrschenden Doktrin entspricht, siehe Fn. 93.

späterer Partner haben sollen. Dabei könnte auf die Regelung des bisherigen Rechts (§ 1582) zurückgegriffen werden, das die Billigung des Bundesverfassungsgerichts[97] gefunden hat.

Eine eindeutige Lösung dieser Frage scheint mir noch nicht gefunden. Wenn man Vereinbarungen über den Rang, die potenziell zu Lasten Dritter gehen, nicht schlechthin für unzulässig halten will, bietet sich auch hier die oben genannte Differenzierung an. Auch hier ließe sich eine Unterscheidung treffen zwischen Vereinbarungen, die für eine noch ungewisse Zukunft vorsorgen wollen, und solchen, die auf eine akut gewordene Regelung der Scheidungsfolgen abzielen. Im zweiten Fall halte ich eine Vereinbarung, die den gesetzlichen Rang einer schon aktuell gegebenen Unterhaltsberechtigung mindert, keinesfalls für möglich.

Ob das auch für Verträge gilt, mit denen der Rang von nur potenziellen künftigen Unterhaltsgläubigern verändert werden soll, scheint mir der Diskussion wert. Man könnte erwägen: Wenn der Gesetzgeber imstande ist, gesetzliche Rangverhältnisse, die verfassungsrechtlich geprüft sind, von einem Tag auf den anderen und sogar mit Rückwirkung umzukehren, so zeigt er damit, dass er sie für disponibel erachtet. Warum soll hier die privatautonome Disposition ausgeschlossen sein?

4. Zu den Instrumenten der Vertragskorrektur

Bei der Unklarheit der Rechtslage besteht bei Verträgen, welche den geschiedenen Ehegatten über das gesetzliche Maß hinaus begünstigen, nach derzeitigem Stand ein Risiko. Umso wichtiger ist die Frage der geeigneten Sanktion. Soweit man solche Unterhaltsvereinbarungen wegen der möglichen geschilderten „Drittwirkung" für unzulässig hält, fragt sich, ob wie in den Soziahilfefällen das Instrument der Nichtigkeit nach § 138 Abs. 1 zum Einsatz kommen soll. Ich möchte das verneinen.

Jedenfalls erscheint die Totalnichtigkeit nicht als geeignete Reaktion. Eine begünstigende Unterhaltsvereinbarung umfasst zwei Elemente: *Erstens* will sie dem voraussichtlich bedürftigen Teil ein Plus gegenüber dem gesetzlichen Maß sichern; das ist das hauptsächliche Ziel, das zu verfolgen weder sittenwidrig noch treuwidrig erscheint. *Zum andern* zieht eine solche Vereinbarung möglicherweise Nachteile für (künftig) konkurrierende Unterhaltsberechtigte nach sich; das ist nicht unbedingt gewollt, ergibt sich aber als Konsequenz des eigentlichen Zieles.

---

[97] BVerfGE 66, 84 = FamRZ 1984, 346; BVerfGE 108, 351= FamRZ 2003, 1821.

Soweit diese Konsequenz als unzulässiger Eingriff in die Rechtsposition Dritter angesehen wird, genügt es *diesem Teil der Vereinbarung, nämlich dem drittschädigenden Effekt* die Geltung zu versagen. Das kann über die Figur der Teilnichtigkeit, besser aber nicht mit Hilfe des § 242 geschehen. Es wäre nicht angemessen, die Bedenken gegen eine mögliche Wirkung zu Lasten Dritter auf das Hauptziel der Vereinbarung durchschlagen zu lassen. Das bedeutet: Die vertraglichen Regelungen sind wirksam, jedoch kann sich der Unterhaltspflichtige gegenüber einem weiteren gleich- oder vorrangigen Unterhaltsberechtigten insoweit nicht darauf berufen, als dessen gesetzlicher Unterhaltsanspruch unzulässig geschmälert würde.[98] Dem Vertragspartner gegenüber gilt zunächst einmal das Vereinbarte, für das sich allerdings durch das Hinzutreten weiterer Unterhaltsgläubiger die Geschäftsgrundlage geändert haben kann.

V. Schluss

Das geänderte Recht ist derzeit nur in blassen Konturen erkennbar. Die Konkretisierung der Reform liegt nun in den Händen der Gerichte, aber nicht ausschließlich. Denn auch die Vertragspraxis ist aufgerufen, das, was „Billigkeit" im nachehelichen Unterhaltsrecht sein kann, mitzugestalten. „Billigkeit" befindet sich nicht im Monopolbesitz des Staates. Vielmehr liegt es bei höchstpersönlichen Rechtsverhältnissen wie der Ehe an den Beteiligten selbst, die Billigkeit für ihr Rechtsverhältnis im Hinblick auf *ihre* gemeinsame Lebensgeschichte, auf *ihre* ethischen Grundauffassungen, auf *ihre* Interessenlage und nicht zuletzt auf die Interessen ihrer Kinder selbst zu finden. Die schon zitierten Sätze des BGH seien deshalb wiederholt und als Grundlage der weiteren Diskussion empfohlen: „Andererseits hat er <der Gesetzgeber> in den §§ 1353, 1356 BGB das – grundgesetzlich geschützte, vgl. Art. 6 GG – Recht der Ehegatten verbürgt, ihre eheliche Lebensgemeinschaft eigenverantwortlich und frei von gesetzlichen Vorgaben entsprechend ihren individuellen Vorstellungen und Bedürfnissen zu gestalten. Die auf die Scheidungsfolgen bezogene Vertragsfreiheit ist insoweit eine notwendige Ergänzung dieses verbürgten Rechts und entspringt dem legitimen Bedürfnis, Abweichungen von den gesetzlich geregelten Scheidungsfolgen zu vereinbaren, die zu dem individuellen Ehebild der Ehegatten besser passen."

---

[98] Eine solche Lösung wird auch bei drittschädigenden Unterhaltsverzichten vorgeschlagen, vgl. *Staudinger/Baumann* (Fn. 87), § 1585c Rn. 186; vgl. auch Verwaltungsgericht München FamRZ 1985, 292 („relative" Unwirksamkeit eines Unterhaltsverzichts).

Vereinbarungen zum Versorgungsausgleich nach der Strukturreform des Versorgungsausgleichs[*]

Dr. Andrea Schmucker,
Notarin a. D., Geschäftsführerin der Bundesnotarkammer, Berlin

		Seite
I.	**Einleitung**	**103**
II.	**Überblick über das bisherige Ausgleichssystem**	**103**
	1. Allgemein	104
	a) Einmalausgleich mit Gesamtsaldo	104
	b) Gesetzliche Rentenversicherung als Orientierung und Zielversorgung	105
	2. Vereinbarungen zum Versorgungsausgleich im bisherigen System	105
III.	**Reformüberlegungen**	**107**
	1. Allgemein	107
	2. Vereinbarungen zum Versorgungsausgleich nach der Reform	109
	a) Regelungsmöglichkeiten	109
	b) Erleichterte Rahmenbedingungen	110
	c) Bleibende „Grenzen"	111
	aa) Beurkundungserfordernis, § 7 Abs. 1 VersAusglG	111
	bb) Vereinbarungen mit Zustimmung der Versorgungsträger, § 8 VersAusglG	112
	cc) Richterliche Inhaltskontrolle	112
IV.	**Ausblick: Stand des Gesetzgebungsverfahrens**	**118**

---

[*] Vortragsform wurde beibehalten.

I. Einleitung

„Vereinbarungen zum Versorgungsausgleich nach der *Strukturreform des Versorgungsausgleichs*" – Wenn man sich einer Reform nähern soll, vor allem ihre Auswirkungen verstehen und umsetzen muss, werden die meisten von Ihnen wissen, wie hilfreich es sein kann, den Blick zunächst zurück zu wenden. Nach dem Motto: Was liegt hinter uns, was steht bevor?

Nun: Hinter uns liegt etwa ein höchst interessanter Vormittag. Hinter uns liegt auch ein sättigendes Mittagsmahl.

Bevor steht Ihnen jedoch keinesfalls Ruhe oder tausend Schritte; bevor steht Ihnen vielmehr mein Referat und bevor steht mir damit, Ihnen dies – trotz wohlig gefülltem Magen und herausforderndem Vormittagsprogramm – schmackhaft zu machen. Noch dazu mit dem Versorgungsausgleich als etwas, was schwer verdaulicher nicht sein könnte...

Aber: Ich war und bin stets Optimist. Ich bleibe deshalb zuversichtlich, dass auch Sie noch auf den Geschmack kommen werden: Denn fast alles, was uns bisher am Versorgungsausgleich Bauchschmerzen bereitet hat, dürfte nach der Strukturreform hinfällig werden. Nützen wir also die Strukturreform als eine Art „Rennie", die uns von Magendrücken bei dem Gedanken an das bisherige komplexe und enge Recht befreit! Dazu aber nun wirklich ein kurzer Blick zurück:

II. Überblick über das bisherige Ausgleichssystem

Das deutsche Recht kennt den Versorgungsausgleich bekanntermaßen seit 1977. Durch ihn sollen die Eheleute an den in der Ehe gemeinsam erwirtschafteten Vorsorgeanrechten zu gleichen Teilen partizipieren. Dem Ausgleichsberechtigten sollen frühzeitig – idealerweise bei der Scheidung – eigenständige Versorgungsanrechte verschafft und die Versorgungsschicksale der geschiedenen Eheleute endgültig getrennt werden.

Auch Vereinbarungen über den Versorgungsausgleich stand der Gesetzgeber von Anfang an offen gegenüber und zwar sowohl vorsorgend, § 1408 Abs. 2 BGB, als auch zeitnah zur Scheidung, § 1587o BGB. Von Anfang an allerdings nicht uneingeschränkt, wovon auch die Notare schnell ein Lied singen konnten. Schon bald war klar: „Weniger ist oft mehr" und dies lange bevor das Bundesverfassungsgericht inhaltliche Grenzen für Eheverträge gezogen hat.

1. Allgemein

Die Gründe dafür sind vielfältig. Auf der Hand liegt, dass das im Versorgungsausgleich notwendige Ineinanderwirken von verschiedensten Rechtsgebieten – Bürgerliches Recht ebenso wie Sozialversicherungs-, Beamten-, Arbeits- und schließlich etwa Versicherungsvertragsrecht – nicht ohne Reibungsverluste einhergehen kann. Diese Randbedingung bleibt jedoch für den Gesetzgeber letztlich nur zu akzeptieren.

a) Einmalausgleich mit Gesamtsaldo

Nicht zwangsläufig vorgegeben ist demgegenüber die vom Gesetzgeber seinerzeit entwickelte Struktur des Ausgleichs, die sich jedoch auch auf die Zulässigkeit und Reichweite von Vereinbarungen erheblich auswirkt. Derzeit zielt das System auf einen Einmalausgleich ab, der eine Saldierung voraussetzt und hierfür wiederum, dass die in den Saldo einfließenden Daten vergleichbar sind.

Dieses Vorgehen – Bilden eines Gesamtsaldos – kennen wir zwar auch im Zugewinnausgleich. Anders als dort wird im Versorgungsausgleich jedoch nicht auf einen aktuellen Verkehrs- oder Kapitalwert zu einem bestimmten Stichtag abgestellt. Hälftig unter den Ehegatten geteilt werden soll im Ergebnis vielmehr die *künftige* monatliche Versorgungsrente, soweit sie auf einer während der Ehe erwirtschafteten Anwartschaft beruht.

Das aber macht nicht nur eine Prognose erforderlich, ob und wie sich diese zum Ende der Ehezeit bekannte Anwartschaft voraussichtlich bis zum Versorgungsbeginn und auch während des Rentenbezugs entwickelt. Um die einzelnen Werte in einem Saldo gegenüberstellen zu können und dabei nicht Äpfel mit Birnen zu vergleichen, ist vielmehr notwendig, dass die Wertentwicklung bei den einzelnen Anrechten in etwa gleich verläuft.[1]

---

[1] Auch das unterschiedliche Leistungsspektrum (mit/ohne Hinterbliebenenabsicherung) und die Finanzierung der Versorgung spielt für den Vergleich eine Rolle, wurde vom Gesetzgeber seinerzeit aber als nachrangig gegenüber der Wertentwicklung eingestuft.

b) Gesetzliche Rentenversicherung als Orientierung und Zielversorgung

Maßstab für die Wertentwicklung bildet seit den 70er Jahren des letzten Jahrhunderts die gesetzliche Rentenversicherung. Sie dominierte seinerzeit die Versorgungslandschaft nicht nur klar, sondern wies mit jährlichen Steigerungsraten von mehr als 10 % auch eine Dynamik auf, die ihresgleichen sucht. Jede Versorgung, die von dieser Wertentwicklung abweicht, wird folglich für das Einstellen in den Gesamtsaldo in Anwartschaften in der gesetzlichen Rentenversicherung umgewertet.

Die gesetzliche Rentenversicherung spielt aber nicht nur als Vergleichsmaßstab die Führungsrolle; auch der Ausgleich erfolgt im Grundsatz über sie.[2] Als Folge davon zieht vor allem das Sozialversicherungsrecht weitere Grenzen, womit es jedoch letztlich nur allgemeine Rechtsgrundsätze widerspiegelt: Da Renten- und Pensionsanwartschaften die Grundlage sozialer Sicherheit bilden, darf auch der Versorgungsausgleich nicht ohne weiteres in das Versorgungsvermögen eingreifen oder Versorgungsrisiken verlagern. Rechnung zu tragen ist vielmehr seiner Auswirkung auf die Versichertengemeinschaft insgesamt.

2. Vereinbarungen zum Versorgungsausgleich im bisherigen System

Daraus erklärt sich auch, dass eine Vereinbarung allein zwischen den Ehegatten nicht unmittelbar in die rechtlichen Beziehungen eines Ehegatten mit seinem Versorgungsträger und der (Mit-)Versichertengemeinschaft eingreifen kann. Diese Drittwirkung kann vielmehr nur das Gericht herbeiführen[3] – die Vereinbarung führt hierfür allein Regie.

---

[2] Entweder durch Übertragung von Anwartschaften eines dort geführten Versorgungskontos auf den berechtigten Ehegatten oder durch Begründung von Anwartschaften für ihn, wenn der verpflichtete Ehegatte anderswo eine Versorgung unterhält. Im letzten Fall muss natürlich für den internen Ausgleich gegenüber der gesetzlichen Rentenversicherung gesorgt werden. Dies wollte der Gesetzgeber zunächst durch Beitragszahlungen des Verpflichteten erreichen; inzwischen ist an Stelle dieser vom BVerfG für verfassungswidrig erklärten Regelung (Urteil vom 27.01.1983, BGBl. I S. 375) jedoch ein ganzes Bündel als Ausgleichsalternativen getreten (vgl. §§ 1, 2 VAHRG).

[3] So ausdrücklich § 1587o Abs. 1 Satz 2 BGB, der nach einhelliger Meinung über den Wortlaut hinaus nicht nur bei Scheidungsvereinbarungen, sondern ebenso bei vorsorgenden Eheverträgen gilt und einen Grundsatz zum Schutz sämtlicher Versorgungen – gleich ob öffentlich- oder privatrechtlich organisiert – aufstellt. Bei letzteren kann jedoch selbst die gerichtliche Entscheidung nur eingreifen, wenn die für

Und dies keineswegs beliebig. Im bisherigen System sind Vereinbarungen zum Versorgungsausgleich vielmehr einer ganzen Reihe von Grenzen ausgesetzt, die es zu ihrer Wirksamkeit zu beachten gilt oder denen zumindest gestalterisch Rechnung getragen werden muss. Stichwortartig lassen sich hierzu nennen:

- die Jahresfrist in § 1408 Abs. 2 Satz 2 BGB, innerhalb derer ein Scheidungsantrag die Vereinbarung – gleich ob ausschließend oder nur modifizierend – unwirksam macht;

- das Verbot des Supersplittings (§ 1587o Abs. 1 Satz 2 BGB), wonach eine Vereinbarung[4] nie darauf hinauslaufen darf, mehr zu übertragen als bei Anwendung des Gesetzes[5];

- die Genehmigungspflicht nach § 1587o Abs. 2 Satz 3 BGB mit all ihren Widrigkeiten: dem Anwendungsbereich – Scheidungsvereinbarung ja, vorsorgender Ehevertrag nein – den Genehmigungsvoraussetzungen, der restriktiven Einstellung der Gerichte entgegen dem eindeutigen Wortlaut;

- die fehlende Disposition über das Ende der Ehezeit, weil dieses den Stichtag für die Bewertung und Umwertung der zu saldierenden Anrechte bildet;

- die Wechselwirkung zwischen Vereinbarungen zum Versorgungsausgleich und einerseits dem Güterrecht bzw. andererseits dem Unterhaltsrecht.

Weniger systembedingt sind hingegen die weiteren Wirksamkeitsgrenzen, wie etwa das Erfordernis notarieller Beurkundung in §§ 1410 und 1587o Abs. 2 Satz 1 BGB oder die seit 2001 zu berücksichtigende Inhaltskontrolle, wenngleich Notare sicherlich die Formbedürftigkeit weniger beklagen dürften als die Grenzen der Inhaltskontrolle...

---

das Anrecht des Verpflichteten maßgebende Regelung dies vorsieht, § 1 Abs. 2 Satz 1 VAHRG.
[4] Weitergehend hingegen die Befugnisse des Gerichts, § 3b Abs. 1 Nr. 1 VAHRG.
[5] Unzulässig ist es deshalb Anwartschaften des Berechtigten unberücksichtigt zu lassen, Anwartschaften außerhalb der Ehezeit einzubeziehen (OLG Koblenz FamRZ 1986, 273, 274; Ausnahme: Zahlung in der Ehezeit für Anrechte außerhalb, sog. „Für-In-Prinzip", BGH FamRZ 1981, 1169, 1170), Bewertungsvorschriften zu missachten oder die Ausgleichsrichtung umzukehren.

III. Reformüberlegungen

Aus all diesen Erläuterungen, insbesondere zum geltenden Ausgleichsprinzip, dürfte indes der Reformbedarf deutlich geworden sein – und dies ohne Detailkenntnisse über die zahlreichen Kritikpunkte am bisherigen System:

Allgemein bekannt ist, dass die gesetzliche Rentenversicherung als alleinige Vorsorge und Maßstab für die Altersvorsorge längst ausgedient hat und sich der im Erwerbsleben erreichte Lebensstandard im Alter nur mehr aufrecht erhalten lässt, wenn eine Betriebsrente oder private Vorsorge hinzutritt.[6] Dies lässt die gegenwärtige Ausrichtung an der gesetzlichen Rentenversicherung naturgemäß fragwürdig werden. Auch hat sich in den vergangenen Jahren zunehmend gezeigt, dass das Ziel, beiden Ehegatten im Rentenfall die Hälfte des in der Ehezeit Erwirtschafteten zukommen zu lassen, häufig verfehlt wurde. Das für die Saldierung notwendige Vergleichbarmachen und die Prognose hierfür – zumal allein mit Rücksicht auf eine von der gesetzlichen Rente abweichende Wertentwicklung – hat sich als stark fehleranfällig erwiesen.

1. Allgemein

Die Strukturreform[7] möchte hieraus die Konsequenz ziehen und künftig auf eine Gesamtsaldierung verzichten. Statt dessen soll jedes Anrecht im Grundsatz systemintern geteilt werden, wie dies das gesetzliche Rentensplitting, § 1587b Abs. 1 Satz 1 BGB, oder die Realteilung nach § 1 Abs. 2 VAHRG bereits heute verwirklicht. Jeder Ehegatte, der in der Ehezeit Versorgungsanrechte erwirtschaftet hat, wird hiernach grundsätzlich ausgleichspflichtig. Die Hälfte hiervon wird unmittelbar dem anderen Ehepartner zugeteilt, so dass die künftige Entwicklung dieses Anrechts die Eheleute gleichermaßen trifft.

Da damit aber auch alle privaten Versorgungsträger – betroffen ist vor allem die Betriebsrente – künftig zur Einführung dieser bislang fakultativen Realteilung verpflichtet sind, sieht das Reformgesetz einige Ausnahmen vor:

---

[6] Dazu nur *Flecken,* BetrAV 2008, 128, 129.
[7] Entwurf eines Gesetzes zur Strukturreform des Versorgungsausgleichs (VAStrRefG), BR-Drs. 343/08.

Zunächst soll der Versorgungsausgleich insgesamt nicht durchgeführt werden, wenn entweder beide Ehegatten annähernd vergleichbare Versorgungen geschaffen haben oder der Ausgleichswert nur gering ist; die Wertgrenze liegt beides Mal derzeit bei ca. 25 € monatlicher Rente bzw. 3.000 € Kapitalwert. Hier besteht aus Sicht der Eheleute regelmäßig kein Bedarf für einen Ausgleich. Zugleich befreit dies die Familiengerichte und die Versorgungsträger von bürokratischem Aufwand. Gleiches soll gelten, wenn die Ehe nur bis zu zwei Jahre angedauert hat. Entbehrlich werden hier sogar jegliche Auskünfte der Eheleute und Versorgungsträger.

Zudem soll den Beteiligten, vor allem den betroffenen Versorgungsträgern ausnahmsweise eine externe Teilung, d.h. die Begründung von Anrechten bei einem anderen Versorgungsträger ermöglicht werden und zwar entweder, wenn sich Ausgleichsberechtigter und Versorgungsträger hierüber einigen, oder bei kleinen Ausgleichswerten auch auf einseitigen Wunsch des betroffenen Versorgungsträgers.

Die Vorteile der Reform liegen auf der Hand:

Weil das Saldieren aller Anrechte entfällt, wird zugleich jedes Vergleichbarmachen entbehrlich. Und da mit der internen Teilung jeder Ehegatte an der Entwicklung der auszugleichenden Versorgung unmittelbar teilhat, ist auch ohne ungewisse, fehlerträchtige Prognose sichergestellt, dass es nicht nur im Zeitpunkt der Scheidung, sondern gerade im Rentenfall zu einer echten Halbteilung kommt.

Zugleich ermöglicht dies, den Versorgungsausgleich mit der Scheidung einer abschließenden Auseinandersetzung zu unterziehen und damit im Ergebnis genau das zu erreichen, was schon bei Einführung des Versorgungsausgleichs 1977 gewollt war: die frühzeitige endgültige Trennung der Versorgungsschicksale, indem für beide Ehegatten eigenständige Versorgungsanrechte geschaffen werden. Über das Ziel von 1977 hinaus können hierbei jedoch künftig auch sämtliche Anrechte aus betrieblicher oder privater Altersversorgung einbezogen werden, unabhängig davon, wie weit die Anspruchsberechtigung tatsächlich gediehen ist. Denn auch dies betrifft mit der systeminternen Teilung beide Eheleute gleichermaßen. Auch das Ost/West-Memorandum aufgrund der unterschiedlichen Wertanpassung der gesetzlichen Rentenversicherung in den ehemals west- und ostdeutschen Teilgebieten wird hierdurch überflüssig.

Stark an Bedeutung verlieren hierdurch auch das Abänderungsverfahren und der schuldrechtliche Versorgungsausgleich; dieser heißt übrigens künftig „Ausgleichsanspruch nach der Scheidung" in Abgrenzung zum „Wertausgleich bei der Scheidung".

Nur am Rande sei noch erwähnt, dass der Versorgungsausgleich künftig in einem eigenständigen, zumal erfreulich schlanken Gesetz geregelt werden soll, dem Gesetz über dem Versorgungsausgleich[8] oder kurz: Versorgungsausgleichsgesetz; das Kapitel „unverständliches Expertenrecht" könnte sich hiermit erledigt haben. Weniger erfreulich – weil schlicht unaussprechbar – ist hingegen die Abkürzung „VersAusglG"...

In §§ 1408 Abs. 2 und 1587 BGB werden sich künftig nur mehr Verweise befinden, die aus meiner Sicht sogar überflüssig sein dürften. Jedenfalls erklärt sich mir nicht, weshalb das VersAusglG nicht auch ohne diesen Anwendungsbefehl von sich aus gelten sollte...

2. Vereinbarungen zum Versorgungsausgleich nach der Reform

Wie aber ist es nun um Vereinbarungen zum Versorgungsausgleich nach der Reform bestellt? Nun, ich habe es eingangs bereits angedeutet: ziemlich gut! Denn der Gesetzgeber strebt sie nicht nur vordergründig an, indem er mit ihnen das Kapitel über den Ausgleich beginnt und zudem den gesetzlichen Wertausgleich bei der Scheidung ausdrücklich als nachrangig einstuft, § 9 Abs. 1 VersAusglG. Vielmehr weitet er schon mit der Umstrukturierung auf eine interne Teilung der einzelnen Anrechte den Vereinbarungsspielraum deutlich aus und verabschiedet sich zudem von einer ganzen Reihe der zuvor aufgezählten Wirksamkeitsgrenzen.

a) Regelungsmöglichkeiten

Klargestellt wird in § 6 Abs. 1 Satz 2 VersAusglG zunächst, dass sich die Vereinbarungsmöglichkeiten nicht nur auf den Komplettausschluss beschränken, sondern den Versorgungsausgleich – wie dies schon bisher über den Wortlaut von § 1408 Abs. 2 BGB hinaus gesehen wurde –

– ganz oder nur teilweise erfassen können,

---

[8] Artikel 1 des VAStrRefG.

- ihn in die Regelung der ehelichen Vermögensverhältnisse einbeziehen,

- ausschließen oder

- Ausgleichsansprüchen nach der Scheidung vorbehalten können.

Als Ausprägung des beispielhaft genannten Teilausschlusses kommen also weiterhin in Betracht: die Verkürzung des Ausgleichszeitraums, eine Veränderung der Ausgleichsquote, der Ausschluss einzelner Versorgungsarten, etwa der ergänzenden Altersversorgung über Betriebsrenten oder aus privater Vorsorge. Bei der Einbeziehung in eine Gesamtregelung der ehelichen Folgen dürften auch Bedingungen, Befristungen, ein Rücktrittsvorbehalt oder auch ein einseitiger Ausschluss nach wie vor eine große Rolle spielen.

b) Erleichterte Rahmenbedingungen

Besonders erfreuen dürfte die Praxis dabei, dass der Gesetzgeber den gesetzlichen Wertausgleich grundsätzlich nicht mehr als Obergrenze einer zulässigen Vereinbarung ansehen will und damit das Verbot des Supersplittings aufgibt: Dies geht zunächst schon aus dem genannten Regelbeispiel über den Teilausschluss hervor, der nach der Begründung ausdrücklich auch auf ein einzelnes Anrecht bezogen zu verstehen ist.[9] Zudem wird bestimmt, dass mit Zustimmung der betroffenen Versorgungsträger im Grundsatz alles möglich ist, worauf ich gleich noch näher eingehen will.

Demgegenüber wird es künftig weder eine Jahresfrist wie derzeit in § 1408 Abs. 2 Satz 2 BGB noch eine Genehmigungspflicht bei scheidungsnahen Vereinbarungen mehr geben. Damit entfällt auch die Abgrenzung zwischen vorsorgendem Ehevertrag und Scheidungsvereinbarung. Mit dem Verzicht auf einen Gesamtsaldo dürfte es künftig auch möglich sein, unmittelbar das Ende der Ehezeit zu ändern – etwa auf den Trennungstag vorzuverlegen – statt nur einen zeitlichen Teilausschluss zu vereinbaren, weil es auf einen bestimmten Stichtag für eine objektive Bewertung nicht mehr ankommt.

---

[9] Dazu S. 119 der Begründung unter Bezugnahme auf BGH vom 07.10.1987 – IV b ZB 4/87, FamRZ 1988, 153.

Schließlich ist zu erwähnen, dass auch die gegenwärtige Verflechtung von Güterrecht und Versorgungsausgleich durch § 1414 Satz 2 BGB aufgelöst werden soll: Künftig soll ein Ausschluss des Versorgungsausgleichs jedenfalls nicht mehr automatisch zur Gütertrennung führen. Für die Kautelarpraxis bleibt freilich immer dann Gestaltungsbedarf, wenn der Wunsch nach Gütertrennung den Ausgangspunkt bildet, etwa mit Blick auf das von einem Ehegatten geführte Unternehmen. Ist der andere Ehegatte angestellt oder verbeamtet, droht hier ein Ungleichgewicht, weil nur er eine vom Versorgungsausgleich erfasste Altersvorsorge aufgebaut hat, nicht aber der Unternehmer-Ehegatte. Dem sollte mit einem Ausschluss des Versorgungsausgleichs, zumindest soweit er zugunsten des Unternehmer-Ehegatten ausfiele, vorgebeugt werden. Darüber hinaus wäre an eine zusätzliche Kompensation zugunsten des anderen Ehegatten etwa durch Regelungen zum Altersvorsorgeunterhalt oder eine vom Unternehmer-Ehegatten finanzierte private Vorsorge zu denken.

c) Bleibende „Grenzen"

aa) Beurkundungserfordernis, § 7 Abs. 1 VersAusglG

Unverändert gelten wird hingegen, dass Vereinbarungen zum Versorgungsausgleich bis zur Entscheidung über den Wertausgleich bei Scheidung nur wirksam sind, wenn sie notariell beurkundet werden, § 7 Abs. 1 VersAusglG. Nach wie vor möchte der Gesetzgeber damit vor allem sicherstellen, dass Vereinbarungen über die künftige Altersversorgung nicht übereilt und unbedacht getroffen werden, sondern erst nach sachkundiger Beratung und Aufklärung durch einen Notar. Unterschätzt wird nämlich allzu oft – und dies nicht nur von juristischen Laien –, dass das (künftige) Vorsorgevermögen häufig das einzige Vermögen der Ehegatten überhaupt ist oder zumindest den größten Teil hiervon ausmacht. Anders als etwa im Unterhaltsrecht, wo die Auswirkungen eines Verzichts in der Regel unmittelbar spürbar werden, fehlt es in Bezug auf die Altersversorgung oft an der gegenwärtigen Betroffenheit und damit am Problembewusstsein.

Der Notar ist hier deshalb weiterhin in besonderem Maße als „Kontrollinstanz" aufgerufen, den sozial schwächeren Ehepartner vor einer Übervorteilung zu schützen, zumal dann, wenn dieser vielleicht befürchtet, andernfalls auf die Heirat bzw. eine baldige Scheidung verzichten zu müssen. Eine Stellvertretung sollte er deshalb nach Möglichkeit vermeiden und beiden Ehegatten ausreichend Gelegenheit zur

Vorbereitung auf die Beurkundungsverhandlung geben. Bei einer Beteiligung von Ausländern sollte er zudem rechtzeitig einen Dolmetscher hinzuziehen und von einem Verzicht auf eine schriftliche Übersetzung eher abraten, § 16 BeurkG.

bb) Vereinbarungen mit Zustimmung der Versorgungsträger, § 8 VersAusglG

Zudem dürfen Vereinbarungen zum Versorgungsausgleich weiterhin – jedenfalls nicht ohne weiteres – Anrechte übertragen oder begründen, sondern nur dann, wenn die maßgeblichen Regelungen dies zulassen und die betroffenen Versorgungsträger zustimmen, § 8 Abs. 2 VersAusglG. Diese Einschränkung wäre auch ohne ausdrückliche Regelung selbstverständlich. Sie beruht letztlich auf der allgemeinen Unzulässigkeit von Verträgen zu Lasten Dritter und dem Umstand, dass Ehegatten über Anrechte in den öffentlich-rechtlichen Sicherungssystemen nicht disponieren können (§§ 32, 46 Abs. 2 SGB I); nur das Gericht kann hier rechtsgestaltend eingreifen.

Indem sich die Reform jedoch nicht allein auf die Wiedergabe eines kategorischen Verbots beschränkt, wie wir es derzeit aus § 1587o Abs. 1 Satz 2 BGB kennen, sondern vielmehr positiv regelt, was erlaubt ist, verleiht sie abermals dem von ihr gegebenen Vorzug einvernehmlicher Regelungen Ausdruck. Attraktiv dürfte dies vor allem für hohe Anrechte bei privaten Versorgungen sein, die damit im Rahmen einer Gesamtvermögensauseinandersetzung unter Einbeziehung des betroffenen Versorgungsträgers auch über die nach dem Gesetz vorgesehene Höhe zum Ausgleich herangezogen werden können, soweit die internen Regelungen der Versorgung dem nicht entgegenstehen.

cc) Richterliche Inhaltskontrolle

Unverändert müssen schließlich die höchstrichterlichen Grundsätze zur Inhalts- und Ausübungskontrolle beachtet werden, was der vorliegende Regierungsentwurf sogar ausdrücklich festschreiben möchte.

(1) Grundsatz

Nach dem Bundesverfassungsgericht ist ein Ehevertrag bei entsprechendem Vorbringen bekanntlich daraufhin zu untersuchen, ob er zu einer evident einseitigen Lastenverteilung führt und sich ein Ehepartner bei Vertragsschluss in einer erheblich schwächeren Verhandlungsposition befand.[10] Der Bundesgerichtshof betont zwar im Grundsatz die Vertragsfreiheit, die den Ehegatten die Befugnis verleiht, die rechtliche Ausgestaltung der Ehe an ihren individuellen Lebensplan anzupassen. Lässt sich die vereinbarte Lastenverteilung hiermit jedoch nicht rechtfertigen, ist eine gestufte Kontrolle durchzuführen, die auch die Einkommens- und Vermögensverhältnisse, die Auswirkungen auf Ehegatten und etwaige Kinder und schließlich die subjektiven Beweggründe für die Vereinbarung würdigt. In einem ersten Schritt ist dabei die Wirksamkeit im Zeitpunkt des Vertragsschlusses zu prüfen und die Vereinbarung mit dem geplanten oder bereits verwirklichten Zuschnitt der Ehe abzugleichen, § 138 BGB. Hält die Vereinbarung dem stand, ist in einem zweiten Schritt anhand der Verhältnisse im Zeitpunkt des Scheiterns der Lebensgemeinschaft die geplante der einvernehmlich tatsächlich verwirklichten Gestaltung der ehelichen Lebensverhältnisse gegenüberzustellen, § 242 BGB.

Inwieweit indes überhaupt ein Abweichen von den gesetzlichen Ergebnissen zulässig ist, beurteilt sich nach der Bedeutung der geregelten Scheidungsfolge. Obwohl der Versorgungsausgleich zwar gewisse Züge des Zugewinnausgleichs aufweist, überwiegt für den BGH die Nähe zum Altersunterhalt, den er im Kernbereich des Scheidungsfolgenrechts sieht. Dem ist im Grundsatz zuzustimmen: Der Versorgungsausgleich ist Ausdruck staatlicher Fürsorge und die zwangsweise Regelung sozialer Sicherheit seit jeher Anliegen des Staates.[11] Eine zu weit reichende Dispositionsfreiheit droht deshalb das Ziel des Versorgungsausgleichs zu gefährden, beiden Ehegatten ohne zusätzliche Belastung der Allgemeinheit oder der Versorgungsträger eine eigenständige Altersversorgung zu verschaffen.

(2) Folgerungen für die notarielle Praxis

Der Notar wird deshalb stets darauf achten, dass der Ausschluss oder die Modifizierung des Versorgungsausgleichs nicht die Interessen Dritter (vor allem der Versorgungsträger) oder der Allgemeinheit (etwa bei einer Vereinbarung zulasten der Sozialhilfe) beeinträchtigt; letzteres ist ihm seit jeher aus der höchstrichterlichen Rechtsprechung zum Unterhaltsrecht geläufig.

Im Verhältnis der Ehegatten zueinander wird er zudem prüfen, ob es sachliche Gründe für die gewollte „Entsolidarisierung" gibt, etwa durch

---

[10] BVerfG vom 06.02.2001 – 1 BvR 12/92, DNotZ 2001, 222.
[11] *Zimmermann*, DNotZ 1985, 573, 574 f.

die konkrete Lebensplanung, beispielsweise aber auch bei fehlender Auswirkung des Ausgleichs. Einen Anhalt können hierbei die schon vom Gesetz vorgesehenen Ausnahmen bilden, nämlich eine kurze Ehezeit ohne gemeinsame Versorgungsplanung, nur geringfügige Anrechte oder ein geringer Wertunterschied. Darüber hinaus spielen die Vermögenslage, das Alter der Ehegatten, ihre berufliche Qualifikation und Perspektive, die Möglichkeit, eigenständig eine bedarfsdeckende Versorgung aufzubauen, die Aufteilung von Erwerbs- und Familienarbeit, die Abstimmung von Ehe- und Versorgungsplanung mit der bereits gelebten Eherealität und schließlich die intellektuelle, emotionale und soziale Kompetenz- und Waffengleichheit der beiden eine Rolle.

(a) Beispiele für Rechtfertigungsgründe:

Beispielhaft kann erwähnt werden

- vorehelich bestehende oder angelegte Risiken auszuschließen, weil die Ausbildung vor der Ehe nur unzureichend erfolgte oder schon zuvor eine Krankheit ausgebrochen war;

- die ehelichen Lebensverhältnisse individuell zu gestalten und einen vom gesetzlichen Leitbild der Einverdienerehe abweichenden Ehetyp zu wählen, vor allem, wenn beide berufstätig bleiben wollen, die Erwerbsphasen der Ehegatten stark verschoben sind oder es sich um eine Altersehe handelt, in der ein Partner bereits eine Rente bezieht und damit in der Ehezeit keine Anrechte mehr erwerben kann;

- bei ausländischen Anrechten, die auch künftig überwiegend nur schuldrechtlich auszugleichen sein dürften, eine Gesamtvermögensregelung zu suchen, um eine abschließende Regelung im Zeitpunkt der Scheidung zu erreichen; oder

- den Ausschluss an festgelegte Härtegründe[12] zu knüpfen: etwa weil ein Ehegatte insgesamt nur eine knapp bemessene Versorgung erhalten würde oder weil der Berechtigte sich in wirtschaftlicher[13] oder persönlicher[14] Hinsicht fehlverhalten hat.

---

[12] Das Berücksichtigen gesetzlicher Härtegründe wird künftig einheitlich in § 27 VersAusglG geregelt.
[13] Ausbildungsfinanzierung, OLG Hamm FamRZ 1998, 684.
[14] Kindesunterschiebung, BGH FamRZ 1983, 32.

(b) Beispiele für eine Kompensation

Ist die Rechtfertigung hiernach zweifelhaft und bestünde deshalb die Gefahr, gegen § 138 BGB zu verstoßen, kann eine vereinbarte Kompensation der Wirksamkeit genüge tun. Stets notwendig dürfte dies bei einem rückwirkenden Ausschluss während einer bestehender Ehe sein (etwa in einer Vereinbarung zeitnah zur Scheidung), weil damit auf bereits „Erwirtschaftetes" verzichtet wird. Dabei wird man jedoch wie schon bisher unter der Geltung von § 1587o Abs. 2 Satz 3 BGB keine Versorgung i.e.S. und auch keine völlige Gleichstellung fordern können, weil die Vereinbarungsmöglichkeit gerade zur Erleichterung der Scheidung dienen soll und sich das Ergebnis prospektiv gar nicht genau feststellen lässt.[15] Ziel sollte gleichwohl eine Gegenleistung mit wiederkehrenden Einkünften auch im Alter und bei Erwerbsminderung sein, die den individuellen Bedürfnissen des Berechtigten gerecht wird.

Zu denken ist hierbei deshalb etwa an

– den Abschluss einer Lebensversicherung, die auch eine Erwerbsminderung berücksichtigt, oder

– das Überlassen einer Immobilie (bspw. ein Grundstück, Wohnrecht, Nießbrauch), weil sie zumindest für ein mietfreies Wohnen sorgt oder durch Mieteinkünfte einen direkten Ersatz für eine Altersversorgung liefert, die sogar sofort und nicht wie eine Rente erst nach Eintritt des Ruhestands bezogen werden kann.

Auch Wertpapiere oder eine Kapitalzahlung zur Existenzgründung oder Ausbildung des Berechtigten, um sich eine eigene Alterssicherung aufzubauen oder die Mehreinzahlung in eine berufsständische Versorgungseinrichtung mit deren Zustimmung bilden Alternativen.

Der Höhe nach sollte sich die Kompensation an dem kapitalisierten Ausgleichsrecht orientieren, auf das verzichtet wird. Zu dieser Wertbestimmung kann es sich anbieten, entsprechende Auskünfte bei den betroffenen Versorgungsträgern einzuholen[16], was auch der beauftragte und bevollmächtigte Notar für die Beteiligten übernehmen kann.

---

[15] So schon zu § 1587o Abs. 2 Satz 3 BGB OLG Koblenz DNotZ 2005, 136, 138.
[16] Dazu etwa § 109 SGB VI in Bezug auf die gesetzliche Rentenversicherung. Der Grundsatz der Portabilität führt auch bei Betriebsrenten zu einem entsprechenden Auskunftsanspruch, vgl. § 4a BetrAVG.

(c) Auffanglösungen vorsehen für Ausübungskontrolle

Um dem zweiten Schritt – der sog. Ausübungskontrolle nach § 242 BGB – vorzubeugen, sollte die notarielle Vereinbarung Auffanglösungen vorsehen, vor allem um geplante und ungeplante ehebedingte Nachteile aufzufangen und auszugleichen.

So dürfte es angezeigt sein, den Ausschluss nur auflösend bedingt oder mit vorbehaltenem Rücktrittsrecht für den Fall zu vereinbaren, dass gemeinsame Kinder geboren werden und die Berufstätigkeit deshalb – nicht nur vorübergehend – aufgegeben wird. Dies lässt sich auch ausdehnen auf alle Phasen, in denen allgemein die Erwerbstätigkeit für eine bestimmte Mindestzeit ruht oder (teilweise) gemindert ist und kein anderweitiger Ersatz bezogen wird. Zu regeln wäre dabei stets, ob die Bedingung/der Rücktritt eine Rückwirkung auf den Zeitpunkt der Heirat entfalten soll oder nicht. Alternativ käme der bloße „Ausschluss vom Ausschluss" in Betracht, wenn der Ausgleich nur während der genannten Phasen stattfinden soll.

Statt eines Totalausschlusses ist auch an eine Beschränkung nur der Höhe nach zu denken. Anknüpfungspunkt könnte dafür die einvernehmliche Änderung der gemeinsamen Lebensumstände sein, die einen Ehepartner am (weiteren) Aufbau einer eigenständigen Versorgung hindert. Für diesen Fall könnte der andere Ehegatte verpflichtet werden, die ehebedingten Versorgungsnachteile auszugleichen, etwa durch Einzahlung in eine Lebensversicherung oder (Nach-)Entrichtung der Beiträge in die gesetzliche Rentenversicherung.[17] Maßstab dürfte dafür die Versorgung bilden, die bei Weiterführung der konkreten beruflichen Tätigkeit zu erzielen gewesen wäre.

(d) Offene Fragen

Zusammenfassend kann ich nur wiederholen: Die Reform ist mehr als zu begrüßen. Gerade wir Notare sollten uns ihrem Bestreben nach einvernehmlichen Regelungen annehmen, sollten deshalb einerseits die Scheu vor Vereinbarungen im Versorgungsausgleich verlieren, uns andererseits aber auch unserer Kontrollverantwortung und Schutzfunktion einmal mehr bewusst werden.

---

[17] Vgl. BGH FamRZ 2005, 185.

Vereinbarungen künftig nur mehr anhand der Inhalts- und Ausübungskontrolle zu überprüfen und nicht zusätzlichen Hürden wie Jahresfrist oder Genehmigung auszusetzen hatte auch die Bundesnotarkammer immer wieder gefordert, im Ergebnis erfolgreich!

Ein unguter Beigeschmack bleibt dennoch – trotz der im Grundsatz positiven Einschätzung:

In einem Nebensatz hatte ich bereits erwähnt, dass der vorliegende Regierungsentwurf in § 8 Abs. 1 VersAusglG die gerichtliche Inhalts- und Ausübungskontrolle ausdrücklich festschreiben möchte. Ob das wirklich glücklich ist, muss sich aus meiner Sicht jedoch erst noch zeigen.

Warum? Nun, die Inhalts- und Ausübungskontrolle von Vereinbarungen auch zum Versorgungsausgleich entspricht gefestigter Rechtsprechung. Sie ist gestützt auf §§ 138, 242 BGB und damit auf Vorschriften aus dem allgemeinen Bürgerlichen Recht. Auch ein außerhalb des BGB geregeltes Versorgungsaugleichsrecht muss sich hieran messen lassen, zumal §§ 1408 Abs. 2, 1587 BGB sogar ausdrücklich auf dieses Gesetz verweisen wollen.

§ 8 Abs. 1 VersAusglG regelt damit eine Selbstverständlichkeit. Dass dies nicht nur redundant und überflüssig ist – zumal bei unserer schon bestehenden Überflutung mit Regelungen allerorts –, dass das Regeln von Selbstverständlichkeiten vor allem zu Missverständnissen führen kann, liegt auf der Hand. Nicht auszuschließen dürfte nämlich sein, dass die Praxis der Vorschrift gleichwohl einen eigenen Sinn jenseits der bekannten Rechtsprechungsgrundsätze geben möchte. Das würde jedoch zu Ergebnissen führen, die so von niemanden gewollt sind.

So muss man sich schon fragen, ob denn andere Scheidungsfolgen, vor allem der Unterhalt, im Umkehrschluss künftig keiner gerichtlichen Kontrolle mehr unterliegen sollen. Immerhin hat der Gesetzgeber hier erst jüngst eine Reform auf den Weg gebracht, die mit § 1585c BGB gerade auch Vereinbarungen über den nachehelichen Unterhalt betraf und dennoch keinen Bedarf zu einer Regelung neben §§ 138, 242 BGB gesehen.

Schwerer noch als die Gefahr eines Umkehrschlusses dürfte jedoch wiegen, dass eine ausdrückliche Regelung dieser Selbstverständlichkeit bei den Gerichten ein Verständnis hervorruft, wonach ihre Prüfungspflicht über die gefestigte Rechtspraxis hinausgeht und vielmehr einen

„neuen Rahmen" erhält. Genährt wird diese Befürchtung zum einen dadurch, dass die bisherige Genehmigungspraxis bei § 1587o BGB entgegen dem Wortlaut sehr restriktiv gehandhabt wird. Diese restriktive Handhabung erhielte nun mit § 8 Abs. 1 VersAusglG – entgegen der Absicht des Gesetzgebers – eine „echte" Grundlage!

Zum anderen ist festzustellen, dass die Rechtsprechung der Instanzgerichte schon heute oftmals eine eher undifferenzierte Sittenwidrigkeit – zumal des gesamten Ehevertrages – annimmt, die in deutlichem Widerspruch zur engen Auslegung von § 138 BGB durch den Bundesgerichtshof steht. Dieses überschießende Vorgehen ist dann umso zweifelhafter, wenn eine zeitnah zur Scheidung getroffene Vereinbarung in Rede steht. Denn die Überprüfung einer solchen Vereinbarung kann naturgemäß nur eingeschränkt erfolgen, weil die Sittenwidrigkeit in der Regel an den engen Voraussetzungen scheitern dürfte und es für eine Anpassung nach § 242 BGB nach Scheitern der Ehe und Aufnahme getrennter Lebenswege an einem Anknüpfungspunkt fehlt; eine *gemeinsame* Lebensplanung, von der abgewichen wird, gibt es gerade nicht mehr.[18]

All dies hat der Gesetzgeber – wie sich aus der Begründung ergibt[19] – nicht beabsichtigt. Fehlt der Vorschrift jedoch jeder eigene Sinn, bleiben solche Auslegungszweifel nicht ausgeschlossen. Ihnen sollte der Gesetzgeber deshalb von vorne herein den Boden entziehen, indem er auf den überflüssigen Verweis verzichtet. Andernfalls wäre wohl der Bundesgerichtshof aufgerufen, eine unbeabsichtigte Fehlentwicklung in der gerichtlichen Praxis auszubügeln.

IV. Ausblick: Stand des Gesetzgebungsverfahrens

Uns bleibt deshalb zu hoffen, dass sich die Parlamentarier diesem unnötigen Streitpotential annehmen werden. Eine erste Chance wird sich hierfür voraussichtlich am 4. Juli ergeben, wenn der Bundesrat den vom Kabinett am 21. Mai beschlossenen Regierungsentwurf behandeln wird.

Im Übrigen aber ist dem Gesetzesvorhaben natürlich zu wünschen, dass es möglichst reibungslos das parlamentarische Verfahren durchlaufen wird, damit wir alsbald nach Herzens Lust das neue Recht genießen können.

---

[18] So auch OLG Thüringen FamRZ 2007, 2079.
[19] Zum Wegfall von § 1587o Abs. 2 Satz 3 BGB S. 118 und zur Inhaltskontrolle S. 121 ff.

Einige Aspekte zur Vermögensauseinandersetzung in der Scheidung aus anwaltlicher Sicht

Dr. Ludwig Bergschneider,
Rechtsanwalt, Fachanwalt für Familienrecht, München
Lehrbeauftragter an der Universität Regensburg

		Seite
I.	Der Endtermin des § 1384 BGB und die damit vorhandenen Manipulationsmöglichkeiten	120
II.	Die Ausgleichsbegrenzung des § 1378 II BGB und die damit verbundenen Manipulationsmöglichkeiten	124
III.	Zur Bewertung freiberuflicher Praxen nach dem Urteil des BGH vom 06. Februar 2008 und das Thema: Zweifache Teilhabe	125
IV.	Zur Fälligkeit der Ausgleichsforderung nach § 1378 III 1 BGB und zu den Stundungsmöglichkeiten nach § 1382 BGB	127
V.	Zur Rückfallklausel für den Fall der Scheidung	128
VI.	Berücksichtigung gleitender Wertsteigerungen bei privilegiertem Erwerb	130
VII.	Zugewinngemeinschaft und Vermögensauseinandersetzung außerhalb des Güterrechts (Ehegatten-Innengesellschaft, ehebedingte Zuwendung)	132
VIII.	Herausnahme von Vermögensgegenständen aus dem Zugewinn (partielle Zugewinngemeinschaft)	133
IX.	Die modifizierte Zugewinngemeinschaft bei der richterlichen Inhaltskontrolle	134

Einleitung

Das mir gestellte Thema möchte ich unter den folgenden beiden Aspekten kurz behandeln:

- Welches sind einige der typischen Probleme bei der Abwicklung des Zugewinnausgleichs?

- Welche Überlegungen zur Vertragsgestaltung ergeben sich aus diesem Befund und zwar mit dem Ziel einer (teilweisen) Vermeidung von Problemen?

I. Der Endtermin des § 1384 BGB und die damit vorhandenen Manipulationsmöglichkeiten

1. Das Trennungsjahr

Die meisten Scheidungen werden in der Praxis auf § 1565 I BGB gestützt, wonach vorzutragen ist, dass die Parteien ein Jahr getrennt leben und die Ehe gescheitert ist. Das bedeutet, dass die Ehegatten ein Jahr von der Trennung bis zur Einreichung des Scheidungsantrags warten müssen.

2. Manipulationsmöglichkeiten

Das bedeutet aber auch, dass der für die Berechnung des Endvermögens maßgebende Berechnungszeitpunkt, nämlich die Rechtshängigkeit, erst nach Ablauf dieses Trennungsjahres eintritt und noch dazu von der Einreichung des Scheidungsantrags (Anhängigkeit) bis zur Zustellung (Rechtshängigkeit) weitere zwei Wochen bis drei Monate vergehen. Während dieser Zeit sind Veränderungen des Vermögens, das schließlich Endvermögen wird, möglich und häufig. Diese Maßnahmen werden, wenn sie auf der Gegenseite vorgenommen werden, als Manipulation bezeichnet, wer sie selbst vornimmt, wird eher dazu neigen, sie als Gestaltung zu benennen.

Aufgabe des Rechtsanwalts ist es, Wege zur Vermeidung solcher Manipulationen auf der Gegenseite zu suchen. Nachfolgend sollen dazu einige Möglichkeiten vorgestellt werden.

3. Einreichung des Scheidungsantrags vor Ablauf des Trennungsjahres

a) Die Einreichung des Scheidungsantrags bereits nach einer Trennung von etwa zehn Monaten ist meist unproblematisch. In diesen Fällen wird die Zustellung wie auch sonst üblich vorgenommen. Der Endtermin gemäß § 1384 BGB ist damit gesetzt. Bis das Verfahren ins Laufen kommt, ist ein Jahr (nahezu) verstrichen[1].

b) Wird der Scheidungsantrag vor Ablauf einer Trennungsfrist von neun bis zehn Monaten eingereicht, behandeln die Familiengerichte den Vorgang unterschiedlich:

– manche Richter lassen die Akte so lange ruhen, bis die Jahresfrist verstrichen ist.

– manche terminieren sofort und weisen den Scheidungsantrag ab.

c) Gegen ein solchermaßen abgewiesenes Urteil des Familiengerichts kann Berufung eingelegt werden. Bis zur letzten mündlichen Verhandlung in der Berufung ist nämlich meist ein Jahr verstrichen. Für die Scheidungsvoraussetzungen nach § 1565 I BGB genügt es aber, wenn diese zum Zeitpunkt der letzten mündlichen Verhandlung im Berufungsrechtszug vorliegen[2]. Der Berufungsführer trägt allerdings die Kosten des Berufungsverfahrens, so dass er entscheiden muss, ob die Kostentragung oder die Vorverlegung des Endtermins für ihn vorteilhafter ist. In der Praxis erweist sich die Maßnahme, notfalls über die Berufung das Trennungsjahr ablaufen zu lassen, meist als das wirksamste Mittel. Es gibt allerdings auch Oberlandesgerichte, die in einem solchen Fall sofort terminieren und die Berufung abweisen, wenn nicht unter Berücksichtigung der Berufungsbegründungsfrist das Trennungsjahr zwischenzeitlich abgelaufen ist.

4. Berufung auf die Unzumutbarkeit i.S. von § 1565 II BGB

Nach § 1565 II BGB kann eine Ehe vor Ablauf des Trennungsjahres geschieden werden, wenn die Fortsetzung der Ehe für den Antragsteller aus Gründen, die in der Person des anderen Ehegatten liegen, eine unzumutbare Härte darstellen würde. Es ist allerdings zu bemerken,

---

[1] S. dazu OLG Koblenz FamRZ 2008, 996.
[2] S. *Palandt/Brudermüller*, 67. Aufl. 2008, § 1365 BGB Rn. 13.

dass die Rechtsprechung diesen Härtegrund nur unter strengsten Voraussetzungen annimmt, weshalb diese Voraussetzungen in der Praxis nur sehr selten vorliegen. Aus diesem Grund nützt ein solcher Antrag eher über den Umweg der Verfahrensverschleppung; es werden nach erbetener Schriftsatzfristverlängerung langatmige Schriftsätze eingereicht, die eventuell sogar einen Zeugenvernehmungstermin erfordern. Und schon ist das Trennungsjahr vorbei, spätestens in der mündlichen Verhandlung im Berufungsrechtszug.

5. Vorzeitiger Zugewinnausgleich

Die Voraussetzungen für die Beendigung der Zugewinngemeinschaft im Wege des vorzeitigen Zugewinnausgleichs, wonach der Berechnungszeitpunkt auf die Rechtshängigkeit der entsprechenden Klage festgesetzt wird (§ 1387 BGB), sind sehr eng, weshalb er in der Praxis nur eine geringe Rolle spielt.

a) § 1386 II Nr. 1 BGB ermöglicht einen vorzeitigen Zugewinnausgleich, wenn ein Ehegatte ein Gesamtvermögensgeschäft im Sinne von § 1365 BGB vorgenommen hat. Solche Geschäfte liegen selten vor. Das immer wieder angeführte Beispiel des Verkaufs des Dentallabors, welches im konkreten Fall das gesamte Vermögen darstellt, eignet sich allenfalls für den akademischen Unterricht.

b) Die in § 1386 II Nr. 2 BGB erwähnte Vermögensminderung durch unentgeltliche Zuwendung, Verschwendung, Handlungen in Benachteiligungsabsicht nach § 1375 II, liege selten vor und ist zudem sehr schwer nachweisbar.

c) Schließlich bietet § 1386 III BGB die Voraussetzungen für einen vorzeitigen Zugewinnausgleich und zwar dann, wenn der andere Ehegatte sich ohne ausreichenden Grund beharrlich weigert, ihn über den Bestand seines Vermögens zu unterrichten. Der aus § 1353 BGB abgeleitete Unterrichtungsanspruch hat nicht den Umfang eines Auskunftsanspruchs wie in § 1379 BGB, sondern verpflichtet nur, über den Vermögensbestand in groben Zügen zu informieren[3]. Diese Vorschrift bietet noch am ehesten den Weg, mit einigem Geschick in einzelnen Fällen den vorzeitigen Zugewinnausgleich herbeizuführen.

---

[3] S. *Palandt/Brudermüller*, 67. Aufl. 2008, § 1386 BGB Rn. 7.

6. Ruhen des Verfahrens, Aussetzung

Da das Ruhen (§ 251 ZPO) und die Aussetzung des Verfahrens (§ 614 ZPO) in den meisten Fällen die Mitwirkung der anderen Partei erfordert, die in den hier in Betracht kommenden Fällen diese Mitwirkung verweigern wird, führt auch dieser Weg nicht weiter.

7. Scheidungsantrag beim Verwaltungsgericht

Der Weg, eine frühere Rechtshängigkeit durch Einreichung des Scheidungsantrags beim Verwaltungsgericht zu erreichen, ist nicht so realitätsfern, wie er auf den ersten Blick wirkt. Vielmehr zeugt er für die Findigkeit von Rechtsanwälten im Zusammenhang mit einer ungenügenden Rechtsvorschrift[4]. Der Effekt besteht zunächst darin, dass die Rechtshängigkeit beim Verwaltungsgericht bereits bei Einreichung der Klage eintritt (§§ 81 I, 90 I VwGO), nicht erst mit ihrer Zustellung wie beim Zivilgericht (§§ 253 I, 261 I ZPO). Noch dazu dauert die Verweisung an das Familiengericht meist Wochen und anschließend wird der Gerichtskostenvorschuss verzögert eingezahlt[5].

8. Vertragsgestaltung

Der Misere, die sich aus der einjährigen Wartepflicht bis zur Einreichung eines Scheidungsantrags ergibt, ist am ehesten durch eine entsprechende Vertragsgestaltung zu begegnen. Naheliegend ist dies insbesondere bei Eheverträgen, die in einer Ehekrise (statt der Gütertrennung) abgeschlossen werden. Darin könnte eine Vorverlegung des Endtermins beispielsweise so geregelt werden, dass für die Festlegung des Endtermins im Sinne von § 1384 BGB anstatt der Rechtshängigkeit des Scheidungsantrags derjenige Zeitpunkt maßgebend ist, zu dem ein Ehegatte dem anderen durch notarielle Erklärung oder Brief eines Rechtsanwalts mitteilt, dass er dauernd getrennt lebt[6].

---

[4] S. dazu *Kogel*, Strategien beim Zugewinnausgleich, 2. Aufl. 2007, Rn. 177 ff..
[5] Das Kammergericht hat allerdings festgestellt, dass ein beim Sozialgericht eingereichter Scheidungsantrag keine Rechtshängigkeit begründet – s. KG FamRZ 2008, 1005.
[6] S. *Bergschneider*, Verträge in Familiensachen, 3.Aufl. 2006, Rn. 632 ff.

II. Die Ausgleichsbegrenzung des § 1378 II BGB und die damit verbundenen Manipulationsmöglichkeiten

1. Berechnung des Zugewinnausgleichs – Entstehen der Ausgleichsforderung

Im Zusammenhang mit der Beendigung der Zugewinngemeinschaft sind zwei Zeitpunkte zu unterscheiden:

– der Zeitpunkt zur Berechnung des Endvermögens ist derjenige der Rechtshängigkeit des Scheidungsantrags (§ 1384 BGB) oder der Klage auf vorzeitigen Zugewinnausgleich (§ 1387 BGB),

– der Zeitpunkt des Entstehens der Ausgleichsforderung ist derjenige der Beendigung der Zugewinngemeinschaft, nämlich der Rechtskraft des Scheidungsurteils (§§ 1378 III 1, 1388 BGB).

2. Beschränkung der Ausgleichsforderung

Nach § 1378 II BGB ist die Zugewinnausgleichsforderung auf das Vermögen beschränkt, das bei Beendigung des Güterstandes noch vorhanden ist. Diese Zugewinnausgleichsbeschränkung kommt in der Praxis insbesondere in folgenden Fällen vor:

– bei Manipulationen zwischen der Rechtshängigkeit des Scheidungsantrags und der Rechtskraft des Urteils,

– bei stark schwankenden Wertpapierkursen: Höchstkurse bei Rechtshängigkeit des Scheidungsantrags (Telecom), Kursverfall bis zur Rechtskraft der Scheidung

Es ist dann eine Zahlung aus einem Bestand zu leisten, der viel weniger wert ist als bei Rechtshängigkeit des Scheidungsantrags.

3. Novellierung

In der Novellierung zur Änderung des Zugewinnausgleichsrechts in Form des Gesetzesentwurfs der Bundesregierung[7] ist vorgesehen, dass die Zugewinnausgleichsforderung bei Rechtskraft der Scheidung nicht

---

[7] S. Entwurf eines Gesetzes zur Änderung des Zugewinnausgleichs- und Vormundschaftsrechts, Stand 1.11.2007.

geringer ist als zum Zeitpunkt der Rechtshängigkeit des Scheidungsantrags.

4. Vertragsgestaltung

Da § 1378 II nach gegenwärtigem Recht als Schuldnerschutzvorschrift für nicht disponibel gehalten wird[8], sind die Gestaltungsmöglichkeiten sehr beschränkt. Es verbleibt lediglich die Möglichkeit, den Güterstand der Zugewinngemeinschaft durch Vereinbarung der Gütertrennung zu beenden, ganz besonders bei Eheverträgen in Krisenzeiten und nach der Trennung der Ehegatten.

III. Zur Bewertung freiberuflicher Praxen nach dem Urteil des BGH vom 06. Februar 2008 und das Thema: Zweifache Teilhabe

1. Das Verhältnis von Zugewinn zu Unterhalt nach der Rechtsprechung des BGH im Ausgangspunkt

Nach ständiger Rechtsprechung des BGH ist bei der Scheidung Vermögen im Wege des Zugewinnausgleichs, Einkommen im Wege des Unterhalts zu regeln[9]. An diesen Grundsatz schloss sich eine breite Diskussion über Abhängigkeiten zwischen Zugewinn und Unterhalt an und zwar unter den Schlagworten des Verbots der zweifachen Teilhabe und der Doppelverwertung.

2. Die grundlegende Entscheidung des BGH (FamRZ 2003, 432)

a) In diesem Urteil hatte der BGH[10] über die Bewertung einer Unternehmensbeteiligung zu befinden. Es ging um die stille Beteiligung des Ehemannes an einer Mitarbeiter-KG seines Arbeitgebers – und ihres Wertes.

b) Bis dahin bezog die Rechtsprechung bei der Bewertung einer Unternehmensbeteiligung zukünftig zu erwartende Einkünfte mit ein. Das Problem bestand aber darin, dass

---

[8] S. Palandt/Brudermüller, a. a. O., § 1378 BGB Rn.8.
[9] Vgl. BGH NJW 2008, 1221 = FamRZ 2008, 761 = FuR 2008, 295 = MittBayNot 2008, 294.
[10] Vgl. BGH FamRZ 2003, 432.

- einmal die Einkünfte als Bewertungsfaktor im Zugewinn berücksichtigt wurden und

- zum anderen die Einkünfte die Grundlage für Einkommensberechnung beim Unterhalt sind.

- Darin konnte eine doppelte Teilhabe des Einkommens einerseits beim Zugewinn und andererseits beim Unterhalt gesehen werden.

c) Im damaligen Fall war schließlich über die Zuordnung der Einkünfte nicht zu entscheiden, da durch einen vorausgegangenen Vergleich 70 % der zukünftigen Gewinnanteile aus der Beteiligung als unterhaltsrelevantes Einkommen des Ehemannes angesetzt wurden und damit Doppelverwertung vermieden war. Die Bewertung erfolgte damit nur nach dem Nennwert; ein auf die Einkommenserwartung gestützter good will wurde nicht angesetzt.

3. Das Aufsehen erregende Urteil des OLG Oldenburg

Das OLG Oldenburg[11] zog auf seine Art die Konsequenz aus der BGH-Rechtsprechung zum Verbot der doppelten Teilhabe und stellte fest: Bei Selbständigen entfällt die wesentlich auf Umsatz gestützte Unternehmensbewertung im Zugewinn, weil der Umsatz die wesentliche Grundlage zur Ermittlung des Einkommens ist, das die Höhe des Unterhalts bestimmt. Auf Grund dieser Überlegung setzte das OLG den Wert der Tierarztpraxis mit Null an.

4. Urteil des BGH vom 06.02.2008[12]

a) Der BGH bestätigt seinen Grundsatz, dass das bruttoumsatzorientierte Bewertungsmodell im Rahmen des Zugewinnausgleichs grundsätzlich geeignet ist.

b) Bei der Zugrundelegung dieses Modells ist – wie bisher – der Unternehmerlohn abzuziehen. Neu an diesem Urteil ist jedoch, dass nicht mehr ein pauschaler Unternehmerlohn abzuziehen ist, bei der Bewertung eines Arztpraxis etwa das Gehalt eines Oberarztes. Vielmehr ist ein den individuellen Verhältnissen entsprechender Unternehmerlohn abzuziehen.

---

[11] Vgl. FamRZ 2006, 1031.
[12] Vgl. BGH NJW 2008, 1221 = FamRZ 2008, 761 = FuR 2008, 295 = MittBayNot 2008, 294.

c) Mit dem Abzug des individuellen Unternehmerlohnes ist das Einkommen aus dem Zugewinn herausgenommen und der Unterhaltsberechnung zugeordnet. Die doppelte Teilhabe ist damit vermieden.

d) Eine Konsequenz aus der Neufestlegung des Unternehmerlohnes besteht darin, dass bei einem hohem Umsatz der Arztpraxis, der Rechtsanwaltskanzlei meist ein höherer Unternehmerlohn als der bisherige pauschale Unternehmerlohn anzusetzen ist. Wie hoch dieser Ansatz zu bemessen ist, ist unsicherer als in der Vergangenheit. Damit sind bei umsatzstarken Praxen, Kanzleien usw. in Zukunft niedrigere Werte zu erwarten.

5. Vertragsgestaltung nach dem BGH-Urteil

a) Mit Rücksicht auf die Unsicherheit bei der Bemessung des individuellen Unternehmerlohnes ist eine entsprechende vertragliche Festlegung zu erwägen (z.B. Näher definiertes Tarifgehalt eines Oberarztes mal 1,5).

b) Auch ist zu erwägen, den Umsatz der einzelnen Jahre unterschiedlich zu gewichten.

IV. Zur Fälligkeit der Ausgleichsforderung nach § 1378 III 1 BGB und zu den Stundungsmöglichkeiten nach § 1382 BGB

1. Liquiditätsprobleme

Trotz der neuen Rechtsprechung ist der Wert der freiberuflichen Praxen regelmäßig immer noch sehr hoch. Bei der Auseinandersetzung einer Zugewinngemeinschaft im Fall der Scheidung stellen sich damit oft sehr schwierige Liquiditätsprobleme. Bei einer Ehe von längerer Dauer ist manchmal ein Betrag bis annähernd die Hälfte des Praxiswertes als Zugewinnausgleich zu zahlen. Ein solcher Betrag ist oft nicht darzustellen.

2. Zu den Gestaltungsmöglichkeiten

a) Die traditionellen Möglichkeiten:

- Vereinbarung der Gütertrennung

- Trotz all ihrer Abwicklungsprobleme die Vereinbarung der modifizierten Zugewinngemeinschaft in Form der partiellen Zugewinngemeinschaft (Herausnahme der Praxis aus dem Zugewinn)

- Vereinbarung von Stundungsmöglichkeiten

- Herabsetzung der Ausgleichsquote

- Verrentung (evt. In Verbindung mit einer Unterhaltsregelung)

b) Ferner ist zu überlegen:

- Die Fälligkeit der Zugewinnausgleichsforderung (nicht nur die Höhe der Zugewinnausgleichsforderung) durch Schiedsgutachten eines Sachverständigen festlegen zu lassen.

V. Zur Rückfallklausel für den Fall der Scheidung

1. Fall 1: Schenkung eines Grundstücks von Eltern an den Sohn

Häufig verwendete Klausel: Das Grundstück ist bei einer Scheidung entschädigungslos an die Eltern zurück zu übertragen.

Zugewinnausgleichsrechtliche Beurteilung:

a) Im Endvermögen: Aktivum (Grundstück) ./. Passivum (Rückübertragungsverpflichtung) = Null

b) Anfangsvermögen: Ebenfalls Aktivum ./. Passivum = Null

Es wird auch eine andere Auffassung vertreten[13]: Die Nutzungsmöglichkeit des Grundstücks ist auf die mutmaßliche Dauer der Ehe zu bewerten. Diese Auffassung ist in ihrer Konzeption bestechend, aber völlig unpraktikabel.

---

[13] Vgl. *Kogel*, a. a. O., Rn.438.

2. Fall 2: Schenkung eines Grundstücks des Ehemannes an die Ehefrau

Zugewinnausgleichsrechtliche Beurteilung:

a) Endvermögen Ehefrau: Aktivum ./. Passivum = Null

b) Anfangsvermögen Ehefrau: Ebenfalls Null, da Schenkungen unter Eheleuten nicht nach § 1374 II BGB behandelt werden[14].

c) Anfangsvermögen Ehemann: Aktivum: Wert des Grundstücks

d) Endvermögen Ehemann: Aktivum: Wert des Grundstücks (Rückübertragungsanspruch).

Sein Zugewinn = Null + eventuellem Wertzuwachs mit Indexierung

3. Vermögensauseinandersetzung außerhalb des Zugewinns

Ist eine angemessene Abwicklung über die Zugewinngemeinschaft nicht zu erreichen, sind die Voraussetzungen eines Ausgleichs über die ehebezogene Zuwendung zu prüfen.

4. Vertragsgestaltung bei Schenkungen zwischen Ehegatten

Wegen der schwierigen Behandlung von Rückforderungsklauseln im Zugewinn und weil auch diverse andere Meinungen vertreten werden, ist dieser Problematik bei der Vertragsgestaltung ein besonderes Augenmerk zuzuwenden. Beispiele:

a) Die Rückübertragungsverpflichtung bereits für den Zeitpunkt der Trennung oder der Rechtshängigkeit des Scheidungsantrags aufnehmen.

b) Die zugewinnausgleichsrechtlichen Folgen modellhaft durchrechnen und ihre Regelung in den Übertragungsvertrag aufnehmen.

c) Wünschenswert sind auch entsprechende Regelungen bei Elternschenkungen unter Einbeziehung des Schwiegerkindes.

---

[14] S. Palandt/Brudermüller, a. a. O., § 1374 BGB Rn.15.

VI. Berücksichtigung gleitender Wertsteigerungen bei privilegiertem Erwerb

1. Wohnrecht, Leibgeding usw.

Es geht insbesondere um das Wohnrecht und das Leibgeding (Altenteil) im Zusammenhang mit Immobilienübertragungen meist der Eltern an das Kind und die sich daraus ergebenden zugewinnausgleichsrechtlichen Folgen in der Ehe der Kinder.

2. Bisherige Rechtsprechung des BGH

Die vom BGH (FamRZ 1990, 603; 1990, 1218; 1990, 1084) entwickelten Grundsätze zur Anrechnung bzw. Nichtanrechnung von Gegenleistungen bei Überlassungsverträgen mit Rücksicht auf ein künftiges Erbrecht (§ 1374 II BGB) lauteten:

a) Eine Wertsteigerung von privilegiertem Vermögen unterliegt nicht dem Zugewinnausgleich, soweit sie während des Güterstandes durch das allmähliche Absinken des Wertes eines vom Zuwendenden angeordneten oder ihm vorbehaltenen, lebenslangen Nießbrauchs entstanden ist. Dies gilt auch, wenn der Nießbraucher vor dem Endtermin (§ 1384 BGB) verstirbt. Im Grundsatz das Gleiche gilt für ein Wohnrecht.

b) Vereinfacht: Beim End- und beim Anfangsvermögen bleibt der Nießbrauch (das Wohnrecht) gänzlich unberücksichtigt.

3. Neue Rechtsprechung des BGH[15]

Auf die verbreitete Kritik zu dieser Rechtsprechung reagierte der BGH nunmehr mit einer stark differenzierten Betrachtungsweise:

a) Zitate:

"Der Senat vermag sich dieser Kritik nicht zu verschließen. Nach § 1376 I BGB ist der Berechnung des Anfangsvermögens der Wert zugrunde zu legen, den das hinzuzurechnende Vermögen im Zeitpunkt des Erwerbs hatte. Wird ein Grundstück unter Vorbehalt eines lebenslangen Wohn-

---

[15] Vgl. BGHZ 170, 324, 336 ff. = FamRZ 2007, 978, 981 ff.

rechts übertragen, so erstreckt sich der Erwerbsvorgang – hinsichtlich der uneingeschränkten Nutzungsmöglichkeit – über den gesamten Zeitraum, der zwischen der Grundstücksübertragung und dem Tod des Berechtigten liegt. Diesem Gesichtspunkt des gleitenden Vermögenserwerbs, der mit dem kontinuierlichen Absinken des Wertes des Wohnrechts einhergeht, wird nicht Rechnung getragen, wenn das Wohnrecht sowohl im Anfangs- als auch im Endvermögen unberücksichtigt bleibt. ....

Darüber hinaus ist der fortlaufende Wertzuwachs der Zuwendung aufgrund des abnehmenden Werts des Wohnrechts auch für den dazwischen liegenden Zeitraum bzw. die Zeit zwischen dem Erwerb und dem Erlöschen des Wohnrechts zu bewerten. .... Dem steht nicht entgegen, dass der Wertzuwachs durch den gleitenden Vermögenserwerb nicht linear verläuft und sich in der Regel ohne sachverständige Hilfe nicht ermitteln lassen dürfte."

b) Zur Bewertung führt der BGH in derselben Entscheidung aus:

„Das Wohnrecht stellt – ebenso wie ein Nießbrauch – eine den Verkehrswert des Grundstücks – je nach dem Alter des Berechtigten erheblich senkende – Belastung dar und kann mitunter eine Veräußerung des Grundstücks beträchtlich erschweren oder ganz ausschließen. Sein Wert ist deshalb unter Einbeziehung dieser Gesichtspunkte sowie unter Zugrundelegung der Sterbetafel zu ermitteln."

4. Resümee

Diese im Ansatz richtige Entscheidung hat bei Juristen und Sachverständigen große Ratlosigkeit hervorgerufen, wie eine solche Bewertung vorzunehmen sei.

5. Vertragsgestaltung

Gefordert ist die Vertragsgestaltung mit der Festlegung eines transparenten Bewertungsmaßstabs.

VII. Zugewinngemeinschaft und Vermögensauseinandersetzung außerhalb des Güterrechts (Ehegatten-Innengesellschaft, ehebedingte Zuwendung)

1. Verhältnis zur Zugewinngemeinschaft

a) Die Ehegatten-Innengesellschaft ist vorrangig gegenüber Zugewinnausgleich zu behandeln und das Auseinandersetzungsguthaben (positiv oder negativ) ist in das Endvermögen einzustellen.

b) Ehebedingte (ehebezogene) Zuwendungen sind gegenüber dem Zugewinnausgleich nachrangig zu behandeln. Eine Rückforderung findet nur dann statt, wenn das güterrechtliche Ergebnis „schlechthin unangemessen und untragbar" ist[16].

2. Auseinandersetzungen der Eheleute mit den Eltern und Schwiegereltern

a) Bei Zuwendungen der Eltern an das Kind und das Schwiegerkind gemeinsam hilft sich die Rechtsprechung dadurch, dass der Wert der Zuwendung an das eigene Kind in das Anfangsvermögen eingestellt wird, nicht jedoch der Wert der Zuwendung an das Schwiegerkind. Damit ist eine zugewinnausgleichsrechtliche Lösung solcher Fälle möglich[17].

b) Die Grundsätze der ehebedingten (ehebezogenen) Zuwendung werden auf die Auseinandersetzungen der Eheleute mit den Schwiegereltern angewandt, wobei folgende Konstellationen zu behandeln sind:

– finanzielle Zuwendungen der Schwiegereltern

– Zuwendung eines Grundstücks seitens der Schwiegereltern

– Ansprüche der Schwiegereltern wegen Mithilfe beim Hausbau

– Ansprüche der Schwiegereltern wegen unentgeltlicher Überlassung einer Wohnung

---

[16] Vgl. BGH FamRZ 2002, 230.
[17] Vgl. BGH FamRZ 1998, 669; 1995, 1060.

- Ansprüche des Schwiegerkindes wegen Aufwendungen für das Haus der Schwiegereltern.

Allein die Behandlung dieser Themen würde ein ausführliches Referat erfordern[18].

3. Für die Vertragsgestaltung eröffnet sich hierbei ein weites Feld. Dabei sollten die Auswirkungen auf die Zugewinngemeinschaft bedacht werden.

VIII. Herausnahme von Vermögensgegenständen aus dem Zugewinn (partielle Zugewinngemeinschaft)

1. Präsentation

Diese Modifikationsform der Zugewinngemeinschaft steht bezüglich ihrer Beliebtheit im umgekehrt proportionalen Verhältnis zwischen Notaren und Rechtsanwälten. So beliebt sie bei Notaren ist, so unbeliebt ist sie bei Rechtsanwälten.

Es ist allerdings nicht zu verkennen, dass die partielle Zugewinngemeinschaft zur Vermeidung der Gütertrennung oft erforderlich ist.

2. Hauptproblem

Das Hauptproblem besteht in der Trennung der einzelnen Vermögensmassen: Anrechnungsfrei Ehemann, anrechnungsfrei Ehefrau, anrechnungspflichtig Ehemann, anrechnungspflichtig Ehefrau:

- Der regelmäßig in notariellen Verträgen aufgenommene Hinweis auf die Notwendigkeit einer entsprechenden Aufzeichnung wird nur in sehr seltenen Fällen befolgt.

- Die Abgrenzung der auf den ausgeklammerten Gegenstand bezogenen Schulden ist in der Abwicklung schwierig.

- Gleiches gilt für die Verwendung von Erträgen aus dem ausgeklammerten Vermögen.

---

[18] S. zu dieser Thematik *Haußleiter/Schulz*, Vermögensauseinandersetzung bei Trennung und Scheidung, 4. Aufl. 2004; *Wever*, Vermögensauseinandersetzung der Ehegatten außerhalb des Güterrechts, 4. Aufl. 2006.

- Auch bei Privatvermögen stellen sich oft sehr schwierige Surrogationsprobleme.

Die für solche Vertragsgestaltungen verwendeten Vertragsmuster sind meist sehr ausgefeilt, können aber oft nicht die Vorsorge für eine viele Jahre oder Jahrzehnte dauernde Ehe gewährleisten, zumal sich die Eheleute meist an die Vereinbarungen nicht exakt halten.

Die Auseinandersetzung im Streitfall muss dann oft außerhalb des Vertrags gemäß der Darlegungs- und Beweislast erfolgen, was im Einzelnen sehr schwierig zu definieren ist.

IX. Die modifizierte Zugewinngemeinschaft bei der richterlichen Inhaltskontrolle

1. Gütertrennung/ Modifizierte Zugewinngemeinschaft

Die Diskussion über die Behandlung der Gütertrennung gemäß der Rechtsprechung des BVerfG[19] und des BGH[20] zur richterlichen Inhaltskontrolle von Eheverträgen berücksichtigt oft nicht, dass die Grundsätze auch für eine modifizierte Zugewinngemeinschaft gelten können. Festzuhalten ist allerdings, dass der BGH[21] die Privatautonomie bei der Gütertrennung sehr hoch hält und sie noch in keinem Fall ausdrücklich angetastet hat. Es sind jedoch Vertragsgestaltungen denkbar, die zu einer Beanstandung der Gütertrennung führen können, insbesondere bei Beanstandungen auf der subjektiven Seite. Zudem hat möglicherweise das BVerfG noch nicht das letzte Wort zu diesem Thema gesprochen.

Von solchen Beanstandungen kann auch die modifizierte Zugewinngemeinschaft betroffen sein, sei es im Wege der Bestandskontrolle (Sittenwidrigkeit nach § 138 I BGB), sei es im Wege der Ausübungskontrolle (Wegfall der Geschäftsgrundlage nach § 242 BGB).

2. Denkbare Fälle

- Die sehr häufig verwendete Klausel, dass die Zugewinngemeinschaft grundsätzlich aufrechterhalten bleibt, jedoch nur für den Fall

---

[19] Vgl. BVerfG FamRZ 2001, 343 und 985.
[20] Vgl. BGH FamRZ 2004, 601 und 14 weitere Entscheidungen.
[21] Zuletzt BGH FamRZ 2008, 386.

des Todes, nicht der Scheidung, kommt bei einer Scheidung im wirtschaftlichen Ergebnis einer Gütertrennung gleich.

– Bei der partiellen Zugewinngemeinschaft kann die Herausnahme von Vermögen aus dem Zugewinn die Folge haben, dass der in der Ehe mehr Vermögen ansammelnde Ehegatte ausgleichsberechtigt gegenüber demjenigen Ehegatten ist, der in der Ehe weniger Vermögen ansammelt. Dies ist dann der Fall, wenn der wesentliche Vermögenszuwachs aus dem Zugewinn ausgeklammert ist und er einen geringeren ausgleichspflichtigen Zugewinn als der andere Ehegatte hat.

3. Vertragsgestaltung

Sowohl bei der Gütertrennung wie auch bei einer einen Ehegatten (möglicherweise) stark benachteiligenden modifizierten Zugewinngemeinschaft sollte auf die Beachtung der subjektiven Seite ganz besonders Wert gelegt werden. Auch ist die Vereinbarung von Gegenleistungen zu erwägen.

Familienrechtliche Verträge und die Scheidung im Steuerrecht

Dr. Eckhard Wälzholz,
Notar, Füssen

		Seite
1.	Die Güterstände im Einkommensteuerrecht	139
2.	Veranlagung und Wahl der Veranlagungsart	142

2.1 Verlangungsarten – Grundsatz 142

2.2 Trennung und Versöhnung 142

2.3 Zustimmungspflichten 144

3. Begrenztes Realsplitting **144**

4. ErbStG – Steuerlich maßgebliche/begünstigte Ehegattenzuwendungen 147

    4.1 Überblick über die Gestaltungsmöglichkeiten 147

    4.2 § 5 ErbStG im Scheidungsfall 149

    4.3 Unbenannte Zuwendungen und das Familienwohnheim 152

        4.3.1 Unbenannte Zuwendung 152

        4.3.2 Familienwohnheim, § 13 Abs. 1 Nr. 4 a ErbStG 153

        4.3.3 Schaukelmodelle 155

    4.4 Die Güterstandsschaukel 156

        4.4.1 BFH: Keine freigebige Zuwendung bei gesetzlich entstehender Zugewinnausgleichsforderung 158

        4.4.2 „Fliegender Zugewinnausgleich" und Vereinbarung überhöhter Ausgleichsforderungen 159

    4.5 Die rückwirkende Vereinbarung und Modifizierungen der Zugewinngemeinschaft bei § 5 Abs. 1, 2 ErbStG 160

    4.6 Erfüllung und Abfindung von Unterhaltspflichten 162

        4.6.1 Trennungs- und Geschiedenenunterhalt 162

        4.6.2 Vorherige Ablösung von Unterhalt für den Scheidungsfall 163

    4.7 Anrechnen auf Zugewinnausgleichsansprüche nach § 1380 BGB, § 29 Abs. 1 Nr. 3 ErbStG 166

    4.8 Leistung an Erfüllungs statt, BFH v. 16.12.2004 – III R 38/00 167

5. Grunderwerbsteuerfreiheit von Scheidungsvereinbarungen **167**

6. Spekulationsgeschäfte iSd. § 23 EStG, § 17 EStG und Scheidungsvereinbarungen **169**

    6.1 Gegenstand des Spekulationsgeschäftes – Grundstück, grundstücksgleiches Recht, Gebäude................. 169

    6.2 Anschaffung und Veräußerung – Allgemein....... 170

    6.3 Veräußerung bei Scheidungsvereinbarungen 171

    6.4 Weitere Gestaltungsüberlegungen im Rahmen des § 23 EStG 178

        6.4.1 Angebot und Annahme.. 178

        6.4.2 Verwendung von Erbbaurechten 180

    6.5 Das Parallelproblem bei Einkünften aus VuV...... 183

7. Gewerblicher Grundstückshandel und Scheidungsvereinbarungen **183**

    7.1 Dogmatische Einordnung des gewerblichen Grundstückshandels 183

    7.2 Scheidungsvereinbarung als Verkaufsgeschäft 186

8. Steuerliche Geltendmachung von Aufwendungen aus Anlass der Scheidung **187**

    8.1 Zugewinnausgleichsansprüche 188

    8.2 Unterhaltsansprüche 188

    8.3 Kindesunterhalt... 188

8.4 Versorgungsausgleich 189
    8.4.1 Steuerlicher Grundsatz 189
    8.4.2 Ausschluss des VA gegen Abfindung, § 1587o BGB. 191
    8.4.3 Wiederauffüllungszahlungen bei Angestellten und Beamten 193
    8.4.4 Schuldrechtlicher VA durch Rentenzahlung 194
    8.4.5 Schuldrechtlicher VA durch Abtretung von Ansprüchen 194
    8.4.6 Schuldrechtlicher Versorgungsausgleich nach § 1587 I BGB/§ 1587 o BGB 195
    8.4.7 Neuregelung des schuldrechtlichen Versorgungsausgleiches durch das JStG 2008 196

1. Die Güterstände im Einkommensteuerrecht

Das BGB kennt **drei unterschiedliche Güterstände**:

- Den gesetzlichen Güterstand der Zugewinngemeinschaft,
- Gütertrennung,
- Gütergemeinschaft.

Auch wenn sich dies nach drei festen Kategorien anhört, so kann der gesetzliche Güterstand der **Zugewinngemeinschaft** durch Modifizierungen in vielerlei Hinsicht abgeändert werden. Hierbei sind dem Vertragsgestalter grundsätzlich keine Grenzen gesetzt – bis hin zur Denaturierung des gesetzlichen Güterstandes. So kann die modifizierte Zugewinngemeinschaft beispielsweise auch bis hin zur Gütertrennung für den Scheidungsfall jegliche Zugewinnausgleichsansprüche ausschließen.

Die **Zugewinngemeinschaft** ist vom Grundsatz her hinsichtlich der vermögensrechtlichen Zuordnung eine Gütertrennung, bei der lediglich für den Scheidungsfall oder sonstige Fälle der Beendigung der Ehe ein Zugewinnausgleich durchgeführt wird. Dabei wird für die Ehedauer der Zugewinn für jeden Ehegatten ermittelt. Derjenige Ehegatte, der den größeren Zugewinn während der Ehedauer erzielt hat, muss von der Differenz 50 % an den anderen hinauszahlen. Einkommensteuerlich hat die Zugewinngemeinschaft grundsätzlich keinerlei Auswirkungen. Sie ist nicht Voraussetzung für die Zusammenveranlagung.

Auch die **Gütertrennung** hat grundsätzlich keinerlei einkommensteuerliche Auswirkungen.

Besonderheiten gelten hingegen für den **Güterstand der Gütergemeinschaft**. Hinsichtlich der Gütergemeinschaft ist zwischen drei Vermögensmassen zu unterscheiden:

- Gesamtgut,
- Vorbehaltsgut,
- Sondergut.

Gütergemeinschaft tritt nur aufgrund eines notariell zu beurkundenden Ehevertrages ein. Grundsätzlich geht das gesamte Vermögen bei Vereinbarung von Gütergemeinschaft ins Gesamtgut über. Hieraus können erbschaftsteuerliche Folgen nach § 7 Abs. 1 Nr. 4 ErbStG eintreten. Das Gesamtgut wird grundsätzlich gemeinschaftlich von beiden Ehegatten verwaltet. Alle Entscheidungen sind grundsätzlich einstimmig zu treffen, soweit die Ehegatten nicht Abweichendes vereinbaren. Vorbehaltsgut entsteht nur, wenn dies vertraglich vereinbart wird. Dies kann sowohl bei Vereinbarung der Gütergemeinschaft als auch später vereinbart werden. Die nachträgliche Vereinbarung von Vorbehaltsgut führt zur Überführung von Vermögen aus einem Gesamtgut in das Alleineigentum des Eigentümers. Hierin ist ein Übertragungsvorgang zu sehen, der potentiell zur Aufdeckung stiller Reserven führen kann. Die Überführung von Vorbehaltsgut ins Gesamthandsvermögen kann auch nachträglich noch erfolgen.

Sondergut entsteht hinsichtlich all desjenigen Vermögens, das nicht durch Rechtsgeschäft übertragbar ist. Hierzu zählen insbesondere der Nießbrauch, beschränkte persönliche Dienstbarkeiten und bestimmte Gesellschaftsanteile, soweit nicht gesellschaftsvertraglich eine Übertragung doch gestattet ist. Nach Ansicht des BFH[1] entsteht dann kein Sondergut, wenn der Gesellschaftsanteil ohne weitere Zustimmung zwischen Ehegatten übertragen werden kann. Dies ist zwar in der zivilrechtlichen Rechtsprechung noch nicht abschließend geklärt, jedoch überzeugend. Für die einkommensteuerliche Beurteilung ist stets genau zu beachten, ob sich Vermögen im Gesamtgut, Vorbehaltsgut oder Sondergut befindet.

Einkommensteuerlich findet auf die Gütergemeinschaft **§ 15 Abs. 3 Nr. 1 EStG keine Anwendung**[2].

Hinsichtlich der Frage der Entstehung einer **Mitunternehmerschaft** ist zu unterscheiden. Handelt es sich um Einkünfte aus § 13 ff. EStG, so liegt eine land- und forstwirtschaftliche Mitunternehmerschaft vor. Auch bei Ehegatten niederländischer Staatsangehörigkeit, die in Deutschland unbeschränkt steuerpflichtig sind, reicht das Bestehen der allgemeinen Gütergemeinschaft nach niederländischem Recht grundsätzlich aus, um eine Mitunternehmerschaft zu begründen, da auch insoweit hin-

---

[1] BFH v. 19.10.2006, IV R 22/02, FR 2007, 240 m. Anm. Kanzler = DStR 2006, 2207 = DB 2006, 2664 = BB 2006, 2726 = GmbHR 2007, 47.
[2] *Schmidt/Wacker*, EStG, § 15 Rn. 377, BFH, VIII R 18/95, BStBl. II 1999, 384. Zur Auflösung der Gütergemeinschaft siehe auch *Schmidt-Liebig*, StuW 1989, 110, 117.

reichende Mitunternehmerinitiative und hinreichendes Mitunternehmerrisiko für beide Ehegatten besteht.[3] Hinsichtlich der Einkünfte aus selbständiger Arbeit steht in der Regel die persönliche Arbeitsleistung im Vordergrund. Daher kann bei Freiberuflern, die in Gütergemeinschaft verheiratet, sind keine Zurechnung als Mitunternehmerschaft erfolgen, es sei denn beide Ehegatten üben den gleichen Beruf im Rahmen der Gütergemeinschaft gemeinschaftlich aus. Anderenfalls werden die Einkünfte jeweils dem die freiberufliche Tätigkeit ausübenden Ehegatten zugerechnet. Gleiches gilt bei Einkünften aus nichtselbständiger Arbeit nach § 19 EStG. Einkünfte aus Kapitalvermögen und Einkünfte aus Vermietung und Verpachtung werden hingegen grundsätzlich beiden Ehegatten je zur Hälfte zugerechnet. Bei Einkünften aus Gewerbebetrieben ist hingegen zu differenzieren. Regelmäßig liegt eine gewerbliche Mitunternehmerschaft gem. § 15 Abs. 1 S. 1 Nr. 2 EStG vor, sofern die gewerbliche Tätigkeit auch durch das im Gesamtgut befindliche Betriebsvermögen geprägt wird. Wird hingegen die gewerbliche Tätigkeit im wesentlichen durch die persönliche Arbeitsleistung eines Ehegatten geprägt, so werden die Einkünfte dem die Tätigkeit ausübenden Ehegatten allein zugerechnet. Insoweit kommt es auf alle Umstände des Einzelfalles an.

Gehören sowohl das Betriebsgrundstück als auch die Mehrheit der Anteile der Betriebs-GmbH zum Gesamtgut einer ehelichen Gütergemeinschaft, so sind die Voraussetzungen der personellen Verflechtung i. S. d. Betriebsaufspaltung erfüllt.[4]

Die vorstehenden Grundsätze zur Abgrenzung von Einzelbetrieb oder Mitunternehmerschaft im Rahmen der Gütergemeinschaft gelten auch für die **Gewerbesteuer**.

Um stets klare Verhältnisse zu erzielen kann es sich anbieten, nicht das gesamte Vermögen im Gesamtgut der Gütergemeinschaft zu halten, sondern gezielt Vermögen auch im Vorbehaltsgut zu halten. Einkünfte, die mit dem Vorbehaltsgut erzielt werden, werden nur dem jeweiligen Eigentümer-Ehegatten zugerechnet.

Die **fortgesetzte Gütergemeinschaft** ist in § 1483 ff. BGB normiert. Die in das Gesamtgut fallenden laufenden Einkünfte sind nach herrschender Meinung allein dem überlebenden Ehegatten zuzurechnen, **§ 28 EStG**.[5]

---

[3] BFH v. 04.11.1997, VIII R 18/95, BStBl. II 1999, 384.
[4] BFH v. 26.11.1992, IV R 15/91, BStBl. II 1993, 876.
[5] Ebenso *Schmidt/Wacker*, EStG, § 15 Rn. 380.

Die Kinder der ursprünglich in Gütergemeinschaft verheirateten Ehegatten gelten insoweit daher nicht als Mitunternehmer.[6] Ein Betriebsaufgabe- oder Betriebsveräußerungsgewinn ist hingegen sowohl dem länger lebenden Ehegatten als auch den Kindern nach Maßgabe ihrer Beteiligung am Gesamtgut zuzurechnen.[7]

2. Veranlagung und Wahl der Veranlagungsart

2.1 Veranlagungsarten – Grundsatz

Gem. § 26 EStG können Ehegatten, die beide unbeschränkt einkommensteuerpflichtig i. S. d. § 1 Abs. 1 oder § 1 Abs. 2 oder des § 1 a EStG sind und nicht dauernd getrennt leben und bei denen diese Voraussetzungen zu Beginn des Veranlagungszeitraums vorgelegen haben oder im Laufe des Veranlagungszeitraums eingetreten sind, zwischen getrennter Veranlagung (§ 26 a EStG) und Zusammenveranlagung (§ 26 b EStG) wählen.

Nur für den Veranlagungszeitraum der Eheschließung gilt stattdessen das Wahlrecht der besonderen Veranlagung nach § 26 c EStG.

Nach § 26 Abs. 2 EStG findet die Zusammenveranlagung nur statt, wenn beide Ehegatten dem zustimmen. Diese Wahl der Zusammenveranlagung erfolgt in der Regel durch entsprechendes Ankreuzen auf dem Mantelbogen der Einkommensteuererklärung. Die Wahlrechtsausübung kann aber auch sonst gegenüber dem Finanzamt schriftlich oder zu Protokoll erklärt werden. Wird keinerlei entsprechende Wahlrechtserklärung abgegeben, so wird die Zusammenveranlagung durch § 26 Abs. 3 EStG vermutet, sofern die Voraussetzungen der Zusammenveranlagung vorliegen.

Hinsichtlich der Frage der unbeschränkten Steuerpflicht wird auf die einschlägige Kommentarliteratur verwiesen[8].

2.2 Trennung und Versöhnung

In den vorliegenden Fällen ist meist streitig und problematisch, ob die Ehegatten im jeweiligen Veranlagungszeitraum dauernd getrennt gelebt haben. Für die Zusammenveranlagung genügt es dabei, wenn auch nur

---

[6] BFH, I R 142/72, BStBl. II 1975, 437.
[7] BFH IV R 41/91, BStBl. II 1993, 430.
[8] Siehe auch BFH v. 13.12.2005 – XI R 5/02, DStRE 2006, 769.

an einem einzigen Tag im Veranlagungszeitraum die Voraussetzungen des nicht dauernd Getrenntlebens vorgelegen haben. Eine dauerhaft herbeigeführte räumliche Trennung wird in der Regel für das Vorliegen eines dauernden Getrenntlebens sprechen, während die eheliche Lebens- und Wirtschaftsgemeinschaft im allgemeinen noch nicht aufgehoben ist, wenn sich die Ehegatten nur vorübergehend räumlich getrennt haben, beispielsweise bei einem beruflich bedingten Auslands- oder Auswärtsaufenthalt eines Ehegatten.[9] Auch das Absitzen einer Freiheitsstrafe führt noch nicht zum dauernden Getrenntleben. Maßgebend ist der Wille zur Fortsetzung der Wirtschaftsgemeinschaft bei beiden Ehegatten.[10]

Entscheidende Bedeutung erlangt regelmäßig der (gescheiterte) **Versöhnungsversuch**. Ein solcher gescheiterter ernsthafter Versöhnungsversuch unterbricht anders als im Rahmen des § 1567 Abs. 2 BGB grundsätzlich das dauernde Getrenntleben. Danach kann durch Durchführung eines ernsthaften und nicht bloß völlig vorübergehenden Versöhnungsversuches die Voraussetzung der Zusammenveranlagung wieder erreicht werden.[11] Problematisch ist insoweit die Überprüfbarkeit entsprechender Sachverhalte. Die tatsächlichen Feststellungen hat das Finanzamt zwar von Amts wegen zu treffen, § 88 Abs. 1 AO, § 76 Abs. 1 FGO. Sollte das Finanzamt bzw. das Finanzgericht sich jedoch nicht davon überzeugen können, dass kein dauerndes Getrenntleben vorgelegen hat, so geht dies zu Lasten der Beteiligten (steuerpflichtigen Ehegatten). Das Finanzamt bzw. das Finanzgericht darf als gewichtiges Indiz auch den Inhalt der Scheidungsakte verfahrensrechtlich verwenden und daraus Rückschlüsse ziehen. Die jeweiligen Angaben widersprechen einander häufig.[12]

Hat **ein Ehegatte während eines Jahres in zwei Ehen gelebt**, so besteht das Veranlagungswahlrecht der Zusammenveranlagung nur für die neue Ehe. Der Ehegatte der geschiedenen ersten Ehe erlangt hierdurch keinen Tarifnachteil, da nach § 32 a Abs. 6 Nr. 2 EStG in entsprechenden Fällen für den Ehegatten der ersten, geschiedenen Ehe der Splittingtarif wiederum angewandt wird.

---

[9] R 26 Abs. 1 EStR.
[10] BFH, BFH/NV 2002, 483; *Seeger*, in: L. Schmidt, EStG, § 26 Rn. 10.
[11] *Seeger*, in: L. Schmidt, EStG, § 26 Rn. 11; *Bergmann*, BB 1984, 590; *W. Müller*, DStZ 1997, 86.
[12] Vgl. BFH, III B 112/02, BFH/NV 2004, 210.

2.3 Zustimmungspflichten

Aus Anlass der Scheidung von Ehegatten stellt sich immer die Frage, ob und unter welchen Voraussetzungen ein Ehegatte **verpflichtet** ist, der Zusammenveranlagung mit dem inzwischen getrennt lebenden Ehegatten für das **Trennungsjahr** (VZ) **noch zuzustimmen**. Die entsprechende Grundlage besteht in der Verpflichtung zur ewigen Lebensgemeinschaft nach § 1353 Abs. 1 S. 2 BGB.[13] Die Verpflichtung zur Zustimmung zur Zusammenveranlagung besteht allerdings nur dann, wenn der zustimmungspflichtige Ehegatte seine daraus folgenden steuerlichen Nachteile ersetzt erhält[14] und dem anspruchstellenden Ehegatten durch die Zusammenveranlagung steuerliche Vorteile entstehen. Eine Teilhabe an den steuerlichen Vorteilen kann der zustimmungspflichtige Ehegatte hingegen nicht verlangen. Dies erfolgt jedoch mittelbar gegebenenfalls bei der Unterhaltsberechnung.

Selbst bei wirtschaftlichen Schwierigkeiten des die Zustimmung zur Zusammenveranlagung beantragenden Ehegatten stellt die gesamtschuldnerische Haftung der Ehegatten nach § 26 b EStG i. V. m. § 44 AO keinen entgegenstehenden Grund dar, weil dem zustimmenden Ehegatten gegebenenfalls über die §§ 268 ff. AO die Aufteilung der Einkommensteuer zustatten kommen kann und er insoweit keinerlei steuerliche Nachteile erleidet.

Widerspricht ein Ehegatte der Zusammenveranlagung unter Verstoß gegen Treu und Glauben, so bindet dies die Finanzverwaltung nicht, wenn sie dies zweifelsfrei erkennen kann. Dies ist insbesondere bei einkommenslosen Ehegatten der Fall, dies sogar dann, wenn dem anderen Ehegatten, der die Zusammenveranlagung alleine beantragt, eine Steuerstraftat vorgeworfen wird.[15]

Der Verstoß gegen entsprechende Zustimmungspflichten kann zum Schadensersatz verpflichten.

3. Begrenztes Realsplitting

Literatur: *Münch*, Das begrenzte Realsplitting, FamRB 2006, 189

---

[13] BGH v. 03.11.2004 – XII ZR 128/02; BGH, FamRZ 1988, 143; BGH, FamRZ 2002, 1024.
[14] BGH v. 23.5.2007 – XII ZR 250/04, DStR 2007, 1408, 1409 = MDR 2007, 1196.
[15] BFH, NJW 1992, 1471.

Rechtsgrund des begrenzten Realsplitting sind § 10 Abs. 1 Nr. 1, § 22 Nr. 1 a EStG.

Durch § 1 a Abs. 1 Nr. 1 EStG wird der Anwendungsbereich des begrenzten Realsplitting auch auf Personen ausgedehnt, die nicht in Deutschland unbeschränkt einkommensteuerpflichtig sind, aber dem EU/EWR-Raum zuzurechnen sind[16].

Die Wirkungen des begrenzten Realsplitting sind ähnlich denen des echten Splittingtarifs. Die Einkünfte werden betragsmäßig begrenzt auf beide Ehegatten verteilt. Bis zur Höhe von 13.805 € p.a. kann der Zahlungspflichtige die Zahlungen daher als Sonderausgaben abziehen. Der Zahlungsempfänger hat diese Zahlungen mit dem Zufluss nach § 22 Nr. 1a EStG zu versteuern.

Prozesskosten oder Zinsen, die im Zusammenhang mit dem begrenzten Realsplitting stehen, sind nicht abzugsfähig, wohl aber Wohnungsüberlassung als Unterhalt. Dann wird allerdings für Altfälle keine Eigenheimzulage gewährt, da die Nutzungsüberlassung nicht unentgeltlich erfolgt.

Das begrenzte Realsplitting wird nur bei Zustimmung des unterhaltsberechtigten Ehegatten gewährt. Es besteht für diesen Zustimmungspflicht gegen Nachteilsausgleich. Eine Vorteilsteilhabe kann nicht verlangt werden.
Es gilt das Zuflussprinzip des § 11 EStG.

Gestaltung: Unterhalt kann günstiger sein als Zugewinnausgleich.

Gestaltung: Kapitalisierung wegen Höchstbetrag vermeiden; besser ist ein jährlicher Zufluss.

§ 1585 b Abs. 3 BGB (Unterhalt für die Vergangenheit) ist auf den Anspruch auf Nachteilsausgleich nicht – auch nicht analog – anzuwenden[17].

Die Zustimmung zum Realsplitting muss nur gegen Nachteilsausgleich erfolgen. Im Rahmen der Nachteilsausgleichungsverpflichtung beim Realsplitting hat der Unterhaltsverpflichtete grundsätzlich keine Vorauszahlungen zu erstatten. Anders ist dies nur, wenn der Unterhaltsberechtigte nicht in der Lage ist, aus vorhandenem Vermögen die Steuervor-

---

[16] Siehe dazu OFD Frankfurt Main v. 21.2.2007, DB 2007, 1222.
[17] BGH v. 11.5.2005 – XII ZR 108/02, MittBayNot 2006, 149.

auszahlungen vorzuschießen.[18] Letzteres wird in der Rechtslehre teilweise bestritten. In Ausnahmefällen besteht sogar ein Anspruch auf Vorteilsteilhabe an den steuerlichen Vorteilen des Unterhaltspflichtigen (Wiederheirat des Unterhaltspflichtigen)[19]. Dies sollte bei entsprechenden ehevertraglichen Klauseln berücksichtigt werden. Würde stattdessen eine Zustimmungspflicht des Unterhaltsberechtigten nur gegen Nachteilsausgleich vereinbart werden, könnte damit für den Fall der Wiederheirat eine nachteilige Modifikation der Rechtsprechungsgrundsätze eintreten, obwohl dies meist kaum gewollt war.

Die Zustimmung des Unterhaltsempfängers im Rahmen des begrenzten Realsplittings kann nachträglich weder zurückgenommen, noch betragsmäßig beschränkt werden. Sie kann nur mit Wirkung für ein künftiges Kalenderjahr widerrufen werden.[20] Antrag und Zustimmung des unterhaltsberechtigten Ehegatten können jedoch nachträglich erweitert und betragsmäßig erhöht werden. Dies gilt als rückwirkendes Ereignis i. S. d. § 175 Abs. 1 S. 1 Nr. 2 AO[21], so dass hierdurch die Bestandskraft eventuell bereits ergangener Bescheide durchbrochen wird.

Die Zustimmung des Empfängers zum begrenzten Realsplitting entfaltet Dauerwirkung. Sie gilt daher bis zum Widerruf weiter. Der Antrag auf Sonderausgabenabzug durch den Unterhaltsverpflichteten ist gleichwohl für jedes Kalenderjahr neu zu stellen. Der Unterhaltsverpflichtete kann für jedes Kalenderjahr neu entscheiden, ob er die Unterhaltszahlungen als Sonderausgaben abziehen möchte und wenn ja, in welcher Höhe. Nur in dem Umfang, wie der Unterhaltsverpflichtete Sonderausgaben geltend macht, wird die Zuwendung beim Unterhaltsempfänger der Besteuerung nach Maßgabe des § 22 Nr. 1 a) EStG unterworfen. Auf eine tatsächliche Steuerminderung beim Unterhaltsverpflichteten kommt es hingegen nicht an.[22]

Nach Ansicht des EuGH hat eine Zusammenveranlagung von Ehegatten, die nicht dauernd getrennt leben, auch dann stattzufinden, wenn der andere Ehegatte in einem anderen Mitgliedstaat der EU lebt, dort

---

[18] OLG Frankfurt a. M. v. 20.07.2006 – I UF 180/05, NJW-RR 2007, 219.
[19] BGH v. 23.5.2007 – XII ZR 245/04, NJW 2007, 2628 = FamRB 2007, 261. Zur Bezifferung des Realsplittingvorteils siehe die Tabellen FamRB 2008, 93 ff. Diese Tabelle ist auch maßgeblich für die Unterhaltsberechnung, da das maßgebliche Nettoeinkommen sich um den Realsplittingvorteil erhöht, S. *Schramm*, NJW-Spezial 2007, 391.
[20] OFD Koblenz v. 30.7.2007, DStR 2007, 1820.
[21] BFH v. 28.06.2006, XI R 32/05, BStBl. II 2007, 5.
[22] Siehe OFD Koblenz v. 06.08.2007.

mehr als 10 % der gemeinsamen Einkünfte und mehr als 24.000 DM erzielt, die Einkünfte dieses Ehegatten jedoch in dem anderen Mitgliedstaat nicht der Einkommensteuer unterliegen.[23]

4. ErbStG – Steuerlich maßgebliche/begünstigte Ehegattenzuwendungen

Literatur (Auswahl): *Götz,* Lebzeitiger Zugewinnausgleich unter Ehegatten – schenkungsteuerliche Vorteile und ertragsteuerliche Risiken, FR 2003, 127; *Götz,* Schenkungsteuerliche Risiken für Ehegatten bei Errichtung von Oder-Konten, NWB Fach 10, S. 1469; *Kesseler,* Nichtige Eheverträge: ein steuerlicher Segen?, ZEV 2008, 27; *Messner,* Schenkungsteueroptimierung durch Güterstandsvereinbarung, AktStR 2006, 75; *Münch,* Gütertrennung für einen Abend? – Schenkungsteuerfreie Ehegattenzuwendungen zur Vorbereitung vorweggenommener Erbfolge, StB 2003, 130; *Münch,* Steuerliche Gestaltung vorsorgender Eheverträge, FamRB 2007, 281; *O v. Oertzen/Straub,* Oder-Konten in der Abwehrberatung – steuerbare Vermögensübertragung zwischen Ehegatten?, BB 2007, 1473; *Reiche,* Gestaltungsempfehlung zur Vermeidung der Schenkungsteuerpflicht bei Zuwendungen an Ehegatten, INF 1995, 619; *Schlünder/Geißler,* Güterrechtlicher Neustart um Mitternacht oder der schenkungsteuerliche Reiz der Güterstandsschaukel (zu BFH v. 12.07.2005, II R 29/02, NJW 2007, 482); *Schneider/Hoffmann,* Übertragung an den Ehegatten hat ertragsteuerliche und erbschaftsteuerliche Vorteile, Stbg 2006, 23; *Zugmaier/Wälzholz,* Freigebige Zuwendung durch Zugewinnausgleichsforderung – keine Schenkungsteuer bei Güterstandsschaukel, aber beim fliegenden Zugewinnausgleich, NWB Fach 10, S. 1521.

4.1 Überblick über die Gestaltungsmöglichkeiten

Folgende Fälle sind anerkannt, in denen keine Steuerpflicht bei Vermögenstransfers zwischen Ehegatten eintreten, wenn entsprechende Ansprüche begründet oder erfüllt werden[24]:

– Erfüllung oder Begründung von Zugewinnausgleichsansprüchen, § 5 Abs. 2 ErbStG[25]; neuerdings ist anerkannt, dass auch rückwir-

---

[23] EuGH v. 27.01.2007 – Rs. C-329/05 – Finanzamt Dinslaken ./. Gerold Meindl, DB 2007, 951.
[24] Siehe auch *Schlünder/Geißler,* FamRZ 2005, 149.
[25] Siehe dazu BFH vom 24.08.2005 – II R 28/02, BFH/NV 2006, 63; BFH vom 12.7.2005, II R 29/02, BStBl. II 2005, 843 = FR 2006, 41 m. Komm. *Wachter; Jülicher,*

kende Modifizierungen des gesetzlichen Güterstandes und die rückwirkende Vereinbarung des gesetzlichen Güterstandes sowie die später dadurch ausgelösten Zugewinnausgleichsansprüche nach § 5 Abs. 2 ErbStG steuerfrei sind[26].

- Erfüllung oder Begründung von Unterhaltsansprüchen; nach § 13 Abs. 1 Nr. 12 ErbStG sind Zuwendungen unter Lebenden zum Zwecke des angemessenen Unterhalts oder zur Ausbildung des Bedachten auch dann von der Erbschaftsteuer befreit, wenn keine gesetzliche Unterhaltspflicht besteht.

- Hingabe von Gelegenheitsgeschenken; übliche Gelegenheitsgeschenke sind nach § 13 Abs. 1 Nr. 14 ErbStG von der Erbschaftsteuer befreit. Insoweit gilt entsprechend den Grundsätzen des Zivilrechts die sogen. relative Betrachtungsweise[27], wonach die Obergrenze der Üblichkeit sich nach den Vermögensverhältnissen von Schenker und Beschenktem richten.

- Vereinbarung entgeltlicher Austauschverträge; werden Leistungen aufgrund eines tatsächlich durchgeführten und steuerlich anzuerkennenden entgeltlichen Austauschvertrages, beispielsweise eines Angestelltenarbeitsverhältnisses oder Grundstückskaufvertrages erbracht, so ist auch dies von der Erbschaftsteuer befreit; anders ist dies bei fehlender Angemessenheit.

- Vereinbarung von Entgelt für Pflegeleistungen; die Vergütung von Pflegeleistungen steht nur dann einer freigebigen Zuwendung gem. § 7 Abs. 1 Nr. 1 ErbStG entgegen, wenn ein entsprechender entgeltlicher Pflegevertrag abgeschlossen wurde. Soweit die Pflege hingegen auf der Grundlage der §§ 1360, 1360 a BGB erbracht wurde, kann hierfür kein Entgelt erbracht werden, da die Pflegeleistung als geschuldeter Unterhalt keine Vergütung erfordert. § 13 Abs. 1 Nr. 9 ErbStG betrifft nur den Erwerb von Todes wegen.

---

[26] ZEV 2006, 338; *Kensbock/Menhorn*, DStR 2006, 1073; *Ebeling*, BB 1994, 1185; *Sasse*, BB 1998, 465; *Hüttemann*, DB 1999, 248; *Götz*, INF 2001, 417 und 460; *Zugmaier/Wälzholz*, NWB 2005, Fach 10, S. 1521 ff.
FG Düsseldorf vom 14.6.2006, 4 K 7107/02 Erb, DStRE 2006, 1470; zustimmend BayLAfSt v. 5.10.2006, S 3804 – 4 St35N, DStR 2007,26; ebenso FinMin Saar v. 3.1.2007, B/5-2 – 5/2007 – S 3804; siehe auch *Geck*, DNotZ 2007, 263, 280. So schon *Fischer*, ErbStB 2004, 231, 233.
[27] Siehe *Moench*, ErbStG, § 13 Rz. 80.

- Übertragung des Familienwohnheims[28], § 13 Abs. 1 Nr. 4 a ErbStG.

- Treuhandvereinbarungen bei Gemeinschaftskonten (Depots, Und- / Oder-Konten)[29]; wird Vermögen von einem Ehegatten auf den anderen durch Kontogutschrift übertragen, ist der Empfänger jedoch nach § 667 BGB jederzeit zur Rückübertragung auf den hingebenden Ehegatten verpflichtet, so soll nach Auffassung des BFH auch ohne Vorliegen eines ertragsteuerlich anzuerkennenden Treuhandverhältnisses i. S. d. § 39 AO keine Bereicherung beim Zuwendungsempfänger eingetreten sein[30]. Dies gilt auch bei Vermögensvermischung. Die Rechtsprechung des BFH ist insoweit großzügig, bürdet die Beweislast für das Vorliegen eines „Treuhandverhältnisses" jedoch dem Steuerpflichtigen auf.[31]

- Vermögensübertragungen, denen keine freigebige Zuwendung zugrunde liegt, sondern die gleichberechtigte und ausgewogene Vereinbarung zur Begründung einer Ehegatten-Innengesellschaft[32].

4.2 § 5 ErbStG im Scheidungsfall

Literatur:
Christ, Erbschaftsteuerliche Behandlung des Zugewinnausgleichsanspruchs, FamRB 2007, 218; *Meincke,* Familienrecht und Steuern: die Güterstandsvereinbarungen aus einkommen- und erbschaftsteuerlicher Sicht, DStR 1986, 135; *Moench,* Eheliche Güterstände und Erbschaftsteuer, DStR 1989, 299 und 344; *Münch,* Kompensation ist keine Schenkung – Familienrechtlicher Zwischenruf zur Wahrung einer einheitlichen Rechtsordnung, DStR 2008, 26; *Münch,* Steuerliche Gestaltung vorsorgender Eheverträge, FamRB 2007, 281; *Weinmann,* Güterrechtliche Modifizierungen der Zugewinngemeinschaft und Erbschaftsteuer – Än-

---

[28] Siehe dazu R 43 ErbStR. *Sasse,* BB 1995, 1613; *Geck,* ZEV 1996, 107; *Graf/Medloff,* BB 1997, 1765; *Handzik,* DStZ 1999, 416; *Tiedtke/Wälzholz,* ZEV 2000, 19; *Jülicher,* Zerb 2001, 189; *Schlünder/Geißler,* DStR 2006, 260.

[29] Siehe dazu BFH v. 18.11.2004 – II B 176/03, BFH/NV 2005, 355; BFH vom 25.1. 2001, II R 39/98, BFH/NV 2001, 908 = DStRE 2001, 656 = ZEV 2001, 326; FG Düsseldorf v. 27.7.2005 – 4 K 2596/03 Erb; *Fischer,* ErbStB 2004, 231, 236; *Geck/Messner,* ZEV 2001, 308; *Jülicher,* DStR 2001, 2177; *Götz/Jorde,* DStR 2002, 1462; *Steiner,* ErbStB 2005, 76; *Schlünder/Geißler,* ZEV 2005, 505 ff.; *Geck* ZEV 2005, 227; *Wilms/Ohler,* ErbStG, Anhang „Praktische Gestaltungen" Rz. 66.

[30] Die Finanzverwaltung folgt dieser Ansicht teilweise nicht, siehe OFD Koblenz v. 19.2.2002, S 3900 A – St 53 5, DStR 2002, 591 = DStZ 2002, 307.

[31] BFH v. 18.11.2004 – II B 176/03, BFH/NV 2005, 355.

[32] BGH vom 30. 6. 1999 – XII ZR 230/96, NJW 1999, 2962; *Gebel,* BB 2000, 2017 ff.; *Troll/Gebel/Jülicher,* ErbStG, § 7 Rz. 179; *Schlünder/Geißler,* ZEV 2005, 505, 507 f.

derungen des § 5 ErbStG im StMBG, DStR 1994, 381; *Bogenschütz*, Vereinbarung der Zugewinngemeinschaft rückwirkend auf den Zeitpunkt der Eheschließung – Änderung des § 5 ErbStG im StMBG, DStR 1994, 693; *Kuhlmann/Jebens*, StMBG: Die Behandlung des rückwirkend begründeten Zugewinnausgleichsanspruchs nach der Änderung des § 5 ErbStG, DB 1994, 1156; *Ebeling*, Die eingeschränkte ErbSt-Freiheit der Zugewinnausgleichsforderung, BB 1994, 1185; *Grund*, Erbschaftsteuerliche Grenzen der Modifizierung der Zugewinngemeinschaft – Wegfall der steuerlichen Vergünstigung nach § 5 Abs. 1 ErbStG bei umfassendem Ausschluss des Zugewinnausgleichs im Ehevertrag?, MittBayNot 2008, 19; *Sasse*, Die modifizierte Zugewinnausgleichsforderung und die Änderung des § 5 Absatz 1 ErbStG, BB 1994, 1187; *Piltz*, Rückwirkende Zugewinngemeinschaft kann erbschaftsteuerlich immer noch sinnvoll sein, ZEV 1995, 330; *Sasse*, Vorzeitiger Zugewinnausgleich bei fortbestehender Zugewinngemeinschaft, BB 1998, 465; *Hüttemann*, Zwischenzeitlicher Zugewinnausgleich bei fortgesetzter Zugewinngemeinschaft und § 5 Abs. 2 ErbStG, DB 1999, 248; *Götz*, Die Wahl des Güterstandes unter erbschaftsteuerlichen Gesichtspunkten, INF 2001, 417 und 460; *Anderegg*, Überlegungen zur Anwendung des § 5 Abs. 1 ErbStG, DB 1991, 2619; *Kusch*, Der Einfluss der Erbschaft- und Schenkungssteuer auf die Wahl des Güterstandes, StuW 2000, 246; *Hoebbel*, Rückwirkende Vereinbarung der Zugewinngemeinschaft und § 5 ErbStG, NJW 1994, 2135; *Tischer*, Erbausschlagung und Zugewinnausgleich in der Erbschaftsteuerplanung, BB 1999, 557; *Zugmaier/Wälzholz*, Freigebige Zuwendung bei Zugewinnausgleichsforderung, NWB 2005, Fach 10, S. 1521 ff.; *Wälzholz*, Aktuelle Probleme von lebzeitigen Ehegattenzuwendungen im ErbStG, FR 2007, 638

Soweit im Rahmen der Scheidung Vermögensübertragungen stattfinden und zu diesem Zwecke entweder Unterhalt oder Zugewinnausgleich gezahlt wird, so erfüllt dies seinerseits schon nicht den Tatbestand des § 7 Abs. 1 ErbStG. Daher gilt dies auch für nicht-eheliche, gleichgeschlechtliche Lebenspartner. § 5 ErbStG ist insoweit nicht konstitutiv.

Eheverträgliche Vereinbarungen sind dabei ggfs. zu berücksichtigen. Es erscheint meist ausgeschlossen, dass die getrennten Ehegatten sich im Rahmen des Scheidungsverfahrens oder im Rahmen von Scheidungsvereinbarungen unentgeltliche Zuwendungen leisten wollen.

Beispiel:
M und F haben vor 20 Jahren geheiratet. Angesichts verhältnismäßig unterschiedlicher Vermögensverhältnisse beider Ehegat-

ten hatten sie damals Gütertrennung vereinbart. Inzwischen sind 20 Jahre vergangen. Als sie ihren steuerlichen Rechtsberater aufsuchen und sich über die Vermögensnachfolge in die Nachfolgegeneration beraten lassen werden sie darüber aufgeklärt, dass sie bei Vereinbarung der Gütertrennung des Freibetrages nach § 5 Abs. 1, Abs. 2 ErbStG verlustig gehen. Sie fragen, ob es nicht möglich sei, rückwirkend bis zum Eheanfang Zugewinngemeinschaft zu vereinbaren. Gesagt – getan. Die Scheidung folgt einige Jahre später...

Zivilrechtlich ist eine rückwirkende Vereinbarung einer Zugewinngemeinschaft **problemlos** und uneingeschränkt zulässig und möglich. Steuerlich war diese lang Zeit ebenso. Erst im Jahr 1994 ist der daraus folgenden Gestaltungspraxis im Rahmen des StMBG ein Riegel vorgeschoben worden. Seit diesem Zeitpunkt schließt **§ 5 Abs. 1 Satz 4 ErbStG** die Berücksichtigung einer rückwirkenden Vereinbarung der Zugewinngemeinschaft aus. Zwingend wird danach im Rahmen des § 5 Abs. 1 ErbStG ein fiktiver Zugewinnausgleich nur insoweit berücksichtigt, als er ab dem Tage des Abschlusses des Ehevertrages zur Vereinbarung des gesetzlichen Güterstandes entstanden ist.

Die vorstehende Beschränkung gilt allerdings nur im Rahmen des § 5 Abs. 1 Satz 4 ErbStG. In **§ 5 Abs. 2 ErbStG** findet sich keine derartige Beschränkung. Wird also im Todesfall der Zugewinnausgleich nicht durch pauschale Erhöhung des Erbteils, sondern durch tatsächliches Verlagen des zivilrechtlich geschuldeten Zugewinnausgleichsanspruchs geltend gemacht, so ist die daraus resultierende Forderung grundsätzlich nach § 5 Abs. 2 ErbStG steuerfrei. Insoweit geht die **Finanzverwaltung** allerdings davon aus, dass in der damaligen rückwirkenden Vereinbarung der Zugewinngemeinschaft eine steuerpflichtige **Schenkung auf den Todesfall oder eine Schenkung unter Lebenden**, § 3 Abs. 2 Nr. 1 ErbStG, § 7 Abs. 1 Nr. 1 ErbStG verwirklicht worden sei[33]. Dies gelte zumindest, wenn durch die Vereinbarung nicht in erster Linie güterrechtliche, sondern erbrechtliche Ziele verfolgt wurden. Denn es wurde durch die rückwirkende Vereinbarung eine wesentlich erhöhte Zugewinnausgleichsforderung geschaffen. Die vorstehende Meinung der Finanzverwaltung wird in der **Rechtslehre teilweise kritisiert**. Zwischenzeitlich ist die Finanzverwaltung von der bisherigen Auffassung abgerückt.

---

[33] R 12 Abs. 2 Satz 2 ErbStR.

Mit der Scheidung erfolgt nun durch Eintritt der Bedingung nach Ansicht der Finanzverwaltung die schenkungsteuerliche Ausführung der Schenkung an den Ehegatten.

Die gleiche Problematik kann sich auch dann bei **Modifizierungen von Zugewinnausgleichsansprüchen** ergeben, wenn beispielsweise vor Durchführung der sogenannten, oben beschriebenen Güterstandsschaukel die **Zugewinnausgleichsquote von 1/2 auf 3/4 erhöht** wird, um auf diese Art und Weise mehr Vermögen bei Aufhebung des gesetzlichen Güterstandes übertragen zu können. Es ist davon auszugehen, dass die Finanzverwaltung entsprechende Gestaltungen nicht akzeptieren wird[34].

4.3 Unbenannte Zuwendungen und das Familienwohnheim

Literatur:
Schuhmann, „Unbenannte Zuwendungen" und die Schenkungssteuer, UVR 1994, 108; *Sasse*, Unbenannte Zuwendungen und die Änderung des ErbStG durch das JSTG 1996, BB 1995, 1613; *Geck*, Die Neuregelung des § 13 Abs. 1 Nr. 4 a ErbStG – offene Fragen in der Praxis, ZEV 1996, 107; *Graf/Medloff*, Die Besteuerung des Grundvermögens, insbesondere des Familienwohnheims bei Erbschaft und Schenkung, BB 1997, 1765; *Handzik*, Die schenkweise Übertragung des Familienwohnheims an den anderen Ehegatten (§ 13 Abs. 1 Nr. 4 a ErbStG), DStZ 1999, 416; *Tiedtke/Wälzholz*, Zuwendung eines Familienwohnheims im Sinne des § 13 Abs. 1 Nr. 4 a ErbStG bei teilweiser Fremdvermietung, ZEV 2000, 19; *Jülicher*, Die schenkungssteuerfreie Zuwendung eines Familienwohnheims unter Lebenden nach § 13 Abs. 1 Nr. 4 a ErbStG als Gestaltungsmittel zur Steuerminderung beim Ehegattenerwerb, Zerb 2001, 189.

4.3.1 Unbenannte Zuwendung

Zivilrechtlich sind sogenannte **unbenannte oder ehebedingte Zuwendungen** zwischen Ehegatten keine Schenkungen. Sie gelten nicht als unentgeltlich, da der Grund der Zuwendung in der Regel nicht der Bereicherung des anderen Ehegatten, sondern der Verwirklichung der ehelichen Gemeinschaft dient[35]. Diese zivilrechtliche Sicht der Dinge wurde bis ins Jahr 1994 auch erbschaftsteuerlich so akzeptiert und der Besteuerung zugrunde gelegt.

---

[34] Vgl. auch BFH vom 28.06.1989, BStBl. II 1989, 897 ff.
[35] Vgl. *Palandt/Putzo*, BGB, § 516 Rz. 10; BGHZ 115, 132; BGHZ 116, 178.

Mit seinem **Urteil vom 02.03.1994** hat der **BFH** jedoch entschieden, dass Zuwendungen unter Eheleuten unabhängig von der zivilrechtlichen Beurteilung **schenkungssteuerpflichtig** sind[36]. Seit dem ist davon auszugehen, dass sämtliche nicht voll entgeltlichen Vermögensverschiebungen zwischen Ehegatten schenkungssteuerpflichtig sind. Ein Sonderrecht der Ehegatten gibt es damit nicht mehr.

Die Rechtsprechung des BFH hat in der Rechtslehre auch Kritik erfahren.[37] Vor allem *Meincke*[38] vertritt die Ansicht, der BFH vernachlässige den subjektiven Tatbestand des § 7 Abs. 1 Nr. 1 ErbStG. Dieser erfordere eine Einigung über die Unentgeltlichkeit beider Vertragsteile oder auch einen „Willen zur Freigebigkeit", was bei Ehegattenzuwendungen regelmäßig nicht feststellbar sei.

Gleichwohl ist der Ansicht des BFH im Ergebnis aus den folgenden Erwägungen zuzustimmen[39].

4.3.2 Familienwohnheim, § 13 Abs. 1 Nr. 4 a ErbStG

Von der Steuerpflicht unbenannter Zuwendungen hat der Gesetzgeber zur Korrektur der Rechtsprechungsänderung des BFH[40] die Steuerfreiheit der lebzeitigen Zuwendung des **Familienwohnheims** unter Ehegatten angeordnet, **§ 13 Abs. 1 Nr. 4 a ErbStG**.

Für die Anwendung dieser Vorschrift sind folgende Besonderheiten zu beachten:

– Die Begünstigung des § 13 Abs. 1 Nr. 4 a ErbStG gilt nur bei Zuwendung **während bestehender Ehe** und nur bei **Übertragungen unter Lebenden**, nicht hingegen beim Erwerb von Todes wegen. Diese Privilegierung wird nach dem klaren Wortlaut auch

---

[36] BFH vom 02.03.1994, II R 59/92, BStBl. II 1994, 366; BFH vom 02.03.1994, II R 47/92, BFH/NV 1994, 907; bestätigt unter anderem durch BFH-Urteil vom 16.07.1996, VII B 44/96, BFH/NV 1996, 871.
[37] Insbesondere *Meincke*, ErbStG, 14. Auflage 2004, § 7 Rz. 85 ff.; *Crezelius*, NJW 1994, 3066 ff.
[38] *Meincke*, NJW 1995, 2769 ff.; *Meincke*, ErbStG, § 7 Rz. 87; kritisch auch *Crezelius*, NJW 1994, 3066 ff.
[39] Ebenso *Kapp/Ebeling*, ErbStG, Loseblatt, § 7 Rz. 23; *Doetsch*, DStR 1994, 638 ff.; *Albrecht*, Zerb 2002, 272 ff.
[40] Vgl. BT-Drs 13/901, S. 157; vgl. zur Entstehungsgeschichte *Kapp/Ebeling*, ErbStG, § 13 Rz. 38.1 f.

noch für Scheidungsvereinbarungen gewährt, also bei Entstehung der Steuer bis zur Rechtskraft der Scheidung.

- Die Zuwendung kann durch Übertragung von **Alleineigentum oder Miteigentum** erfolgen, sowie durch **Geldzuwendungen** zum Zwecke des Kaufs oder der Herstellung des Familienwohnheims, als **mittelbare Grundstücks-** oder Baukostenzuwendung oder als **Tilgung von Verbindlichkeiten**, die aus der Anschaffung oder Herstellung des Familienwohnheims durch den anderen Ehegatten resultieren[41]. Auf den Güterstand der Ehegatten kommt es insoweit nicht an.

- Eine **Wertobergrenze** existiert **nicht**. Durch Übertragung des Familienwohnheims oder Teilen davon können mithin in unbegrenzter Höhe Wertverschiebungen erbschaftsteuerfrei vorgenommen werden.

- Ein **Objektverbrauch existiert nicht**, so dass auch nacheinander mehrere Familienwohnheime hin und her übertragen werden können, selbst wenn jedes der Familienwohnheime einen Wert von mehreren Millionen Euro hätte. Nach Meinung der Finanzverwaltung[42] ist eine **Steuerfreiheit jedoch ausgeschlossen**, wenn durch die Übertragung der begünstigte Ehegatte Eigentümer oder Miteigentümer *mehrerer* Familienwohnheime wird.

- Die kurze Zeit später nachfolgende Veräußerung des Familienwohnheims ist unschädlich. Eine **Behaltefrist oder -pflicht besteht nicht**. Ebenso ist eine Nutzungsänderung, die nach der unbenannten Zuwendung des Familienwohnheims erfolgt unschädlich, sofern sich aus den Umständen kein Missbrauch von Gestaltungsmöglichkeiten gemäß § 42 AO ergibt.

- Das größte Problem bei der Anwendung des § 13 Abs. 1 Nr. 4 a ErbStG ergibt sich aus dem **Begriff des Familienwohnheims**. Folgende Aspekte sind dafür einzuhalten. Das Familienwohnheim muss im Inland gelegen sein, den **Mittelpunkt des familiären Lebens** bilden[43], zu eigenen Wohnzwecken der Ehegatten und der zur Familie gehörenden Kinder und Enkelkinder genutzt werden. Eine Übertragung an den anderen Ehegatten unter Nießbrauchs-

---

[41] R 43 Abs. 2 ErbStR.
[42] R 43 Abs. 2 Satz 6 ErbStR.
[43] Damit sind Ferien- und Wochenendhäuser von der Begünstigung ausgeschlossen.

vorbehalt am Familienwohnheim ist unschädlich[44]. Eine **teilweise Nutzung** des Familienwohnheims zu **anderen als Wohnzwecken**, wie die Nutzung eines Raumes als Arbeitszimmer ist unschädlich. Das gleiche gilt bei gewerblicher oder beruflicher Mitbenutzung (Arztpraxis zum Beispiel), wenn die Wohnnutzung insgesamt überwiegt und die Eigenart der Immobilie als Ein- oder Zweifamilienhaus nicht wesentlich beeinträchtigt wird[45]. Nach Meinung der Finanzverwaltung ist die Vermietung einer selbständigen Wohnung in einem Zwei- oder Dreifamilienhaus begünstigungsschädlich, so dass § 13 Abs. 1 Nr. 4 a ErbStG vollständig ausgeschlossen sein soll. Eine Aufteilung der Immobilie in einen selbst genutzten Teil und einen vermieteten Teil wird von der wohl überwiegenden Meinung abgelehnt[46].

Gestaltungshinweis:
*Aufgrund des § 13 Abs. 1 Nr. 4 a ErbStG können Immobilien wertmäßig unbegrenzt zwischen Ehegatten vollständig außerhalb der sonstigen Freibeträge verschoben werden. § 13 Abs. 1 Nr. 4 a ErbStG kann damit ein wesentliches Mittel sein, um eine optimale Verteilung des Familienvermögens aus erbschaftsteuerlicher Sicht steuerneutral zu erreichen. Sind Teile der Immobilie fremd vermietet, so ist es als sichere Gestaltung erforderlich, die Immobilie vor einer Übertragung **nach dem WEG aufzuteilen**, um so eine Eigentumswohnung als selbständiges Familienwohnheim zu schaffen.*

4.3.3 Schaukelmodelle

Schaukelmodell 1

M und F haben eine selbstgenutzte Villa mit Steuerwert von 2 Mio. Euro je zur Hälfte erworben. Nun schenkt M der F seinen ½-Anteil und vereinbart ein bedingtes Rückforderungsrecht für den Fall des Vorversterbens der Beschenkten. Später schenkt die F dem M ihren ursprünglich entgeltlich erworbenen Miteigentumsanteil, ebenso mit entsprechendem bedingtem Rückforderungsrecht.

---

[44] *Viskorf*, in: Viskorf/Glier/Hübner/Knobel/Schuck, ErbStG, § 13 Rz. 38.
[45] R 43 Abs. 1 ErbStR; *Viskorf* in: Viskorf/Glier/Hübner/Knobel/Schuck, ErbStG, § 13 Rz. 38.
[46] R 43 Abs. 1 ErbStR; *Viskorf,* in: Viskorf/Glier/Hübner/Knobel/Schuck, ErbStG, § 13 Rz. 38; andere Ansicht *Geck*, ZEV 1996, 107; *Tiedtke/Wälzholz*, ZEV 2000, 19.

Lösung: Die Hingabe ist steuerfrei nach § 13 Abs. 1 Nr. 4 a ErbStG, die spätere Rückforderung des Längerlebenden soll steuerfrei sein nach § 29 Abs. 1 Nr. 1 ErbStG. Problematisch sind die Geltung des § 29 Abs. 1 Nr. 1 ErbStG bei der gegenseitigen Alleinerbeinsetzung und § 42 AO.

Schaukelmodell 2

M hat eine selbstgenutzte Villa mit Steuerwert von 2 Mio. Euro erworben und verfügt ferner über 23 Mio. Euro Barvermögen; die F ist im Wesentlichen vermögenslos. Nun schenkt M der F seinen Grundbesitz nach § 13 Abs. 1 Nr. 4 a ErbStG. Später verkauft die F das Grundstück an den M zum vollen Kaufpreis, also ohne ErbSt und ohne GrESt. Später schenkt der M der F erneut das Grundstück. Nunmehr ist F um 4 Mio Euro bereichert – vollständig erbschaftsteuerfrei.

Auch hier droht jedoch § 42 AO.

4.4 Die Güterstandsschaukel

Literatur:
Meincke, Familienrecht und Steuern: die Güterstandsvereinbarungen aus einkommen- und erbschaftsteuerlicher Sicht, DStR 1986, 135; *Moench*, Eheliche Güterstände und Erbschaftsteuer, DStR 1989, 299 und 344; *Weinmann*, Güterrechtliche Modifizierungen der Zugewinngemeinschaft und Erbschaftsteuer – Änderungen des § 5 ErbStG im StMBG, DStR 1994, 381; *Bogenschütz*, Vereinbarung der Zugewinngemeinschaft rückwirkend auf den Zeitpunkt der Eheschließung – Änderung des § 5 ErbStG im StMBG, DStR 1994, 693; *Kuhlmann/Jebens*, StMBG: Die Behandlung des rückwirkend begründeten Zugewinnausgleichsanspruchs nach der Änderung des § 5 ErbStG, DB 1994, 1156; *Ebeling*, Die eingeschränkte ErbSt-Freiheit der Zugewinnausgleichsforderung, BB 1994, 1185; *Sasse*, Die modifizierte Zugewinnausgleichsforderung und die Änderung des § 5 Absatz 1 ErbStG, BB 1994, 1187; *Piltz*, Rückwirkende Zugewinngemeinschaft kann erbschaftsteuerlich immer noch sinnvoll sein, ZEV 1995, 330; *Sasse*, Vorzeitiger Zugewinnausgleich bei fortbestehender Zugewinngemeinschaft, BB 1998, 465; *Hüttemann*, Zwischenzeitlicher Zugewinnausgleich bei fortgesetzter Zugewinngemeinschaft und § 5 Abs. 2 ErbStG, DB 1999, 248; *Götz*, Die Wahl des Güterstandes unter erbschaftsteuerlichen Gesichtspunkten, INF 2001, 417 und 460; *Anderegg*, Überlegungen zur Anwendung des § 5 Abs. 1 ErbStG, DB 1991, 2619; *Kensbock/ Menhorn*, Zivilrechtliche und steuerrechtliche Risiken beim vorzeitigen Zugewinnausgleich, DStR

2006, 1073; *Kusch*, Der Einfluss der Erbschaft- und Schenkungssteuer auf die Wahl des Güterstandes, StuW 2000, 246; *Hoebbel*, Rückwirkende Vereinbarung der Zugewinngemeinschaft und § 5 ErbStG, NJW 1994, 2135; *Tischer*, Erbausschlagung und Zugewinnausgleich in der Erbschaftsteuerplanung, BB 1999, 557; *Zugmaier/Wälzholz*, Freigebige Zuwendung bei Zugewinnausgleichsforderung, NWB 2005, Fach 10, S. 1521 ff.

Beispiel:
M und F sind seit Jahren glücklich verheiratet. Zur Herstellung einer steuerlich optimierten Vermögensverteilung möchte M der F eine Immobilie übertragen, da sich während der Ehezeit das gesamte Vermögen bei ihm angehäuft hat. Dabei handelt es sich nicht um das Familienwohnheim im Sinne des § 13 Abs. 1 Nr. 4 a ErbStG. Die Freibeträge in Höhe von 307.000 € sind in den vergangenen 10 Jahren bereits ausgeschöpft worden. M und F fragen, ob es nicht die Möglichkeit gibt, eine steuerneutrale Übertragung durch Abschluss eines Ehevertrages zu erreichen. Bei Durchführung einer Scheidung würde derzeit M der F einen Zugewinnausgleichsanspruch in Höhe von 500.000,-- Euro schulden.

M und F können ihr Ziel erreichen. Gemäß **§ 5 Absatz 2 ErbStG** gehört die Ausgleichsforderung gemäß § 1378 BGB nicht zum Erwerb des § 3 und § 7 ErbStG, wenn der Zugewinn nach § 1371 Abs. 2 BGB ausgeglichen wird. Zu diesem Zweck können M und F mit sofortiger Wirkung **Gütertrennung vereinbaren.** Tun sie dies, so entsteht mit der Beendigung des Güterstandes der Zugewinnausgleichsanspruch. In Erfüllung des damit entstandenen Zugewinnausgleichsanspruchs können sie im gleichen Atemzuge an Erfüllungs statt die zu übertragende Immobilie vollständig **steuerfrei übertragen.** Dies setzt selbstverständlich voraus, dass der **Wert** der zu übertragenden Immobilie den Wert der Zugewinnausgleichsforderung nicht wesentlich übersteigt. Ist Letzteres der Fall, so erfolgt insoweit eine freigiebige Zuwendung, die gemäß § 7 Abs. 1 Nr. 1 ErbStG bei Überschreiten der Freibeträge steuerpflichtig sein kann. Die vorstehende Gestaltung ist allgemein anerkannt und wird auch von der **Finanzverwaltung akzeptiert**[47].
Dies gilt nach dem **BFH-Urteil vom 12.7.2005, Az. II R 29/02**, selbst dann, wenn die Eheleute vereinbaren, dass unmittelbar nach Beendigung der vorigen Zugewinngemeinschaft eine neue begründet werden

---
[47] R 12 Abs. 2 ErbStR.

soll (sog. **Güterstandsschaukel**[48]). Vorsicht ist jedoch aus ertragsteuerlicher Sicht geboten, wenn der Zugewinnausgleichsanspruch nicht in Geld beglichen wird, sondern Gegenstände unter Anrechnung auf die Ausgleichsforderung übertragen werden.

4.4.1 BFH: Keine freigebige Zuwendung bei gesetzlich entstehender Zugewinnausgleichsforderung

Die Eheleute F (Klägerin) und M schlossen 1991 einen Ehevertrag, in dem sie die Beendigung des Güterstands der Zugewinngemeinschaft mit Ablauf des Tages des Vertragsabschlusses vereinbarten; zugleich begründeten sie mit Beginn des auf den Vertragsschluss folgenden Tages erneut den Güterstand der Zugewinngemeinschaft. Den während der Dauer der Zugewinngemeinschaft bis zum Abschluss des Ehevertrags entstandenen und auszugleichenden Zugewinn berechneten die Ehegatten im Einzelnen und setzten einvernehmlich die Zugewinnausgleichsforderung der F gegen M auf 13.233.000 DM fest. Das beklagte Finanzamt sah hierin eine freigebige Zuwendung (§ 7 Abs. 1 Nr. 1 ErbStG) und setzte Schenkungsteuer gegen die F fest.

Die Begründung einer Ausgleichsforderung durch ehevertragliche Beendigung des Güterstands der Zugewinngemeinschaft (§ 1378 BGB) ist nach dem BFH, Urteil vom 12.7.2005, Az. II R 27/02, keine freigebige Zuwendung, wenn es tatsächlich zu einer güterrechtlichen Abwicklung der Zugewinngemeinschaft durch Berechnung der Ausgleichsforderung kommt. Dies gilt selbst dann, wenn die Eheleute vereinbaren, dass unmittelbar nach Beendigung der vorigen Zugewinngemeinschaft eine neue begründet werden soll (sog. **Güterstandsschaukel** oder sog. doppelter Güterstandswechsel). Dem ausgleichsberechtigten Ehegatten wird die Ausgleichsforderung nicht rechtsgeschäftlich zugewendet; sie entsteht vielmehr von Gesetzes wegen mit der Beendigung des gesetzlichen Güterstands (§ 1378 Abs. 3 S. 1 BGB). Die Begründung der Ausgleichsforderung ist somit nicht schenkungsteuerbar, wie § 5 Abs. 2 ErbStG klarstellend regelt.

Aus der in § 1408 Abs. 1 BGB statuierten Vertragsfreiheit folgt, dass der Güterstand der Zugewinngemeinschaft – auch bei Fortbestand der Ehe – beendet oder (auch rückwirkend) vereinbart werden kann. Aus ihr folgt zugleich, dass die Beendigung des gesetzlichen Güterstands und die anschließende Neubegründung bürgerlich-rechtlich zulässig sind. Diese

---

[48] Nach *Zugmaier/Wälzholz*, Freigebige Zuwendung bei Zugewinnausgleichsforderung, NWB 2005, Fach 10, S. 1521 ff.

bürgerlich-rechtliche Gestaltungsfreiheit muss auch das Schenkungssteuerrecht anerkennen, wenn es tatsächlich zu einer güterrechtlichen Abwicklung, d.h. einer Ermittlung der Ausgleichsforderung kommt. Die Beendigung des gesetzlichen Güterstands und seine anschließende Neubegründung ist – so der BFH – **regelmäßig nicht rechtsmissbräuchlich**.

Der BFH hat es ausdrücklich nicht beanstandet, dass die Güterstandsschaukel in einem einzigen Ehevertrag vereinbart worden ist. Er hat sich allerdings einer Wertung des Ehevertrags ausdrücklich enthalten und sich darauf zurückgezogen, dass das FG bindend die Beendigung des Güterstands festgestellt habe. Vertragsgestalter sollten dies zum Anlass nehmen, die Gütertrennung wirklich für einen bestimmten Zeitraum eintreten zu lassen[49].

Die Güterstandsschaukel können sich nicht nur Ehegatten zunutze machen, um nach Ausschöpfung des persönlichen Freibetrags von 307.000 Euro weitergehende Vermögensverschiebungen schenkungsteuerfrei durchzuführen. Auf diese Art und Weise können vor allem auch zwischen gleichgeschlechtlichen Partnern einer Lebenspartnerschaft Vermögensübertragungen schenkungsteuerfrei durchgeführt werden.

4.4.2 „Fliegender Zugewinnausgleich" und Vereinbarung überhöhter Ausgleichsforderungen

Die vom BFH nun anerkannte „Güterstandsschaukel" ist vom sog. **„fliegenden Zugewinnausgleich"** zu unterscheiden. Bei letzterem wird der gesetzliche Güterstand der Zugewinngemeinschaft nicht beendet, sondern die Ehegatten stellen sich lediglich schuldrechtlich so, als ob dies der Fall sei. Dieser „fliegende Zugewinnausgleich" **wird von der Finanzverwaltung nicht anerkannt** (R 12 Abs. 3 ErbStR). Der **BFH** hat sich dem mit Urteil v. 24. 8. 2005 – II R 28/02 **angeschlossen**[50]: Ein Anspruch auf Zugewinnausgleich entsteht kraft Gesetzes grundsätzlich erst mit Beendigung des gesetzlichen Güterstands (§ 1363 Abs. 2 S. 2 BGB), d. h. bei Tod eines Ehegatten, Scheidung oder Aufhebung des gesetzlichen Güterstands (§ 1414 BGB). Nur ausnahmsweise kommt in den Fällen der §§ 1385 f. BGB ein vorzeitiger Zugewinnausgleich in Betracht. Beim „fliegenden Zugewinnausgleich" wird der gesetzliche

---

[49] *Münch*, ZEV 2005, 491.
[50] Kritisch dazu *Münch*, DStR 2008, 26 ff. – insbes. bei Gegenleistung für einen anfänglichen modifizierenden Ehevertrag.

Güterstand gerade nicht beendet, so dass auch kein Zugewinnausgleichsanspruch entsteht. Gleiches soll gelten, wenn bei einem anfänglichen Ehevertrag als Ausgleich für eine Modifizierung eine Ausgleichszahlung erbracht wird[51].

Der Gestaltungsfreiheit sind auch bei Beendigung des gesetzlichen Güterstands („Güterstandsschaukel") dort Grenzen gezogen, wo einem Ehepartner eine **überhöhte Ausgleichsforderung** verschafft wird, die als freigebige Zuwendung angesehen wird. Eine überhöhte Ausgleichsforderung ist anzunehmen, soweit die tatsächliche Ausgleichsforderung, z. B. durch Vereinbarung eines vor dem Zeitpunkt des Vertragsschlusses liegenden Beginns des Güterstands oder eines abweichenden Anfangsvermögens, die sich nach §§ 1373 bis 1383 BGB und § 1390 BGB ohne Modifizierung ergebende Ausgleichsforderung übersteigt (R 12 Abs. 2 Satz 2 und 3 ErbStR).

4.5 Die rückwirkende Vereinbarung und Modifizierungen der Zugewinngemeinschaft bei § 5 Abs. 1, 2 ErbStG

Literatur:
Wie die im vorstehenden Abschnitt angeführte Literatur und DNotI-Rep. 2007, 149 ff.

Beispiel:
M und F haben vor 20 Jahren geheiratet. Angesichts verhältnismäßig unterschiedlicher Vermögensverhältnisse beider Ehegatten hatten sie damals Gütertrennung vereinbart. Inzwischen sind 20 Jahre vergangen. Als sie ihren steuerlichen Rechtsberater aufsuchen und sich über die Vermögensnachfolge in die Nachfolgegeneration beraten lassen, werden sie darüber aufgeklärt, dass sie bei Vereinbarung der Gütertrennung des Freibetrages nach § 5 Abs. 1, Abs. 2 ErbStG verlustig gehen. Sie fragen, ob es nicht möglich sei, rückwirkend bis zum Eheanfang Zugewinngemeinschaft zu vereinbaren.

Abwandlung:
Können die Ehegatten unmittelbar nachfolgend wieder Gütertrennung vereinbaren, um den Zugewinnausgleich auszugleichen.

---

[51] BFH vom 28.6.2007, II R 12/06, BFH/NV 2007, 2014 = DStRE 2007, 1516 = ZEV 2007, 500 m. Anm. *Münch*.

Abwandlung:
Können die Ehegatten unmittelbar nachfolgend wieder Gütertrennung vereinbaren und gleich wieder in den Güterstand der Zugewinngemeinschaft wechseln?

Zivilrechtlich ist eine rückwirkende Vereinbarung einer Zugewinngemeinschaft **problemlos** und uneingeschränkt zulässig und möglich. Steuerlich war dies lange Zeit ebenso. Erst im Jahr 1994 ist der daraus folgenden Gestaltungspraxis im Rahmen des StMBG ein Riegel vorgeschoben worden. Seit diesem Zeitpunkt schließt **§ 5 Abs. 1 Satz 4 ErbStG** die Berücksichtigung einer rückwirkenden Vereinbarung der Zugewinngemeinschaft aus. Zwingend wird danach im Rahmen des § 5 Abs. 1 ErbStG ein fiktiver Zugewinnausgleich nur insoweit berücksichtigt, als er ab dem Tage des Abschlusses des Ehevertrages zur Vereinbarung des gesetzlichen Güterstandes entstanden ist.

Die vorstehende Beschränkung gilt allerdings nur im Rahmen des § 5 Abs. 1 Satz 4 ErbStG. In **§ 5 Abs. 2 ErbStG** findet sich keine derartige Beschränkung. Wird also im Todesfall der Zugewinnausgleich nicht durch pauschale Erhöhung des Erbteils, sondern durch tatsächliches Verlagen des zivilrechtlich geschuldeten Zugewinnausgleichsanspruchs geltend gemacht, so ist die daraus resultierende Forderung grundsätzlich nach § 5 Abs. 2 ErbStG steuerfrei. Insoweit ging die **Finanzverwaltung bisher** allerdings davon aus, dass in der damaligen rückwirkenden Vereinbarung der Zugewinngemeinschaft eine steuerpflichtige **Schenkung auf den Todesfall oder eine Schenkung unter Lebenden**, § 3 Abs. 2 Nr. 1 ErbStG, § 7 Abs. 1 Nr. 1 ErbStG verwirklicht worden sei[52]. Dies gelte zumindest, wenn durch die Vereinbarung nicht in erster Linie güterrechtliche, sondern erbrechtliche Ziele verfolgt wurden. Denn es wurde durch die rückwirkende Vereinbarung eine wesentlich erhöhte Zugewinnausgleichsforderung geschaffen. Die vorstehende Meinung der Finanzverwaltung wird in der **Rechtslehre teilweise kritisiert**. Das FG Düsseldorf und nunmehr auch die Finanzverwaltung[53] haben sich jedoch von der vorstehenden restriktiven Auslegung distanziert. Eine freigebige Zuwendung liegt dann nicht vor, wenn die rückwirkende Änderung des Güterstandes nur einen Zustand wieder herstellt, der hätte bestehen können, wenn man es von Anfang an beim gesetzlichen Gü-

---

[52] R 12 Abs. 2 Satz 2 ErbStR.
[53] FG Düsseldorf vom 14.6.2006, 4 K 7107/02 Erb, DStRE 2006, 1470; zustimmend BayLAfSt v. 5.10.2006, S 3804 – 4 St35N, DStR 2007,26; ebenso FinMin Saar v. 3.1.2007, B/5-2 – 5/2007 – S 3804; siehe auch *Geck*, DNotZ 2007, 263, 280. So schon *Fischer*, ErbStB 2004, 231, 233; s. auch *Münch*, FamRB 2007, 281, 283.

terstand belassen hätte. Dann kann also auch rückwirkend nach Jahren der Gütertrennung in eine Zugewinngemeinschaft zurückgewechselt werden.

Beachte: Diese Modelle scheitern jedoch, wenn es nicht zum konkret berechneten Zugewinn kommt, sondern der Zugewinn im Todesfall pauschal durch Erbquotenerhöhung ausgeglichen wird. Sie wirken sich also nur im Scheidungsfall oder bei späterer Vereinbarung von Gütertrennung oder bei Tod mit Enterbung aus. Damit stellt sich dann auch die von § 42 AO bedrohte Frage des Güterstandswechsels (Abwandlungen 1 und 2). Hier sollten nach Möglichkeit hinreichende Zwischenzeiten abgewartet werden. Und auch dann verbleiben Risiken[54].

Beachte: § 5 Abs. 2 ErbStG findet nur dann Anwendung, wenn im Todesfall eines Ehegatten der andere Ehegatte entweder vollständig enterbt wurde und ihm auch kein Vermächtnis zugewandt wurde oder er eine etwaige Erbschaft oder ein etwaiges Vermächtnis wirksam ausschlägt.[55]

Die gleiche Problematik kann sich auch dann bei **Modifizierungen von Zugewinnausgleichsansprüchen** ergeben, wenn beispielsweise vor Durchführung der sogenannten, oben beschriebenen Güterstandsschaukel die **Zugewinnausgleichsquote von 1/2 auf 3/4 erhöht** wird, um auf diese Art und Weise mehr Vermögen bei Aufhebung des gesetzlichen Güterstandes übertragen zu können. Es ist davon auszugehen, dass die Finanzverwaltung entsprechende Gestaltungen nicht akzeptieren wird[56].

4.6 Erfüllung und Abfindung von Unterhaltspflichten

4.6.1 Trennungs- und Geschiedenenunterhalt

Ab einer Trennung besteht ein konkreter Unterhaltsanspruch, dessen Erfüllung keinen Schenkungsteuertatbestand erfüllt. Es fehlt an einer freigebigen Zuwendung, da weder eine objektive noch subjektive Unentgeltlichkeit gegeben ist. Ehegatten, die in Trennung leben oder geschieden sind, wollen einander nichts unentgeltlich zuwenden. Die Frage der Steuerbefreiung der Erfüllung von Unterhaltsverpflichtungen

---

[54] Siehe DNotI-Rep. 2007, 149 ff.
[55] *Christ*, FamRB 2007, 218, 220.
[56] Vgl. auch BFH vom 28.06.1989, BStBl. II 1989, 897 ff.

ist nicht in § 13 Abs. 1 Nr. 12 ErbStG geregelt. Diese Vorschrift greift nur ein, wenn keine gesetzliche Unterhaltspflicht gegeben ist.[57]

4.6.2 Vorherige Ablösung von Unterhalt für den Scheidungsfall

Leitsatz[58]:
Erhält ein Ehegatte zu Beginn der Ehe vom anderen Ehegatten als Ausgleich für einen ehevertraglich vereinbarten Teilverzicht auf nachehelichen Unterhalt einen Geldbetrag, ist dies als freigebige Zuwendung zu beurteilen. Der Teilverzicht stellt keine die Bereicherung mindernde Gegenleistung dar.

Sachverhalt: Die Klägerin und Revisionsklägerin (Klägerin) schloss am 22.7.1997 mit ihrem späteren Ehemann (E) einen notariell beurkundeten Ehevertrag, durch den u.a. Regelungen über ihren Anspruch auf nachehelichen Unterhalt getroffen wurden. Der Unterhaltsanspruch wurde gedeckelt auf monatlich höchstens (wertgesichert) 10.000 DM. Als "Gegenleistung" für den teilweisen Verzicht auf nachehelichen Unterhalt zahlte der Kläger an die Klägerin einen mit der Eheschließung fälligen Geldbetrag von 1.500.000 DM.

Der BFH sieht die Zahlung als steuerpflichtige freigebige Zuwendung an:

– Der Erwerb eines zugewendeten Gegenstandes, auf den kein Rechtsanspruch besteht, ist unentgeltlich, wenn er nicht rechtlich abhängig ist von einer den Erwerb ausgleichenden Gegenleistung des Erwerbers oder in rechtlichem Zusammenhang mit einem Gemeinschaftszweck steht. Freiwillig eingegangene Leistungspflichten schließen die Unentgeltlichkeit nicht aus[59].

– Der Unentgeltlichkeit steht es auch nicht entgegen, wenn Zuwendungen unter Ehegatten der ehelichen Gemeinschaft dienen. Der Umstand, dass zivilrechtlich der Abschluss eines Ehevertrags in der Regel keine Schenkung darstellt und ehebedingte Zuwendungen im Verhältnis zwischen den Ehegatten nicht als unentgeltlich angesehen werden, führt nicht zu einer entsprechenden schen-

---

[57] *Moench*, ErbStG, § 13 Rn. 71.
[58] BFH v. 17.10.2007, II R 53/05, DStR 2008, 348, zur Veröffentlichung im BStBl. bestimmt.
[59] BFH vom 28.6.2007, II R 12/06, BFH/NV 2007, 2014 – kritisch zu dieser Entscheidung *Münch*, DStR 2008, 26 ff.

kungsteuerrechtlichen Beurteilung. Das Erbschaft- und Schenkungsteuerrecht folgt dieser zivilrechtlichen Qualifizierung nicht, sondern stellt auf die objektive Unentgeltlichkeit ab.

- Die Klägerin hatte weder einen gesetzlichen Anspruch auf die Zuwendung noch war diese synallagmatisch, konditional oder kausal mit einer Gegenleistung der Klägerin verknüpft.

- Auch die **auf § 138 Abs. 1 BGB beruhende Wirksamkeitskontrolle** von vor der Eingehung der Ehe geschlossenen Eheverträgen führt nicht zu einem Zahlungsanspruch des potentiell Unterhaltsberechtigten bereits bei Beginn der Ehe, sondern nur zur Unwirksamkeit des Verzichts.

- Der teilweise Verzicht der Klägerin auf nachehelichen Unterhalt stellt auch keine Gegenleistung im schenkungsteuerrechtlichen Sinn dar. Dies ergibt sich sowohl aus § 7 Abs. 3 ErbStG als auch aus § 4 des Bewertungsgesetzes (BewG). Nach § 7 Abs. 3 ErbStG werden Gegenleistungen, die nicht in Geld veranschlagt werden können, bei der Feststellung, ob eine Bereicherung vorliegt, nicht berücksichtigt. Diese Vorschrift ist auch anwendbar, wenn der Bedachte als *"Gegenleistung"* für eine Zuwendung auf Ansprüche verzichtet, die ihm möglicherweise in Zukunft gegen den Zuwendenden zustehen werden und die bei Vollzug der freigebigen Zuwendung nicht bewertet werden können. Dies gilt auch, wenn auf die Chance verzichtet wird, Vermögenswerte zu erlangen, die wie die Ausgleichsforderung bei Beendigung des Güterstands der Zugewinngemeinschaft (§ 1378 BGB) nicht zum Erwerb i.S. der §§ 3 und 7 ErbStG gehören (§ 5 Abs. 2 ErbStG). Der teilweise Verzicht der Klägerin auf nachehelichen Unterhalt erfüllt § 7 Abs. 3 ErbStG. Bei der Zahlung des Betrags von 1.500.000 DM war ungewiss, ob und wann die Ehe später wieder geschieden wird und ob die Klägerin nach einer etwaigen Scheidung ohne Berücksichtigung der ehevertraglichen Vereinbarungen nach den gesetzlichen Vorschriften der §§ 1569 ff. BGB nachehelichen Unterhalt in einer über den vereinbarten Höchstbetrag hinausgehenden Höhe beanspruchen könnte. Es ist nicht möglich, die Höhe eines etwaigen nachehelichen Unterhaltsanspruchs bereits zu Ehebeginn hinreichend genau zu bestimmen und so den Wert des teilweisen Verzichts auf diesen Unterhaltsanspruch auf diesen Zeitpunkt zu ermitteln.

- Der Berücksichtigung des teilweisen Verzichts der Klägerin auf nachehelichen Unterhalt als Gegenleistung für die Geldzuwendung des Ehemannes steht schenkungsteuerrechtlich auch § 4 BewG entgegen. Danach werden Wirtschaftsgüter, deren Erwerb vom Eintritt einer aufschiebenden Bedingung abhängt, erst berücksichtigt, wenn die Bedingung eingetreten ist. Die Vorschrift hat als Bewertungsregel nicht nur für die Feststellung des steuerpflichtigen Erwerbs (§ 10 ErbStG) Bedeutung, sondern ist als allgemeiner steuerrechtlicher Grundsatz schon bei der Ermittlung der objektiven Bereicherung, d.h. schon im Rahmen des § 7 ErbStG zu beachten. Da der Anspruch der Klägerin auf nachehelichen Unterhalt durch die Scheidung aufschiebend bedingt ist, kann ihr teilweiser Verzicht darauf nicht als die Freigebigkeit ganz oder teilweise ausschließende Gegenleistung beurteilt werden.

- Die Zuwendung des Geldbetrags an die Klägerin erfüllt auch den subjektiven Tatbestand des § 7 Abs. 1 Nr. 1 ErbStG. Er ist gegeben, wenn der Zuwendende in dem Bewusstsein handelt, zu der Vermögenshingabe weder rechtlich verpflichtet zu sein noch dafür eine mit seiner Leistung in einem synallagmatischen, konditionalen oder kausalen Zusammenhang stehende Gegenleistung zu erhalten, und auch nicht annimmt, dass seine Leistung in einem rechtlichen Zusammenhang mit einem Gemeinschaftszweck steht. Der Kläger kannte alle Umstände, die zur Beurteilung der Geldzahlung als freigiebige Zuwendung führen. Er wusste, dass er kraft Gesetzes weder zum Abschluss des Ehevertrags noch zur Zusage des Geldbetrags verpflichtet war. Sollte er angenommen haben, dass der von der Klägerin erklärte Teilverzicht auf nachehelichen Unterhalt als eine deren Bereicherung ausschließende Gegenleistung zu werten sei und deshalb keine freigebige Zuwendung vorliege, würde es sich lediglich um einen unbeachtlichen Subsumtionsirrtum handeln.

- **Gestaltung**: Gestalterisch lässt sich dieses Problem nur lösen, indem die Gegenleistung indexiert wird und nur und erst bei Eintritt der Trennung fällig wird. Ob dann das Scheidungsverfahren bis zum Abschluss gebracht werden muss, ist eine andere Frage. Ob ohne eine solche Regelung nach § 29 Nr. 3 ErbStG mit dem Eintritt der Trennung der Schenkungsteuertatbestand als rückwirkendes Ereignis wegfällt, ist noch nicht entschieden, m.E. aber zu bejahen.

4.7 Anrechnen auf Zugewinnausgleichsansprüche nach § 1380 BGB, § 29 Abs. 1 Nr. 3 ErbStG

Gem. § 29 Abs. 1 Nr. 3 ErbStG fällt die Steuerpflicht für den ursprünglichen Vermögenstransfer weg und ist als rückwirkendes Ereignis (§ 175 Abs. 1 Nr. 2 AO) rückabzuwickeln, wenn später ein Zugewinnausgleichsanspruch im Fall des § 5 Abs. 2 ErbStG wegen einer Zuwendung zwischen Ehegatten unter Anrechnung auf den Zugewinnausgleichsanspruch nach § 1380 BGB gekürzt wird[60]. Diese Vorschrift ist eine entscheidende Bestimmung, um schädliche Wirkungen von Ehegattenzuwendungen zu vermeiden. Regelmäßig erfolgen Ehegattenzuwendungen ohne Beachtung einer strikten Vermögenstrennung. Die meisten Ehegatten, die im Güterstand der Zugewinngemeinschaft verheiratet sind, haben keinerlei Gefühl dafür, dass sie getrennte Vermögen haben. Häufig erfolgen aufgrund dessen Vermögenstransfers, deren Unentgeltlichkeit den Ehegatten nicht bewusst ist, sondern die regelmäßig erst per Zufall durch die Finanzverwaltung aufgedeckt werden. In diesen Fällen ist guter Rat teuer. § 29 Abs. 1 Nr. 3 ErbStG hilft weiter. Wurde die Zuwendung unter Anrechnung auf eventuelle Zugewinnausgleichsansprüche durchgeführt, so muss nach Verwirklichung einer freigebigen Zuwendung i. S. d. § 7 Abs. 1 Nr. 1 ErbStG lediglich nachfolgend eine Gütertrennung vereinbart werden und auf diesen Zeitpunkt der Zugewinnausgleich ausgeglichen werden. Soweit durch den ursprünglichen Vermögenstransfer bereits zukünftige Zugewinnausgleichsansprüche vorab erfüllt wurden (§ 1380 BGB[61]), ist insoweit eine gegebenenfalls ausgelöste Erbschaftsteuer zu berichtigen. Diese Gestaltungsmöglichkeit gibt allen Ehegatten – in den Grenzen des Steuerstrafrechts – die Möglichkeit, „sorglos" das Vermögen hin- und herzuschieben. Nachsorge ist ja möglich. Problematisch sind insoweit lediglich Transfers zugunsten desjenigen Ehegatten, der im Falle der Vereinbarung von Gütertrennung zugewinnausgleichspflichtig wäre. Denn diese erhöhen lediglich seine Zahlungen und werden nicht nach § 29 Abs. 1 Nr. 3 ErbStG neutralisiert.

Einer besonderen Form bedarf die Bestimmung nach § 1380 BGB zur Anrechnung auf Zugewinnausgleichsansprüche nicht. Dies erfolgt regelmäßig konkludent, wenn Vermögenszuwendungen durchgeführt

---

[60] Siehe dazu *Götz*, DStR 2001, 417 ff.; *Geck*, DNotZ 2007, 263, 279.
[61] Siehe zu den Berechnungsmodalitäten *Erman/Heckelmann*, BGB, § 1380 Rz. 6; *Palandt/ Brudermüller*, BGB, § 1380 Rz. 10; *Bamberger/J.Mayer*, BGB, § 1380 Rz. 6 ff.

werden, die das unter Ehegatten Übliche überschreiten (§ 1380 Abs. 1 S. 2 BGB) und nicht als Unterhaltsbeiträge anzusehen sind.[62]

4.8 Leistung an Erfüllungs statt, BFH v. 16.12.2004 – III R 38/00

Literatur: *Wälzholz*, Vorsicht Falle: Leistungen an Erfüllungs statt als ertragsteuerliche Veräußerung, Stbg 2005, 447; *Tiedtke*, Die ertragsteuerliche Behandlung von Leistungen an Erfüllungs Statt im Rahmen des Zugewinnausgleichs und zur Abgeltung von Pflichtteilsansprüchen, DB 2003, 1471; *Tiedtke/Wälzholz*, Private Veräußerungsgeschäfte (Spekulationsgeschäfte) nach § 23 EStG im Rahmen von Trennungs- und Scheidungsvereinbarungen, RNotZ 2001, 380

Das Urteil des BFH[63] vom 16.12.2004 behandelt eine überaus praxisrelevante Problematik aus dem Grenzbereich zwischen Einkommensteuerrecht und Zivilrecht. Der BFH hatte vereinfacht folgenden Sachverhalt zu entscheiden:

Ein Unternehmerehepaar war an einer GmbH & Co. KG wie folgt beteiligt: Frau als Komplementärin mit einem Kapitalanteil von 800.000 DM; Mann als Kommanditist zu 50.000,- DM. Die Frau verstarb und wurde vom Mann allein beerbt. Die zwei gemeinschaftlichen Kinder machten Pflichtteilsansprüche geltend, die so abgegolten wurden, dass der Vater jedem Kind 100.000,- DM zur Verfügung stellte, mit denen sie sich als Kommanditisten an der GmbH & Co. KG beteiligten.

Der BFH entschied, dass durch die vorstehende Gestaltung der Vater jeweils Teile des geerbten Unternehmens entgeltlich an seine Kinder veräußert und insoweit einen laufenden, nicht nach §§ 16, 34 EStG begünstigten Gewinn erzielt hat.

Dies ist auch bei den Fällen der sog. Güterstandsschaukel[64] zu beachten. Zu Vermeidungsstrategien siehe die Ausführungen zu § 23 EStG.

5. Grunderwerbsteuerfreiheit von Scheidungsvereinbarungen

Literatur: *Boruttau*, Grunderwerbsteuer, Kommentar, 15. Auflage, 2002; *S. Gottwald*, Grunderwerbsteuer – einführende Darstellung für Praktiker,

---

[62] *Palandt/ Brudermüller*, BGB, § 1380 Rz. 8; *Bamberger/J.Mayer*, BGB, § 1380 Rz. 5.
[63] III R 38/00, BStBl. II 2005, 554.
[64] BFH v. 12.7.2005 – II R 29/02, DStR 2005, 1772.

2. Auflage 2004; *Hoffmann*, Grunderwerbsteuergesetz Kommentar, 8. Auflage 2004; *Pahlke/Franz*, Grunderwerbsteuergesetz Kommentar, 3. Auflage 2005.

Nach § 3 Nr. 4 GrEStG sind Erwerbe zwischen Ehegatten von der Grunderwerbsteuer befreit, selbst wenn sie grunderwerbsteuerbar sind.

Diese Begünstigung des § 3 Nr. 4 GrEStG endet mit Beendigung der Ehe, also mit Aufhebung der Ehe in den Fällen des § 1314 BGB, mit Wiederverheiratung nach Todeserklärung des bisherigen Ehegatten, § 1319 Abs. 2 BGB bzw. mit Tod des Ehegatten oder Rechtskraft des Scheidungsurteils, § 1564 BGB.[65]

Für Zeiten nach der Rechtskraft der Scheidung der Ehe gilt daher ergänzend § 3 Nr. 5 GrEStG. Danach ist von der Besteuerung ausgenommen der Grundstückserwerb durch den **früheren** Ehegatten des Veräußerers im Rahmen der Vermögensauseinandersetzung nach der Scheidung.

Ziel dieser Norm ist es, Vermögensauseinandersetzungen und Grundbesitzübertragungen aus Anlass der Scheidung einer Ehe nicht mit Grunderwerbsteuer zu belasten.[66] Handelt es sich hingegen um einen regulären Verkauf, der nicht anlässlich der Ehescheidung stattfindet, sondern wie unter fremden Dritten gegen regulären Kaufpreis abgewickelt wird, so kann § 3 Nr. 5 GrEStG nicht eingreifen. Für Lebenspartner i. S. d. Lebenspartnerschaftsgesetzes kann diese Vorschrift nicht entsprechend angewandt werden. Auch für Veräußerungen zwischen Verlobten oder Mitgliedern sonstiger nichtehelicher Lebensgemeinschaften scheidet eine entsprechende Anwendung aus.[67]

Durch § 3 Nr. 5 GrEStG sind regelmäßig diejenigen Fälle begünstigt, in denen bisher Miteigentum oder eine Gesamthandsberechtigung am Grundbesitz bestand. Dies ist jedoch nicht erforderlich, so dass auch bei Alleineigentum eines Eigentümers diese Begünstigungsvorschrift eingreifen kann.[68] Sogar der Erwerb von Grundbesitz nach Rechtskraft der Ehescheidung soll hiervon noch erfasst sein, sofern der Weiterübertragungsvorgang im Rahmen der Vermögensauseinandersetzung erfolgt.[69]

---

[65] *Pahlke/Franz*, GrEStG, § 3 Rn. 217.
[66] BT-Drs. 9/251 S. 18.
[67] *Pahlke/Franz*, GrEStG, § 3 Rn. 220 a. E.
[68] *Pahlke/Franz*, GrEStG, § 3 Rn. 224.
[69] *Pahlke/Franz*, GrEStG, § 3 Rn. 224.

Die Befreiungsvorschrift ist an keine Frist gebunden. Ist hingegen die Vermögensauseinandersetzung zwischen den Ehegatten bereits vollständig abgeschlossen, sowohl Versorgungsausgleich, Unterhalt und Zugewinnausgleich oder die Auseinandersetzung der Gütergemeinschaft bereits vollständig abgewickelt, so kann später nicht mehr von § 3 Nr. 5 GrEStG Gebrauch gemacht werden. Die Beweislast für den Zusammenhang mit der Vermögensauseinandersetzung als Scheidungsfolge tragen die Ehegatten.

Unter Vermögensauseinandersetzung ist nicht nur die Auseinandersetzung des Güterstandes gemeint, sondern ebenfalls Regelungen zum nachehelichen Unterhalt, zum Kindesunterhalt oder zum Versorgungsausgleich oder die Auseinandersetzung sonstiger Gemeinschaften zwischen den Ehegatten.[70]

Für die Beendigung einer Gütergemeinschaft ist gleichgültig, ob der Grundbesitz sich im Gesamtgut, Sondergut oder Vorbehaltsgut befunden hat, soweit nur der Zusammenhang mit der Gesamtauseinandersetzung der Gütergemeinschaft besteht.

Bei Anrechnung auf eine Zugewinnausgleichsforderung oder sonstige nachehelich bedingte Ansprüche ist stets § 3 Nr. 5 GrEStG anzuwenden.[71]

6. Spekulationsgeschäfte iSd. § 23 EStG, § 17 EStG und Scheidungsvereinbarungen

6.1 Gegenstand des Spekulationsgeschäftes – Grundstück, grundstücksgleiches Recht, Gebäude

Nach § 23 Abs. 1 Nr. 1 EStG liegt ein privates Veräußerungsgeschäft vor, wenn ein Beteiligter ein **Grundstück oder grundstücksgleiches Recht (Erbbaurecht, Mineralgewinnungsrecht)** angeschafft hat und binnen einer Zeit von zehn Jahren wieder veräußert. Hierunter fallen ganze Grundstücke, Miteigentumsanteile oder Teilflächen von Grundstücken. Auch das **Erbbaurecht**, Wohnungs- oder Teileigentum und Mineralgewinnungsrechte unterliegen der Besteuerung nach § 23 EStG. Hinsichtlich der weiteren Besonderheiten bei Erbbaurechten sei auf die Ausführungen weiter unten verwiesen. § 23 EStG erfasst als

---

[70] *Boruttau/Sack*, GrEStG, § 3 Rn. 379; *Hoffmann*, GrEStG, § 3 Rn. 33.
[71] *Hoffmann*, GrEStG, § 3 Rn. 33.

grundstücksgleiche Rechte auch das **selbständige Gebäudeeigentum** nach den Vorschriften des Beitrittsgebiets gemäß **Art. 231, 233 EGBGB**, sowie die nach Art. 196 EGBGB nach Landesrecht als Immobiliarrechte ausgestalteten Rechte wie das **Bergrecht** oder das **Fischereirecht**[72]. Bloße schuldrechtliche Übereignungsansprüche, Dienstbarkeiten oder ein **Nießbrauch**[73] fallen hingegen nicht unter § 23 Abs. 1 S. 1 Nr. 1 EStG. Umstritten ist dies hinsichtlich des **Dauerwohnrechts**[74]. M.E. ist dies jedoch abzulehnen, da es sich zivilrechtlich um ein reines Nutzungsrecht in der Form einer Dienstbarkeit handelt und § 23 EStG insoweit an das Zivilrecht anknüpft[75]. Aus diesem Grund ist auch ein **Sondernutzungsrecht** kein Grundstück i.S.d. § 23 Abs. 1 Nr. 1 EStG. Diese Frage ist jedoch höchstrichterlich nicht geklärt.

Alle Rechte die **nicht der Nr. 1** des § 23 EStG unterliegen, können bei Veräußerung binnen eines Jahres nach Anschaffung **jedoch in den Anwendungsbereich** des § 23 Abs. 1 S. 1 **Nr. 2** EStG fallen. Diese Frist wurde durch die Unternehmensteuerreform 2008 auf zehn Jahre verlängert, sofern das Wirtschaftsgut Nutzungserträge vermittelt.

6.2 Anschaffung und Veräußerung – Allgemein

Anschaffung im Sinne des Gesetzes sind alle entgeltlichen Verträge, die auf Erwerb des wirtschaftlichen Eigentums an einem Grundstück oder grundstücksgleichen Recht gerichtet sind. **Veräußerung** ist jeder entgeltliche Vertrag, der auf Übertragung des wirtschaftlichen Eigentums an einem Grundstück oder grundstücksgleichen Recht gerichtet ist. Beide Vorgänge entsprechen sich spiegelbildlich. Eine **Spekulationsabsicht** ist nicht erforderlich. Eine Anschaffung oder Veräußerung im Sinne dieser Norm ist nicht nur ein **Kaufvertrag**, sondern beispielsweise auch ein **Tausch**. Ein schlichtes **Angebot** auf Abschluss eines solchen Vertrages ist noch keine Veräußerung oder Anschaffung i.S.d. § 23 EStG[76]. Die bloße Einräumung eines **Vorkaufsrechts**[77] erfüllt

---

[72] *Glenk*, in: Blümich, EStG, § 23 Rn. 33.
[73] Vgl. zum Einfluss eines Nießbrauchsrechts auf die Spekulationsbesteuerung *B. Hartmann/B. Meyer*, FR 2001, 757 ff.
[74] *Jansen*, in: Herrmann/Heuer/Raupach, EStG, § 23 Rn. 135 m. w. N. Die erstmalige Bestellung ist jedoch unproblematisch, da keine Veräußerung; vgl. insoweit die Ausführungen zum Erbbaurecht.
[75] Vgl. BFH vom 04.10.90, X R 148/88, BStBl II 1992, 211 ff.; bestätigt durch BFH vom 10.07.96, X R 103/95, BStBl. II 1997, 678 ff.
[76] Vgl. unten und *Crezelius*, in: Kirchhof/Söhn, EStG, § 23 Rn. B 62; *Kuhlmann*, in: Frotscher, EStG, § 23 Rn. 33; *Reich*, ZNotP 2000, 375, 382.

ebensowenig dessen Voraussetzungen. Der Vertrag über die entgeltliche Abtretung von Restitutionsansprüchen steht einer entgeltlichen Anschaffung oder Veräußerung gleich[78].

Eine Veräußerung liegt auch vor, wenn die Beteiligten "**Verhältnisse schaffen, die wirtschaftlich** einem **Kaufvertrag gleichstehen**, vor allem, wenn besondere Umstände hinzutreten, die dem Käufer wirtschaftliches Eigentum verschaffen"[79]. Dies kann **beispielsweise**[80] durch bindende wechselseitige Kaufangebote, kombiniert mit Darlehensverträgen und Miet- oder Erbbauverträgen bewirkt werden, wenn eine Situation geschaffen wird, die dem „Käufer" faktisch die volle Einfluss- und Nutzungsmöglichkeit für den Grundbesitz einräumt und der „Verkäufer" das Geld bereits erhält.

Auch ein **Vorvertrag** oder ein aufschiebend oder auflösend **bedingter Kaufvertrag** können eine Veräußerung i.S.d. § 23 EStG erfüllen[81]. Kommt es allerdings später nicht zum Vollzug des Vertrages, z.B. wegen Eintritts der auflösenden Bedingung und fließt der Kaufpreis dementsprechend nicht, so wird § 23 EStG nicht *vollständig* erfüllt und fällt keine Steuer an.

6.3 Veräußerung bei Scheidungsvereinbarungen

Hinsichtlich der Gestaltung von Scheidungsvereinbarungen ist ganz genau zwischen unterschiedlichen Gestaltungen und Sachverhalten zu unterscheiden.

---

[77] *Crezelius,* in: Kirchhof/Söhn, EStG, § 23 Rn. B 62; *Jansen,* in: Herrmann/Heuer/Raupach, EStG, § 23 Rn. 58; dies gilt m. E. auch bei einem solchen mit vorab festgelegtem Preis.
[78] FG Berlin vom 27.11.2002, 6 K 6388/00, DStRE 2003, 792 (Rev. BFH Az. IX R 14/03).
[79] *Heinicke,* in: Schmidt, EStG, §§23 Rz. 18 mit folgenden Beispielen: Eigenbesitz vor Kaufvertrag oder Vorwegnahme des dinglichen Rechtsgeschäfts ohne das schuldrechtliche; vgl. auch BFH vom 15.01.1974, VIII R 63/68, BStBl. II 74, 606.
[80] Zu weiteren Details siehe bei dem Kapital „Gestaltungsüberlegungen" unter „Angebot und Annahme", unter XIII.
[81] BFH vom 13.12.1983, VIII R 16/83, BStBl. II 1984, 311 für einen Fall mit Bewilligung einer Auflassungsvormerkung und Sicherungshypothek zur Sicherung des Kaufpreises.

Beispiel[82]**:**
F und M wollen sich scheiden lassen. Nach Durchführung des Scheidungsverfahrens sind noch vermögensrechtliche Streitigkeiten anhängig, unter anderem hinsichtlich des Verbleibs eines Mietwohngrundstücks, das beiden je zur Hälfte gehört. In einem Vergleich einigen sich beide, dass F den Grundbesitz übernehmen kann und dafür als Gegenleistung einen Betrag von X Euro zu zahlen bzw. Verbindlichkeiten allein zu übernehmen habe.

Nach Meinung des BFH[83] wird durch diesen Vorgang **§ 23 EStG verwirklicht (Fallgruppe 1).** Dieser Fall ist weist keine Besonderheiten auf. Wird zwischen Ehegatten mithin wie unter fremden Dritten Eigentum gegen eine Gegenleistung (Geld oder Übernahme von Verbindlichkeiten) übertragen oder ein Tausch durchgeführt, ist die Anwendbarkeit des § 23 EStG nicht zweifelhaft. Es gibt insoweit **kein „Ehegattenprivileg",** auch nicht im Zusammenhang mit Scheidungsverfahren oder Vermögensauseinandersetzungen. Dies würde noch deutlicher, wenn es sich im BFH-Fall nicht um die Übernahme von Verbindlichkeiten gehandelt hätte, sondern um bare Ausgleichszahlungen.

Grundsätzlich sind Verträge zwischen nahen Angehörigen nur anzuerkennen, wenn sie einem **sog. Fremdvergleich**[84] standhalten. Die Grundsätze des sog. Fremdvergleichs rechtfertigen es jedoch nicht, an Stelle einer im Vertrag **tatsächlich vereinbarten Leistung** der Besteuerung eine höhere Gegenleistung unter Hinweis darauf zugrunde zu legen, dass eine solche unter fremden Dritten gefordert (und erbracht) worden wäre[85].

Beispiel[86]**:**
Der Ehemann erwarb durch notariellen "Übertragungs- und Ehevertrag" vom 4. März 1994 von seiner von ihm getrennt lebenden Ehefrau 1/2 Grundstücksanteil. Die Übertragung erfolgte zur Auseinandersetzung über diesen Vermögensgegenstand wegen der

---

[82] Vgl. BFH vom 30.7.1998, X B 92/98, BFH/NV 1999, 173; ebenso *Sauren*, DStR 2000, 60, 61..
[83] Ebenda. Ebenso *Sauren* ebenda.
[84] Vgl. BFH vom 20.10.1997, IX X 38/97, BStBl. II 1998, 106.
[85] So BFH vom 31.05.2001, IX R 78/98, BStBl II 2001, 756 = BFH/NV 2001, 1333= DStR 2001, 1697 f. = NJW 2001, 3359= DB 2001, 1911.
[86] Nach BFH vom 31.05.2001, IX R 78/98, BStBl II 2001, 756 = BFH/NV 2001, 1333 = DStR 2001, 1697 f. = NJW 2001, 3359 = DB 2001, 1911

bevorstehenden Scheidung zu einem Kaufpreis von 148.000 DM. Am 27.5.1995 verkaufte der Kläger das gesamte Grundstück zu einem Preis von 540 000 DM. Das Finanzamt berücksichtigte im Zusammenhang mit der Grundstücksveräußerung des von der damaligen Ehefrau erworbenen Grundstücksanteils einen Spekulationsgewinn in Höhe von 112.624 DM (die Hälfte des Verkaufspreises des gesamten Grundstücks nach Abzug der durch die Veräußerung entstandenen Kosten = 260.624 DM Netto-Veräußerungspreis ./. 148.000 DM Anschaffungskosten des Grundstücksanteils). Demgegenüber machte der Kläger geltend, der Spekulationsgewinn betrage nur 23.178,50 DM. Er habe im Rahmen der Scheidung seine damalige Ehefrau von sämtlichen aus der Ehe stammenden Schulden (in Höhe von ca. 428.000 DM) freigestellt.

Nach Meinung des BFH[87] kann nicht im Hinblick auf den Fremdvergleich zwischen nahen Angehörigen ein Kaufpreis zugrundegelegt werden, der nicht tatsächlich vereinbart wurde, insbesondere nicht ein solcher, den fremde Dritte vereinbart hätten[88]. Maßgeblich ist die volle tatsächlich vereinbarte und erbrachte Gegenleistung. Wurde ein unter dem tatsächlichen Verkehrswert liegender Veräußerungspreis vereinbart, so ist das Rechtsgeschäft **in einen entgeltlichen und einen unentgeltlichen Teil aufzuspalten.**

Fraglich ist die Behandlung eines Falles **(Fallgruppe 2)**, wenn keine Ausgleichszahlung als Gegenleistung für die Übertragung des Grundstücksanteils, sondern ein **Grundstück** *zur Erfüllung,* **also als Leistung an Erfüllungs statt für den Zugewinnausgleichsanspruch** hingegeben wird[89]. Es handelt sich hier um das bereits oben behandelte Problem der Hingabe an Erfüllungs statt, die teilweise[90] (wohl h.M.) als

---

[87] BFH vom 31.05.2001, IX R 78/98, BStBl II 2001, 756 = BFH/NV 2001, 1333 = NJW 2001, 3359 = DB 2001, 1911.
[88] So noch die Vorinstanz, das FG Münster, EFG 1998, 1132.
[89] *Reich* (ZNotP 2000, 375, 379) will danach unterscheiden, ob die Vereinbarung vor der Scheidung getroffen wird oder danach. Würde die Vereinbarung danach getroffen, so sei ein Zugewinnausgleichsanspruch entstanden, es handele sich um einen Fall der entgeltlichen Leistung an Erfüllungs Statt. Vor der Scheidung sei der Zugewinnausgleichsanspruch nicht entstanden, daher gebe es (möglicherweise) keine Gegenleistung i.S.d. § 23 EStG, also keine Veräußerung. Diese Differenzierung übersieht, dass der Zugewinnausgleichsanspruch bei Vereinbarung von Gütertrennung *sofort* entsteht, nicht erst mit Rechtskraft der Scheidung.
[90] BFH vom 15.02.1977, VIII R 175/74, BStBl. II 1977, 389 ff.; ebenso wohl BFH vom 30.7.1998, X B 92/98, BFH/NV 1999, 173 durch Bezugnahme auf das vorgenannte Urteil.; *Koch/Spiegelberger,* DAI-Skript Unternehmenssteuerreform 2001, S. 139

entgeltliches Anschaffungsgeschäft behandelt wird, nämlich wie ein Kauf, dessen Kaufpreiszahlungsanspruch mit einem Zugewinnausgleichsanspruch aufgerechnet wird. Dies entspricht nunmehr ausdrücklich der Meinung der Finanzverwaltung[91]. Das gleiche gilt nach deren Meinung bei Hingabe an Erfüllungs statt oder gegen Verzicht auf **Unterhaltsansprüche**. Ggfs. sind die Grundsätze für teilentgeltliche Geschäfte anzuwenden. Der BFH[92] sieht auch in einem reinen Auseinandersetzungsvertrag im Rahmen einer Scheidungsvereinbarung eine entgeltliche Vereinbarung.

Die OFD Frankfurt am Main und die OFD München befassen sich nach dem Wortlaut der Erlasse nur mit der Leistung an Erfüllungs statt gemäß § 364 BGB.

Die Rechtsprechung[93] ist in anderem Zusammenhang bisher davon ausgegangen, eine Leistung gegen Verzicht auf einen Zugewinnausgleichsanspruch bzw. als Abfindung für den Verzicht sei entgeltlich. Daher ist damit zu rechnen, dass auch bei einer solchen Vertragsgestaltung eine Besteuerung nach § 23 EStG erfolgt.

Das Problem in allen vorstehend geschilderten Sachverhaltsvarianten besteht darin, dass zunächst ein Zugewinnausgleichsanspruch entsteht, zu dessen Erfüllung (§ 364 BGB) oder für dessen Verzicht Leistungen erbracht werden, die nach h.M. entgeltliche Gegenleistungen darstellen, so dass ein Veräußerungsvorgang im Sinne des § 23 EStG verwirklicht wird. Dies lässt sich möglicherweise durch Vereinbarung einer **modifizierten Zugewinngemeinschaft** dergestalt vermeiden, dass der Zugewinn für alle Fälle außer bei Beendigung der Ehe durch den Tod ausgeschlossen wird. Diese Vereinbarung vermeidet bekanntlich die Ent-

---

(entgeltliches Geschäft, das bei Betriebsvermögen zur Gewinnrealisierung führt); *Wacker,* in: Schmidt, EStG, § 16 Rz. 599 m. w. N.; *Jansen,* in: Herrmann/Heuer/Raupach, EStG, § 23 Rn. 250 „Zugewinnausgleich"; a. A. *Tiedtke,* FR 1977, 539 ff.; *ders.* FR 1985, 631 ff.; *Wachter,* MittBayNot 2000, 162, 167; *Glanegger,* in: Schmidt, § 6 Rz. 157; *Tiedtke/Wälzholz,* NotBZ 2000, 237 ff.; *Götz,* FR 2003, 127 ff.

[91] OFD Frankfurt/Main vom 5.2.2001 und gleichlautenden Erlass der OFD München vom 26.6.2001, DB 2001, 1533 f. = DStR 2001, 1299 f.; vgl dazu kritisch *Tiedtke/Wälzholz,* RNotZ 2001, Heft 9 = DStZ 2002, 8 ff.; wie die Finanzverwaltung hingegen FG Köln vom 30.4.2003, 7 K 6553/01, rkr, DStRE 2004, 216.

[92] BFH vom 31.7.2002, X R 48/99, BStBl. II 2003, 282 (zu Betriebsvermögen). Vgl. zu ähnlichen Problemen BFH vom 25.6.2003, X R 72/98, DStRE 2003, 1132.

[93] Vgl. dazu auch BFH vom 07.04.1992, VIII R 59/89, BStBl. II 1992, 809 ff., BFH vom 03.06.1986, IX R 2/79, BStBl. II 1986, 674 ff.

stehung von Gütertrennung[94]; ein **Zugewinnausgleichsanspruch entsteht mithin nicht**[95]. Eine Leistung an Erfüllungs statt scheidet daher ebenso aus wie die Bewertung eines Anspruchs, auf den verzichtet, der also erlassen wird. Wird als „Gegenleistung" für eine solche Vereinbarung folglich Grundbesitz übertragen, so lässt sich die Meinung vertreten, eine in Geld bezifferbare Gegenleistung bestehe nicht. Eine Veräußerung i.S.d. § 23 EStG liege daher nicht vor. Eindeutige Stellungnahmen aus der Rechtsprechung oder der Rechtslehre zu dieser Gestaltung liegen jedoch, soweit ersichtlich, bislang nicht vor. Die Ähnlichkeit mit einem Verzicht auf einen entstandenen Zugewinnausgleichsanspruch ist jedoch so groß, dass diese Gestaltung einen Versuch wert ist – **wirklich sicher** ist sie bis zu einer Klärung durch die Rechtsprechung **jedoch nicht.**

Hermanns[96] rät in solchen Fällen dazu, die Übertragung vor Entstehung eines Zugewinnausgleichsanspruchs, also vor Abschluss einer Scheidungsvereinbarung durchzuführen, nämlich als **unentgeltliche Übertragung** unter Anrechnung auf den **Zugewinnausgleichsanspruch nach § 1380 BGB** – ein sehr interessanter Gedanke! Auch diese Gestaltung hat jedoch bereits Widerspruch erfahren[97].

Weiterhin wird eine **Stundung nach § 1382 BGB bis zum Ablauf der 10-jährigen Spekulationsfrist** vorgeschlagen; dann muss allerdings auch das entsprechende Veräußerungsgeschäft selbst bis zum Ablauf der Stundung hinausgeschoben werden. Tritt sogleich eine Bindung ein und wird nur der Vollzug bis zum Ende der Stundung hinausgeschoben, ändert dies nichts an der Steuerpflicht des Vertrages nach § 23 EStG.

Schließlich wird noch die **richterliche Zuweisung nach § 1383 BGB unter Anrechnung auf den Zugewinnausgleich** als Möglichkeit der Steuervermeidung genannt[98]. Zur Vermeidung der Steuerpflicht nach § 23 EStG wird teilweise vorgeschlagen, einen Antrag nach § 1383 BGB zu stellen. Danach kann gem. § 1383 BGB beim Familiengericht beantragt werden anzuordnen, dass dem Gläubiger des Zugewinnaus-

---

[94] Vgl. *Diederichsen*, in: Palandt, BGB, § 1408 Rn. 18 m. w. N.; vgl. ausführlich zur modifizierten Zugewinngemeinschaf, insbes. bei Unternehmerehen, *Plate*, MittRhNotK 1999, 257 ff., dort auch unter C) I.1. und 2.
[95] Vgl. auch *Hermanns*, Strategien zur Vermeidung eines privaten Veräußerungsgeschäftes bei der Vermögensauseinandersetzung unter Eheleuten, DStR 2002, 1065 ff.
[96] *Hermanns*, DStR 2002, 1065 ff.
[97] *Hollender/Schlütter*, DStR 2002, 1932 ff.
[98] *Schröder*, FamRZ 2002, 1010.

gleichsanspruchs bestimmte Gegenstände aus dem Vermögen des Schuldners unter Anrechnung auf die Ausgleichsforderung übertragen werden. Diese Gegenstände, deren Übertragung begehrt wird, sind in dem Antrag nach § 1383 Abs. 2 BGB genau zu bezeichnen. Voraussetzung für die Anwendbarkeit dieser Vorschrift ist ferner, dass die Anordnung erforderlich ist, um eine grobe Unbilligkeit für den Gläubiger zu vermeiden und dass diese Anordnung dem Schuldner zumutbar ist. Dieser Vorschlag[99] ist jedoch zumindest ungesichert, da auch ein entsprechend beantragter gerichtlich erzwungener Übertragungsvorgang den § 23 EStG erfüllen kann. Denn auf eine besondere Freiwilligkeit kommt es hierfür nicht an.

Die vorstehenden Probleme treten nicht auf, wenn es sich um eine zu **eigenen Wohnzwecken** genutzte Immobilie handelt, § 23 Abs. 1 S. 1 Nr. 1 S. 3 EStG. Hier ist jedoch **Vorsicht** geboten! Zu Recht weist *Gottwald*[100] auf die Gefahr hin, dass in **Trennungsfällen** möglicherweise die Vorschriften über die **Eigennutzung** nicht eingehalten werden.

Beispiel:
M und F wollen sich scheiden lassen. M hat 1999 eine Eigentumswohnung gekauft, in der zunächst beide Ehegatten gewohnt haben. Ende 2004 haben M und F sich getrennt. M ist ausgezogen. F bewohnt die Wohnung seitdem unentgeltlich allein. Anfang 2005 wollen beide eine Scheidungsvereinbarung treffen, in der F die Wohnung erhält, dazugehörige Verbindlichkeiten übernimmt und auf Zugewinnausgleich verzichtet.

Die unentgeltliche **Nutzungsüberlassung an** den getrennt lebenden **Ehegatten** ist **keine Eigennutzung** im Sinne des Gesetzes[101]. Die Voraussetzungen des § 23 Abs. 1 S. 2 Nr. 1 S. 3 EStG sind daher nach Meinung der Finanzverwaltung[102] nicht erfüllt, da der Eigentümer M die Wohnung nicht eine ausreichende Zeit zu eigenen Wohnzwecken genutzt hat. An dem Ergebnis würde sich nichts ändern, wenn die Wohnung im Beispielsfall fünf Jahr früher angeschafft worden und anschließend jahrelang zu eigenen Wohnzwecken genutzt worden wäre.

Die unentgeltliche Nutzungsüberlassung der ganzen Wohnung an einen Angehörigen gilt nur dann als Nutzung des Eigentümers zu eigenen

---

[99] Siehe *Karasek*, FamRZ 2002, 590 ff.
[100] MittBayNot 2000, 8, 12, Fn. 38; ebenso *Meurer*, EStB 2001, 139.
[101] BMF vom 5.10.2000, MittBayNot 2000, 581 Tz. 22 f.
[102] BMF vom 5.10.2000, MittBayNot 2000, 581 Tz. 22 f.

Wohnzwecken, wenn es sich bei dem Begünstigten um **ein zum Kindergeldbezug/ Kinderfreibetrag berechtigendes Kind** gemäß § 32 Abs. 6 EStG[103] handelt. Damit hat der BMF sich gegen die entsprechende Anwendung des § 4 S. 2 EigZulG gewandt[104].

Anders liegen die Dinge jedoch, wenn **unterhaltsberechtigte Kinder** vorhanden sind, die die Wohnung **gemeinsam mit dem Elternteil** nutzen.

Abwandlung:
Die Eheleute M und F leben seit März 2002 getrennt. Sie haben zwei gemeinsame Kinder K1 und K2. Dem Ehemann gehört die bisher zu eigenen Wohnzwecken genutzte Ehewohnung allein. Er ist im März 2002 aus der Ehewohnung ausgezogen und hat diese bis zum Abschluss der Scheidungsvereinbarung im Jahre 2004 seinen minderjährigen Kindern, die von seiner Ehefrau betreut werden, unentgeltlich zur Nutzung überlassen. Die Beteiligten wollen eine Scheidungsvereinbarung wie im Ausgangsbeispiel treffen.

In dieser Abwandlung sind die Voraussetzungen des § 23 Abs. 1 S. 1 Nr. 1 S. 3 EStG erfüllt, da die Wohnung **unentgeltlich Kindern überlassen** wurde, die zum Bezug von Kindergeld bzw. zum Abzug des Kinderfreibetrages berechtigen. Dass die **Mutter** diese Wohnung **ebenfalls bewohnt**, da sie sich um die Kinder kümmert, ist m.E. **unschädlich**[105]. Die Scheidungsvereinbarung kann in der Abwandlung folglich **steuerneutral** abgeschlossen werden.

Ggfs. sollte in den vorstehenden Problemfällen zur Vermeidung eines Spekulationsgeschäftes mit einem **bindenden Angebot** gearbeitet werden, das erst nach Ablauf der Spekulationsfrist angenommen werden kann.

---

[103] BMF, Erlass vom 5.10.2000, MittBayNot 2000, 581, Tz. 23; *Obermeier*, NWB Fach 3, S. 11450, 11466; *Seitz*, DStR 2001, 277, 280; *Reich*, ZNotP 2000, 479, 485.

[104] A. A. *Sauren*, DStR 2000, 60, 62; wie BMF: *Paus*, INF 1999, 513, 516; *Kohlrust-Schulz*, NWB Fach 3, 10775, 10779. *Niedenführ*, in: Herrmann/Heuer/Raupach, Sonderband, § 23 EStG Rz. R 16; *Tiedtke/Wälzholz*, NotBZ 2000, 133 ff.

[105] Vgl. auch zur unschädlichen Mitbenutzung durch andere Personen *Obermeier*, NWB Fach 3, S. 11450, 11466. Die Finanzverwaltung hat dies nicht ausdrücklich angeordnet.

6.4 Weitere Gestaltungsüberlegungen im Rahmen des § 23 EStG

Viele steuerlich vorteilhafte Gestaltungen[106] sind mit **zivilrechtlichen Risiken** verbunden. Daher sollten einige der nachfolgend dargestellten Möglichkeiten vom Notar nur mit **großer Vorsicht** vorgeschlagen werden. Die Absicherung der zusätzlichen Risiken bedarf teilweise eines erheblichen Regelungsaufwandes. Die Grenzen zwischen seriöser Steuerberatung und unseriösen Steuersparmodellen sollten nie überschritten werden.

6.4.1 Angebot und Annahme

Beispiel:
A hat sich 2003 ein Grundstück gekauft, das er im Jahre 2009 mit Gewinn weiterverkaufen will. Er überlegt, ob und inwieweit er dem Käufer K ein bindendes Angebot unterbreiten soll, das dieser nach Ablauf der zehnjährigen Spekulationsfrist annehmen kann. Für die Zwischenzeit würde er gerne vorläufige Sicherungen vereinbaren.

Die Steuerpflicht nach § 23 EStG entsteht nur, wenn innerhalb der Spekulationsfrist ein bindendes schuldrechtliches Veräußerungsgeschäft zustande kommt. Ein **bloßes Angebot** des Käufers oder des Verkäufers löst die Steuerpflicht noch nicht aus[107]. Ein Angebot, das frühestens nach Ablauf der zehnjährigen Spekulationsfrist angenommen werden kann, führt mithin zur Steuerfreiheit. Der Notar sollte die Beteiligten darauf hinweisen, dass der **Angebotsempfänger keinerlei Bindungen** unterliegt. Die Bindung ist nur einseitig. Diese Lösung wird den Interessen der Beteiligten häufig nicht gerecht. Gangbar ist dieser Weg in der Regel nur bei **Fällen der vorweggenommenen Erbfolge**[108]. Die Praxis hat für Verträge zwischen fremden Dritten nach Wegen gesucht, den **Angebotsempfänger dennoch zu binden**.

---

[106] Die nachfolgenden Gestaltungsüberlegungen sind weitgehend unverändert übernommen aus *Tiedtke/Wälzholz*, NotBZ 2000, 237 ff.
[107] Vgl. BFH vom 07.08.1970, VI R 166/67, BStBl. II 1970, 806; *N. Mayer*, MittBayNot 1997, 78, 83; *Jansen*, in: Herrmann/Heuer/Raupach, EStG, § 23 Rn. 56; *Reich*, ZNotP 2000, 375, 382.
[108] Hier widerspricht dieses Vorgehen hingegen meist den erbschaftsteuerlichen Zielen, die 10-Jahresfrist für die mehrfache Ausnutzung der Freibeträgen sofort Gang zu setzen.

Beispiel:
Der Verkäufer gibt ein bindendes Angebot ab. Die (zukünftigen) Vertragsparteien kombinieren diese Abrede mit einem Kredit des Käufers an den Verkäufer in Höhe des Kaufpreises. Der Darlehensanspruch wird nach den Bestimmungen des Kreditvertrages mit dem später fälligen Kaufpreis verrechnet. Der Käufer darf den Grundbesitz bereits mit Grundpfandrechten belasten. Ferner wird ein begleitender Mietvertrag abgeschlossen oder ein Nießbrauch oder Erbbaurecht eingeräumt, so dass der Käufer zur Nutzung und/oder Bebauung des Grundbesitzes befugt ist. Für den Fall der Nichtannahme des Angebotes wird eine Vertragsstrafe in Höhe von einem Viertel des Kaufpreises vereinbart.

Eine **Anschaffung oder Veräußerung** liegt bereits vor, wenn die Beteiligten "**Verhältnisse schaffen, die wirtschaftlich einem Kaufvertrag gleichstehen**, vor allem, wenn (wie hier) besondere Umstände hinzutreten, die dem Käufer **wirtschaftliches Eigentum** verschaffen"[109]. Im zweiten Beispiel lässt sich die Besteuerung nach § 23 EStG daher nicht vermeiden. In ähnlich gelagerten Fällen ist der BFH[110] stets von einem die Veräußerung vorwegnehmenden Rechtsgeschäft ausgegangen, das zur Anwendung des Spekulatstatbestandes führt. Einen derartigen Vorschlag sollte der Notar, der dazu verpflichtet ist, den sichersten Weg zu weisen[111], deshalb gar nicht erst machen. Ob im Einzelfall das **Risiko** eingegangen werden kann, einzelne begleitende Abreden zu treffen, ist eine andere Frage. In jedem Fall ist *äußerste* **Vorsicht** geboten.

Als **steuerunschädlich** hat der BFH[112] aber folgenden Sachverhalt eingestuft: Ein Steuerpflichtiger verpachtete ein Grundstück und räumte gleichzeitig dem Pächter ein persönliches, durch Auflassungsvormerkung gesichertes Vorkaufsrecht mit festgelegtem Kaufpreis ein. Der Pächter durfte das Grundstück bereits bebauen und mit Grundpfand-

---

[109] *Heinicke*, in: Schmidt, EStG, §§23 Rz. 18 mit folgenden Beispielen: Eigenbesitz vor Kaufvertrag oder Vorwegnahme des dinglichen Rechtsgeschäfts ohne das schuldrechtliche; vgl. auch BFH vom 15.01.1974, VIII R 63/68, BStBl. II 74, 606. Vgl. auch *Reich*, ZNotP 2000, 375, 382.

[110] Vgl. hierzu die Beispiele aus der Rechtsprechung BFH vom 15.01.1974, VIII R 63/68, BStBl. II 1974, 606; BFH vom 07.08.1970, VI R 166/67, BStBl. II 1970, 806; BFH vom 23.01.1992, IV R 95/90, BStBl. II 1992, 553 (Angebot mit Vormerkung, zinslosem Darlehen, Duldungsvereinbarung und Vertragsstrafe); BFH vom 23.09.1966, VI 147/65, BStBl. III 1967, 73; abweichend FG Hamburg, vom 10.01.1985, I 182/81, EFG 1985, 501.

[111] *Keidel/Winkler*, BeurkG, 14. Auflage 1999, §§17 Rz. 69 m.w.N.

[112] BFH vom 19.10.1971, VIII R 84/71, BStBl. II 1972, 452 ff.

rechten belasten und gab dem Eigentümer kurze Zeit später ein bindendes Angebot auf Erwerb des Grundstückes ab.

Risikolos ist ein derartiges Vorgehen jedoch gewiss nicht!

Nach alledem wäre **allenfalls** die folgende Gestaltung **erfolgversprechend**: Pacht-/ Mietvertrag oder Einräumung eines Erbbaurechtes mit dem Recht zur Bebauung und Abgabe eines bindenden Angebotes *ohne* Bewilligung einer Auflassungsvormerkung. Eine Bindung des Verkäufers wird am sichersten vermieden, wenn nicht er, sondern der Käufer das Angebot abgibt. Der umgekehrte Fall ist risikoreicher. Zusätzlich können die Beteiligten ein schuldrechtliches Vorkaufsrecht mit festgelegtem Kaufpreis vereinbaren. Der bedingte Anspruch aus dem Vorkaufsrecht kann durch Auflassungsvormerkung gesichert werden. Kern dieses Vorschlags ist das schuldrechtliche, vormerkungsgesicherte Vorkaufsrecht. Der Erwerbsanspruch selbst ist noch nicht gesichert. Das Vorkaufsrecht nimmt nach der überzeugenden Ansicht des BFH[113] nicht die Veräußerung selbst vorweg, da dessen Ausübung von Seiten des Verkäufers einen weiteren Rechtsakt, den Drittkaufvertrag voraussetzt, der in dessen Belieben steht. Gleichzeitig mindert die eingetragene Vormerkung die Verkehrsfähigkeit des Grundstücks erheblich.

Die **Miet-, Pacht- oder Erbbauzinsen sollten regulär gezahlt und keinesfalls mit dem zukünftigen Kaufpreis verrechnet** werden. Von einer Kombination der vorstehenden Regelungen mit einer Vertragsstrafe oder einem Darlehen ist abzuraten. Unschädlich scheint dagegen das Recht des Mieters/ Pächters zu sein, den Grundbesitz bereits mit Grundpfandrechten zur Finanzierung der Bebauung zu belasten. Bei Verwendung eines Erbbaurechts kann der Berechtigte das Erbbaurecht selbst als Kreditsicherheit belasten.

6.4.2 Verwendung von Erbbaurechten

Beispiel:
A hat am 01.02003 ein bebautes Grundstück für 500.000 Euro gekauft. Im Jahre 2008, also vor Ablauf der zehnjährigen Spekulationsfrist, will er das Grundstück an den Erwerber E veräußern. Zur Vermeidung der Besteuerung als Spekulationsgeschäft

---

[113] BFH vom 19.10.1971, VIII R 84/71, BStBl. II 1972, 452 ff.

überlegt A, ob er E gegen Zahlung eines wertgesicherten Erbbauzinses ein Erbbaurecht einräumen soll.

Sowohl nach dem bisherigen als auch nach dem neuen Recht ist die **Identität** zwischen erworbenem und veräußertem Wirtschaftsgut Voraussetzung für die Anwendung des § 23 EStG, es sei denn, das Gesetz ordnet ausdrücklich das Gegenteil an, wie dies bei der Einbeziehung von Gebäuden gemäß § 23 Abs. 1 Nr. 1 S. 2 EStG geschehen ist. Das **Erbbaurecht und das Eigentum** am angeschafften Grundstück sind jedoch **nicht identisch**; es handelt sich um unterschiedliche dingliche Rechte[114]. Die **erstmalige Einräumung** eines Erbbaurechtes gegen Zahlung eines Erbbauzinses oder Einmalbetrag ist daher **nicht nach § 23 EStG steuerbar**[115].

Zur Vermeidung von Missverständnissen sei jedoch ausdrücklich darauf hingewiesen: Sowohl einmalige als auch laufende **Erbbauzinsen** unterliegen beim Grundstückseigentümer jedoch der – zeitlich gestreckten – **Besteuerung nach § 21 EStG**, Einkünfte aus Vermietung und Verpachtung. Die Vermeidung des § 23 EStG sollte daher vor allem zur Überbrückung von Zeiträumen bis zum Ablauf der Spekulationsfrist dienen. Es ist genau auf die Ausgestaltung der Modalitäten im Detail zu achten.

Abwandlung:
E will sich auf den Erwerb eines Erbbaurechtes nur einlassen, wenn er das Grundstück samt aufstehendem Gebäude nach Ablauf der Bestellungszeit des Erbbaurechts unentgeltlich übernehmen kann.

Wie bei den Gestaltungen mit einem bindenden Angebot ist es bei der Einräumung eines Erbbaurechtes zu vermeiden, bereits durch die Begründung dieses Rechtes das **wirtschaftliche Eigentum** an dem Grundstück gemäß § 39 AO übergehen zu lassen. Dies würde eine Besteuerung nach § 23 EStG auslösen.

Grundsätzlich ist der **Erbbauberechtigte nicht wirtschaftlicher Eigentümer (§ 39 AO) des Erbbaugrundstücks**, sondern nur der darauf

---

[114] FG Baden-Württemberg, vom 30.09.1992, 14 K 81/91, EFG 1993, 233; *Glenk,* in: Blümich, EStG, §§23 Rz. 42 m. w. N.
[115] Ebenso BMF vom 5.10.2000, MittBayNot 2000, 581 Tz. 14; *Schmidt-Liebig,* FR 1998, 177, 181; *Sauren,* DStR 2000, 60, 61; FG Bremen, vom 13.12.1974, I 98/73, EFG 1975, 158, 159; vgl. auch BFH vom 10.12.1992, IV R 115/91, BStBl. II 1993, 342 f.

errichteten Gebäude und Anlagen[116]. Daran ändert auch die Einräumung eines Vorkaufsrechtes nichts. Anders ist dies hingegen, wenn in dem **Erbbauvertrag bereits alle Regelungen für die Übertragung des Eigentums** an dem Grundstück **getroffen** werden und nur noch der Vollzug der Übertragung aussteht und der Zeitpunkt ungewiss ist[117]. Zur Grunderwerbsteuer hat der BFH[118] entschieden, es liege bei wirtschaftlicher Betrachtung ein Kauf vor, wenn ein Erbbaurecht gegen Zahlung eines Einmalbetrages auf die Dauer von 100 Jahren eingeräumt, dem Erbbauberechtigten aber gleichzeitig in einem bindenden Erbvertrag vermächtnisweise das Grundstück zugewandt und eine Auflassungsvormerkung für eine im Erbvertrag begründete bedingte Übereignungsverpflichtung bewilligt werde. Diese Grundsätze gelten auch für § 23 EStG. Ebenso wird der Erbbauberechtigte wirtschaftlicher Eigentümer, wenn er "nach den Bestimmungen des Erbbaurechtsvertrages die **unentgeltliche Übertragung des Erbbaugrundstücks verlangen** kann"[119]. In der Abwandlung sollte A sich daher nicht auf die Wünsche des E einlassen. Die Verwendung der in der Praxis üblichen Erbbaurechtsvertragsmuster[120] ist jedoch im Hinblick auf § 23 EStG unproblematisch.

Als **unschädlich** hat es sich **in der Praxis** erwiesen, bei einem im übrigen aller Ankaufs-, Vorkaufs- oder Verlängerungsrechte entkleideten Erbbaurecht mit verhältnismäßig niedrigem Erbbauzins, *den Erbbauberechtigten* **ein bindendes Ankaufsangebot** an den Grundstückseigentümer abgeben zu lassen. Da *der Grundstückseigentümer* keine weiteren Erklärungen, Angebote o.ä. abgegeben hat, sind für *ihn* keine Bindungen entstanden, die einen kaufähnlichen Charakter erlangen könnten.

Das Erbbaurecht ist ein grundstücksgleiches Recht im Sinne des § 23 Abs. 1 Nr. 1 EStG. Nach h.M. ist auch der *erstmalige* **Erwerb** eines Erbbaurechts eine entgeltliche **Anschaffung** i.S.d. § 23 EStG[121].

---

[116] *Weber-Grellet*, in: Schmidt, EStG, § 5 Rz. 157 a. E., 270 m. w. N.
[117] BFH vom 02.05, 1984, VIII R 276/81, BStBl. II 1984, 820.
[118] Urt. vom 03.11.1982, II R 82/81, BStBl. II 1983, 165.
[119] *Schmidt-Liebig*, FR 1998, 177, 180 m.w.N.
[120] Beispielsweise: Beck´sches Formularbuch zum Bürgerlichen, Handels- und Wirtschaftsrecht, Muster IV. 35.
[121] BMF vom 5.10.2000, MittBayNot 2000, 581 Tz. 14; BFH vom 30.11.976, VIII R 202/72, BStBl. II 1977, 384; zustimmend *Schmidt-Liebig*, FR 1998, 177, 182; a. A. *Paus*, INF 1999, 513, 514; *Jansen*, in: Herrmann/Heuer/Raupach, EStG, §§ 23 Rz. 135 "Erbbaurecht".

Im Hinblick auf § 17 BeurkG sollten die Beteiligten – bei aller Freude am Steuernsparen – auf die gravierenden Unterschiede zwischen einem Erbbaurecht und einem Untererbbaurecht sowie die damit verbundenen **Risiken** hingewiesen werden.

6.5 Das Parallelproblem bei Einkünften aus VuV

Die Überlassung eines Grundstücks zur Erfüllung eines Zugewinnausgleichsanspruchs ist nach Auffassung des BFH **entgeltlich**.[122] In dem vom BFH zu entscheidenden Sachverhalt war die Überlassung eines Grundstücks ohne weitere Gegenleistung für einen Zeitraum von acht Jahren vereinbart worden und damit ein Zugewinnausgleichsanspruch in Höhe von 156.954,00 DM beglichen worden. Damit ist ein Zufluss von Einnahmen aus Vermietung und Verpachtung nach § 11 Abs. 1 EStG pro rata temporis erfolgt.

Der BFH weist erfreulicherweise darauf hin, dass sich die **Überlassung der Wohnung aufgrund einer Unterhaltsvereinbarung** insoweit unterscheidet, wenn die Gewährung von Wohnraum Inhalt des Unterhaltes als solchem sei. In einem derartigen Fall handele es sich nicht um Einkünfte aus Vermietung und Verpachtung; der Nutzungswert könne jedoch im Rahmen des Realsplittings als Unterhaltsleistung geltend gemacht werden.[123]

7. Gewerblicher Grundstückshandel und Scheidungsvereinbarungen

Rechtsprechung und Finanzverwaltung habe sich bisher kaum mit dem Themenkomplex von Scheidungsvereinbarungen und gewerblichem Grundstückshandel auseinandergesetzt. Die Berührungspunkte sind gering und bestehen nur in Folgendem:

7.1 Dogmatische Einordnung des gewerblichen Grundstückshandels

Die Definition eines Gewerbebetriebes findet sich in § 15 Abs. 2 Satz 1 EStG. Dort heißt es:

---

[122] BFH v. 08.03.2006 – IX R 34/04, BFH/NV 2006, 1280.
[123] Siehe auch BFH v. 17.03.1992 – IX R 264/87, BStBl. II 2002, 1009.

Eine selbständige nachhaltige Betätigung, die mit der Absicht, Gewinn zu erzielen, unternommen wird und sich als Beteiligung am allgemeinen wirtschaftlichen Verkehr darstellt, ist Gewerbebetrieb, wenn die Betätigung weder als Ausübung von Land- und Forstwirtschaft noch als Ausübung eines freien Berufs noch als eine andere selbständige Tätigkeit anzusehen ist.

Die **Definition eines Gewerbebetriebs** hat folgende **positive Merkmale**:

- selbständige Tätigkeit,

- nachhaltige Betätigung,

- Gewinnerzielungsabsicht,

- Beteiligung am allgemeinen wirtschaftlichen Verkehr.

Ferner setzt der Gewerbebetrieb zwei ausdrücklich genannte **negative Abgrenzungsmerkmale** voraus:

- keine Tätigkeit der Land- und Forstwirtschaft,

- keine selbständige Tätigkeit.

Über die vorgenannten negativen Merkmale hinaus hat die Rechtsprechung ein **drittes negatives Merkmal** eines Gewerbebetriebs entwickelt. Es ist in § 15 Abs. 2 EStG nicht ausdrücklich erwähnt, sondern folgt aus § 14 AO. Danach liegt ein Gewerbebetrieb nicht vor, wenn sich die Betätigung lediglich als **Verwaltung eigenen Vermögens** darstellt.

Beispiel[124]:
Der Steuerpflichtige S hat von seinen Eltern ein Mietshaus geerbt, in dem sich 20 Eigentumswohnungen befinden. Das Gebäude ist bereits vor 50 Jahren von seinen Eltern angeschafft worden, damals von seinen Eltern bereits nach dem WEG aufgeteilt worden und die vergangenen 50 Jahre stets vermietet worden. 15 Jahre nach dem Erbfall entschließt S sich dazu, sein

---

[124] Vgl. BFH vom 16.1.1996, VIII R 11/94, BFH/NV 1996, 676; BFH vom 8.2.1996, IV R 28/95, BFH/NV 1996, 747, *Spindler,* in: Hildesheim, Haus- und Grundbesitz im Steuerrecht, Tz. 30080 Rn. 37.

Vermögen umzuschichten und in Aktien zu investieren. Er will daher sämtliche 20 Eigentumswohnungen verkaufen. Dies gelingt ihm binnen eines Zeitraums von einem Jahr. Er erzielt dabei erhebliche Gewinne.

Nach der Systematik des Einkommensteuergesetzes sind Gewinne aus der Veräußerung von Vermögensgegenständen nur im Bereich der **Gewinneinkunftsarten**, in denen Betriebsvermögen besteht, steuerpflichtig. Veräußert ein Steuerpflichtiger **Privatvermögen** mit Gewinn, so ist dies dem Grundsatz nach nicht steuerpflichtig. Dieser Grundsatz wird in letzter Zeit immer häufiger und umfassender durchbrochen (**§§ 17 EStG, 23 EStG, 21 UmwStG**).

Im vorliegenden Beispielsfall ist weder ein Fall des § 17 EStG noch des § 23 EStG erfüllt. Der Gewinn ist daher nur steuerpflichtig, wenn die Voraussetzungen des § 15 Abs. 2 Satz 1 EStG, **Gewerbebetrieb**, erfüllt sind, also bei Vorliegen eines gewerblichen Grundstückshandels. Nach dem **Wortlaut** des § 15 Abs. 2 Satz 1 EStG wäre der Veräußerungsgewinn insgesamt steuerpflichtig, da der S eine selbständige und nachhaltige Betätigung mit der Absicht, Gewinn zu erzielen, unternommen hat, sich dabei am allgemeinen wirtschaftlichen Verkehr beteiligt hat und es sich weder um eine selbständige noch um eine land- und forstwirtschaftliche Betätigung gehandelt hat. Dennoch sind die Veräußerungsgewinne des S im Ergebnis nicht steuerpflichtig. Es handelt sich um eine **reine Vermögensverwaltung** im Sinne des § 14 AO.

Nach Ansicht der Rechtsprechung[125] entscheidet sich die Frage, ob die private Vermögensverwaltung überschritten wird, nach dem **Gesamtbild der Verhältnisse**. Es ist auf die **Verkehrsanschauung** abzustellen. Maßgebend ist danach, ob die Tätigkeit dem Bild entspricht, das nach der Verkehrsanschauung einen Gewerbetrieb ausmacht und einer privaten Vermögensverwaltung fremd ist[126]. Nach ständiger Rechtsprechung des BFH[127] wird die **Grenze von der privaten Vermögensverwaltung zum Gewerbetrieb** überschritten, wenn die Ausnutzung

---

[125] BFH vom 15.03.2000, X R 130/97, DStR 2000, 1131.
[126] So der Große Senat des BFH vom 10.12.2001, GrS 1/98, BStBl. II 2002, 291 = DStR 2002, 489 mit Anm. *Weber-Grellet* = DB 2002, 606 = BB 2002, 660 ff.; vgl. dazu auch *Kempermann*, DStR 2002, 785 ff.; *Bloehs*, BB 2002, 1068 ff.; *Schmidt-Liebig*, INF 2002, 673 ff.; *Tiedtke/Wälzholz*, DB 2002, 652 ff.
[127] BFH vom 13.8.2002, VIII R 14/99, BStBl. II 2002, 811 = DStR 2002, 1707 = BFH/NV 2002, 1535 ff.; BFH vom 10.12.1998, III R 61/97, BStBl. II 1999, 390; BFH vom 22.04.1998, IV B 19/98, BStBl. II 1999, 295; BFH vom 07.12.1995, IV R 112/92, BStBl. II 1996, 367; ebenso die Finanzverwaltung in R 137 Abs. 1 EStR.

substanzieller Vermögenswerte durch Umschichtung gegenüber der Nutzung von Grundbesitz im Sinne einer Fruchtziehung aus zu erhaltenden Substanzwerten entscheidend in den Vordergrund tritt. Wurde, wie hier im Beispielssachverhalt, Grundbesitz über 50 Jahre lang ständig durch Vermietung und Verpachtung genutzt, so steht eindeutig die Fruchtziehung aus der zu erhaltenden Vermögenssubstanz im Vordergrund. Die spätere Veräußerung von 20 Objekten (Eigentumswohnungen) binnen eines Jahres stellt lediglich das Ende der Vermögensverwaltung in dieser Form dar. Ein steuerpflichtiger gewerblicher Grundstückshandel wird hierdurch nicht begründet.

Dementsprechend stellt der **BFH**[128] in einem Urteil vom 15.03.2000 klar, dass auch die Veräußerung von Vermögensgegenständen zum Bild "der Vermögensverwaltung" gehört. Veräußerungsgewinne können nach Meinung des BFH, wie die amtliche Überschrift des § 23 EStG in der ab 01. Januar 1999 geltenden Fassung bestätigt, "privat" sein. Daher begründet die **Veräußerung für sich allein**, *unabhängig von der Zahl der Veräußerungsfälle* und von der Branchennähe des Steuerpflichtigen grundsätzlich **keinen gewerblichen Grundstückshandel**, wenn diese Immobilien nicht in zumindest **bedingter Veräußerungsabsicht** erworben worden waren. Denn zur privaten Vermögensverwaltung gehören auch der Erwerb und die Veräußerung von Grundstücken, wenn diese beiden Vorgänge den Beginn und das Ende einer in erster Linie auf Fruchtziehung gerichteten Tätigkeit darstellen[129]. Der letzte Akt der privaten Vermögensverwaltung kann darin bestehen, dass der Inhaber das Vermögen gegebenenfalls in zahlreichen Teilakten, wie im Beispielssachverhalt, veräußert.

7.2 Scheidungsvereinbarung als Verkaufsgeschäft

Nach dem oben zu § 23 EStG gesehenen kann auch eine Scheidungsvereinbarung ein Objektverkauf iSd. gewerblichen Grundstückshandels darstellen. Dies wurde zwar so explizit noch nicht entschieden. Problematisch ist insoweit m.E. eine Beteiligung am allgemeinen wirtschaftlichen Verkehr:

Eine Beteiligung am allgemeinen wirtschaftlichen Verkehr erfordert, dass eine **Tätigkeit am Markt gegen Entgelt für Dritte äußerlich erkennbar** angeboten wird. Dieses Merkmal soll Tätigkeiten aus dem Begriff des Gewerbebetriebs ausklammern, die nicht auf Leistungs-

---

[128] BFH vom 15.03.2000, X R 130/97, DStR 2000, 1131.
[129] BFH vom 15.03.2000, X R 130/97, DStR 2000, 1131.

oder Güteraustausch gerichtet sind. Geschäftsbeziehungen mit mehreren, womöglich **ständig wechselnden Kunden**, sprechen zwar im allgemeinen für die Teilnahme am allgemeinen wirtschaftlichen Verkehr, sind aber **nicht unerlässlich**[130]. Grundsätzlich muss der Steuerpflichtige bereit sein, seine **Leistung gegenüber beliebigen Dritten** anzubieten. Dies ist jedoch keine zwingende Voraussetzung[131]. Bei typisch gewerblicher Tätigkeit **genügt auch eine Leistungsbereitschaft gegenüber nur einem Kunden** (z.B. Zulieferbetrieb für Automobilbranche)[132]. Bei einem Verkauf an **nur eine einzige Person** ist eine Beteiligung am allgemeinen wirtschaftlichen Verkehr auch dann angenommen, wenn eine **Verkaufsbereitschaft gegenüber der Allgemeinheit** tatsächlich bestand. In der Praxis wird dies im Regelfall vermutet.

Es ist **nicht erforderlich**, dass eigene Leistungen an den Markt erbracht werden oder dass der Steuerpflichtige **selbst und persönlich** am allgemeinen wirtschaftlichen Verkehr teilnimmt. Die Tätigkeit eines Steuerpflichtigen, der **Makler oder Vertreter** einschaltet, ist dem Steuerpflichtigen als eigene Tätigkeit **zuzurechnen**[133].

An diesem Kriterium scheitert m.E. regelmäßig der gewerbliche Grundstückshandel. Dies ist aber keineswegs gesichert, da der BFH auch Einbringungsvorgänge in eine eigene GmbH oder GmbH & Co. KG als Teilnahme am allgemeinen wirtschaftlichen Verkehr verstanden hat.

Der Verkauf aufgrund einer Scheidungssituation vermag es grds. nicht, die allgemein aus dem Verkauf hergeleitete und unterstellte bedingte Veräußerungsabsicht zu widerlegen.

8. Steuerliche Geltendmachung von Aufwendungen aus Anlass der Scheidung

Im Rahmen eines Scheidungsverfahrens werden in aller Regel zahlreiche unterschiedliche Kosten und Aufwendungen der zu scheidenden Ehegatten verursacht. Es stellt sich daher die Frage, inwiefern die we-

---

[130] BFH vom 15.12.1999, I R 16/99, DStR 2000, 1086 ff.
[131] BFH vom 15.12.1999, I R 16/99, DStR 2000, 1086 ff.
[132] Vgl. aktuell BFH vom 15.12.199, I R 16/99, DStR 2000, 1086.
[133] *Weber-Grellet*, in: Schmidt, EStG, § 15 Rn. 20; BFH vom 07.12.1995, IV R 112/92, BStBl. II 1996, 367 ff.; BFH vom 31.07.1990, I R 173/83, BStBl. II 1991, 66.

sentlichen Kostenpositionen steuerlich berücksichtigt werden können und so die Belastung des jeweiligen Ehegatten zu mindern ist[134].

8.1 Zugewinnausgleichsansprüche

Der Anspruch auf Zugewinnausgleich ist ein **privater Anspruch**. Er entsteht aus privatem Anlass und kann daher – auch soweit er auf ertragbringende Vermögenseinheiten wie Mietobjekte, Gewerbebetriebe o.ä. entfällt – bei der jeweiligen Einkunftsart **nicht als Werbungskosten oder Betriebsausgaben** abgezogen werden[135]. Dieses Abzugsverbot als Werbungskosten und Betriebsausgaben gilt auch für **Zinsen**, die wirtschaftlich aus Anlass der Zugewinnausgleichsforderung entstehen[136]. Ein **Sonderausgabenabzug** gemäß § 10 ff. EStG ist ebenso **ausgeschlossen** wie ein Abzug des Zugewinnausgleichs als **außergewöhnliche Belastung** gemäß § 33 EStG[137]. Dies gilt auch bei einer Kapitalisierung der Zugewinnausgleichs- und Unterhaltsansprüche in einem Betrag[138].

8.2 Unterhaltsansprüche

Ein Abzug als **Werbungskosten oder Betriebsausgaben entfällt** auch für Unterhaltsansprüche. Allerdings existiert insoweit die Möglichkeit des **begrenzten Realsplittings** gemäß § 10 Abs. 1 Nr. 1 EStG. Siehe dazu bereits oben.

8.3 Kindesunterhalt

Grundsätzlich ist die Zahlung von Kindesunterhalt gemäß § 12 Abs. 1 Nr. 2 EStG vom **steuerlichen Abzug ausgeschlossen**. Vorrangig gegenüber § 12 EStG sind jedoch die Vorschriften über den Abzug **außergewöhnlicher Belastungen** gemäß §§ 33 ff. EStG. **§ 33 a EStG** ist insoweit die hier einschlägige abschließende **Spezialvorschrift**[139]. Gemäß § 33 a Abs. 1 EStG ist im **Regelfall** der **Abzug** als außergewöhnli-

---

[134] Nach *Wälzholz*, Steuerliche Geltendmachung von Aufwendungen aus Anlass der Scheidung, FamRB 2005, 89 ff.; siehe auch *Münch*, FamRB 2006, 352 ff.
[135] *L. Schmidt*, EStG, § 15 Rz. 375.
[136] BFH vom 21.3.2002, III B 110/02, BFH/NV 2002, 1025; BFH vom 08.12.1992, IX. R 68/89, BStBl. II 1993, 434; BFH vom 27.07.1994, X R 41/92, BFH/NV 1995, 287; kritisch hierzu *L. Schmidt*, FR 1993, 683; *Seer*, ZEV 1994, 88.
[137] *Loschelder* in: Schmidt EStG, § 33 Rz. 35 „Zugewinnausgleich".
[138] FG Hamburg vom 8.4.2004, II 51/03.
[139] *Kirchhof/Mellinghoff*, EStG, § 33a Rn. 21; *Glanegger*, in: Schmidt, EStG, § 33 a Rz. 5. Vgl. zu § 33 a EStG bei Verwandtenunterhalt *Christ*, FamRB 2006, 61 ff.

che Belastung **ausgeschlossen**, da ein Anspruch auf Kindergeld oder den Kinderfreibetrag besteht.

8.4 Versorgungsausgleich

Literatur: *Korn*, Werbungskostenabzug von Ausgleichszahlungen an Ehegatten zur Vermeidung des Versorgungsausgleichs – Anm. zu den BFH-Urteilen vom 08.03.2006, IX R 107/00 und IX R 78/01, NWB Fach 6, S. 4689; *Myßen*, Das Alterseinkünftegesetz – die steuerliche Berücksichtigung von Vorsorgeaufwendungen nach § 10 EStG, NWB Fach 3, S. 13095; *Paus*, Neue Fragen bei der steuerlichen Behandlung des Versorgungsausgleichs, DStZ 2006, 409; *Paus*, Steuerliche Fragen zum Versorgungsausgleich und Lösungen – neue Gestaltungsmöglichkeiten und Gefahrenquellen durch Änderungen der Rechtslage, NWB Fach 3, S. 14273; *Schuchardt*, Rente und Versorgungsausgleich – Abänderung rechtskräftiger Entscheidungen nach § 10 a des Härtenregelungsgesetzes, NWB Fach 27, S. 6265; *Steger/Venturelli*, Steuerliche Aspekte von Ausgleichszahlungen an Ehegatten zur Vermeidung des Versorgungsausgleichs – Anm. zum BFH-Urteil vom 08.03.2006, IX R 107/00, BStBl. II 2006, 446, INF 2006, 938; *Viefues*, Der Versorgungsausgleich nach Scheidung der Ehe – eine systematische Übersicht mit taktischen Hinweisen, NWB Fach 19, S. 3359; *Winhard*, Das Ehegattensplitting – ein Dauerbrenner der steuerpolitischen Diskussion, DStR 2006, 1729.

8.4.1 Steuerlicher Grundsatz

Versorgungsausgleich wird in der Regel nicht durch Zahlungen des einen Ehegatten an den anderen Ehegatten erbracht, sondern im Regelfall durch **Übertragung von Versorgungsanwartschaften**. Die Übertragung von Versorgungsanwartschaften kann hingegen steuerlich **nicht** als **Betriebsausgaben, Werbungskosten, Sonderausgaben** oder außergewöhnliche Belastungen berücksichtigt werden[140]. Es handelt sich insoweit grds. um Vorgänge, die allein die einkommensteuerrechtlich irrelevante Vermögenssphäre betreffen. Dies gilt sowohl beim Splitting zwischen Rentenberechtigten und ebenso beim Quasisplitting, mit dem anstelle einer Beamtenversorgung, Rentenanwartschaften in

---

[140] BMF v. 20.7.1981, BStBl. I 1981, 567 unter I. 1.; *Paus*, NWB Fach 3, S. 14273; *Loschelder*, in: Schmidt EStG, § 33 Rz. 35 „Versorgungsausgleich"; ebenso für einen Fall der Ausgleichszahlung eines Ehegatten zur Begründung von Rentenanwartschaften des anderen Ehegatten BFH v. 21.10.1983, VI R 198/79, BStBl. II 1984, 106; ebenso BFH v. 19.06.2000, VI B 30/00, BFH/NV 2000, 1467 (kein Abzug als Werbungskosten).

der gesetzlichen Rentenversicherung begründet werden, § 1587 b Abs. 2 BGB[141].

Gleiches gilt für den Fall der Realteilung oder des Quasisplitting nach dem VAHRG, also immer wenn die Versorgungsanwartschaften selbst geteilt oder übertragen werden oder entsprechende Anwartschaften in der gesetzlichen Rentenversicherung begründet werden.

Beim **Empfänger der Zahlungen** aus der gesetzlichen Rentenversicherung sind die späteren Zahlungen als reguläre Rentenbezüge nach § 22 Nr. 1 S. 3 a) aa) EStG zu versteuern mit einem %-Satz, der sich nach dem Jahr des Rentenbezuges richtet. Dies gilt nach h.M. auch dann, wenn die Zahlungen durch Umwandlung einer Beamtenpension in eine Rente nach der gesetzlichen Rentenversicherung erfolgt[142]. Diese Besteuerung nach dem AlterseinkünfteG stellt eine wesentliche Verschlechterung gegenüber dem bisherigen Recht dar, nach dem nur der Ertragsanteil steuerpflichtig war.

Besondere steuerrechtliche Nachteile können aus dem Rentensplitting § 1587 b Abs. 1 BGB eingreifen, wenn beispielsweise der geschiedene Ehemann ein Jahr vor seinem Renteneintritt steht und dementsprechend beispielsweise nur 58 % seiner Rente zu versteuern hat, während die Ehefrau als Ausgleichsberechtigte wesentlich jünger ist und erst viele Jahre später in den Genuss der Altersrente gelangen wird und daher beispielsweise 80 % ihrer Altersrente zu versteuern hat.

Leistet ein Steuerpflichtiger freiwillige Leistungen an seinen Versorgungsträger oder den gesetzlichen Rentenversicherungsträger, um die Minderung seiner **Versorgungsanwartschaft wieder auszugleichen**, so führt diese Zahlung nach bisher h.M. **nicht zu Werbungskosten**[143]. Die Zahlungen sind lediglich als Sonderausgaben nach den allgemeinen Regeln in den Höchstgrenzen des § 10 Abs. 3 EStG abzugsfähig. Die Zahlungen verfallen also steuerrechtlich regelmäßig. Gleichzeitig sind die späteren Zahlungen an den Ausgleichsverpflichteten regelmäßig seit

---

[141] BMF v. 20.7.1981, BStBl. I 1981, 567 unter I. 2.
[142] BMF v. 20.7.1981, BStBl. I 1981, 567 unter I. 2.
[143] BMF v. 20.7.1981, BStBl. I 1981, 567 unter I.3. Ebenso zum allgemeinen Problem, dass trotz des Grundsatzes der nachgelagerten Besteuerung von Alterseinkünften Sonderausgaben und keine Werbungskosten vorliegen BFH v. 8.11.2006 – X R 45/02, DStR 2007, 147 = BB 2007, 301 = DB 2007, 200 = Lexinform 5003903; siehe zu diesem Problem allgemein *Söffing*, FR 2006, 905, 909 ff.; *Myßen*, DStJG Band 29 (2006), S. 249 ff., insbes. 270 ff.

dem AlterseinkünfteG aufgrund des Grundsatzes der nachgelagerten Versteuerung steuerpflichtig.

8.4.2 Ausschluss des VA gegen Abfindung, § 1587 o BGB

Nach dem alten § 1587 b Abs. 3 S. 1 BGB konnte anstelle der Regelvarianten des Versorgungsausgleichs nach § 1587 b Abs. 1, Abs. 2 BGB auch der Versorgungsausgleich durchgeführt werden, indem der Ausgleichsverpflichtete durch Barzahlung einen Anspruch in der gesetzlichen Rentenversicherung begründen musste. An die Stelle dieser Vorschrift ist aufgrund Zwangs durch das Bundesverfassungsgericht das VAHRG getreten. Gleichwohl kommen immer noch Fälle vor, in denen anstelle des Versorgungsausgleichs eine Abfindung als Einmalbetrag oder durch mehrere Ratenzahlungen erfolgt. Dies kann auch ehevertraglich so im Einzelfall vereinbart werden oder nach § 1587 I BGB erfolgen.

Die Einzahlungen können dabei bei vertraglicher Vereinbarung entweder in eine private Lebens- oder Rentenversicherung erfolgen oder in die gesetzliche Rentenversicherung. Vereinbaren Ehegatten gemäß **§ 1587 o BGB**, dass die Übertragung von Versorgungsanwartschaften unterbleibt und stattdessen der ausgleichspflichtige Ehegatte eine **Abfindungszahlung** zu erbringen hat, so sind **Finanzierungskosten** des ausgleichspflichtigen Ehegatten zur Erfüllung der Abfindung vorab entstandene **Werbungskosten** bei den Einkünften nach **§ 22 Nr. 1 EStG**, sofern es sich bei den später zu erziehenden Einnahmen um solche Einkünfte handelt[144]. Dem steht auch § 12 Nr. 1 Satz 2 EStG nicht entgegen[145]. Die Leistung der Abfindungszahlung selbst ist hingegen nach bisher h.M. grds. nicht steuerlich abzugsfähig[146]. Auch der Abzug als außergewöhnliche Belastung oder als Sonderausgaben sollen ausscheiden. Der Sonderausgabenabzug soll zumindest bei Einzahlung in die gesetzliche Rentenversicherung scheitern, weil der Zahlende nicht auf seine eigene Rentenversicherungspflicht leiste, sondern nur zugunsten seines geschiedenen Ehegatten. Meist scheitert diese Frage sowieso an den bereits überschrittenen Höchstbeträgen des § 10 Abs. 3, Abs. 4 a) EStG. Eine außergewöhnliche Belastung liegt nicht vor, da durch die

---

[144] BFH v. 05.05.1993, XR 128/90, BStBl. II 1993, 867; *Kirchhof/P. Fischer*, EStG, § 22 Rn. 29.
[145] Vgl. auch *Höreth/Zipfel*, NWB, Fach 10, S. 1227, 1238; BMF v. 20.07.1981, BStBl. I 1981, 567.
[146] BMF v. 20.7.1981, BStBl. I 1981, 567 unter I. 3; FG Berlin vom 28.9.1999, 7 K 7167/98, DStRE 2002, 1295, Rev. Az. VI R 33 02.

Zahlung keine Vermögensminderung eintritt. Denn der Zahlende behält als Ausgleich für seine Zahlung die im Grundsatz gleichwertige Versorgungsanwartschaft. Gegen die Behandlung von Nichtbeamten bestehen gravierende verfassungsrechtliche Bedenken.[147]

Diese Meinung hat der **BFH jedoch zumindest für Beamten nunmehr geändert**[148]. Ausgleichszahlungen, die ein zum Versorgungsausgleich verpflichteter Ehegatte auf Grund einer Vereinbarung gemäß § 1587 o BGB an den anderen Ehegatten leistet, um Kürzungen seiner Versorgungsbezüge (§ 19 Abs. 1 Satz 1 Nr. 2 EStG) zu vermeiden, sind danach sofort als Werbungskosten abziehbar.

Der ausgleichsberechtigte Ehegatte hat die Zahlung des Einmalbetrages hingegen mangels Steuertatbestandes nicht zu versteuern[149]. Legt er das Kapital hingegen an, so sind die daraus fließenden Erträge regulär steuerpflichtig.

Ausgleichszahlungen, die ein zum Versorgungsausgleich verpflichteter **Beamter** auf Grund einer Vereinbarung gemäß § 1408 Abs. 2 BGB an seinen Ehegatten leistet, um Kürzungen seiner Versorgungsbezüge zu vermeiden, sind sofort als Werbungskosten abziehbar[150]. Werden die Abfindungszahlungen fremdfinanziert, kann der Beamte die dadurch entstehenden Schuldzinsen als Werbungskosten bei den Einkünften aus nichtselbständiger Arbeit absetzen.

Die Zahlung der Abfindung ist beim Zahlungsempfänger (Ausgleichsberechtigten) auch nicht nach § 22 EStG zu versteuern. Lediglich dadurch erzielte Leistungen unterliegen der Besteuerung nach Maßgabe der folgenden Ausführungen. Trotz der günstigen Rechtslage für Beamte sollte geprüft werden, ob die Begründung neuer Anwartschaften in einer privaten Rentenversicherung nicht günstiger ist, weil betriebswirtschaftlich höhere Zahlungen erfolgen und weil die private Rentenversicherung nur nach § 22 Nr. 1 S. 3 a) bb) EStG mit dem Ertragsanteil zu versteuern ist. Dann bleiben allerdings möglichweise die Einzahlungen zur Erlangung der Rente regelmäßig ohne weitere Wirkungen, weil man insoweit wieder § 10 EStG als vorrangig ansehen könnte.

---

[147] Vgl. *Paus*, NWB Fach 3, S. 14273 ff.
[148] BFH v. 8.3.2006, IX R 107/00, BStBl. II 2006, 446 = DB 2006, 701 = DStR 2006, 604.Vgl. dazu grundlegend *Heuermann*, DB 2006, 688 ff.
[149] *Paus*, NWB Fach 3, S. 14273, 14274.
[150] BFH v. 8.3.2006, IX R 78/01, BStBl. II 2006, 448 = DStRE 2006, 458.

Die **Auswahl des Zahlungsempfängers** unterscheidet sich steuerrechtlich im übrigen im Hinblick auf die Besteuerung beim Ausgleichsberechtigten. Wird in die gesetzliche Rentenversicherung eingezahlt und dort ein Zahlungsanspruch begründet, so hat der Zahlungsempfänger dies nach § 22 Nr. 1 S. 3 a) aa) EStG vollständig mit einem stets steigenden Besteuerungsanteil zu versteuern. Handelt es sich hingegen um eine private Rentenversicherung, so hat der Zahlungsempfänger (Ausgleichsberechtigte) nur den ab 2005 deutlich herabgesetzten Ertragsanteil nach Maßgabe des § 22 Nr. 1 S. 3 a) bb) EStG zu versteuern. Bei Beginn der Rente mit 65 beträgt dabei der Ertragsanteil nur 18 % beispielsweise.[151]

8.4.3 Wiederauffüllungszahlungen bei Angestellten und Beamten

Wenn der Ausgleichsverpflichtete zum Ausgleich seines Rentenanwartschaftsverlustes zusätzliche **Versorgungsleistungen** im Sinne des **§ 10 Abs. 1 Nr. 2 EStG** erbringt, sind diese bisher wie reguläre Beiträge an den Versicherungsträger nach den üblichen Vorschriften als **Vorsorgesonderausgaben** abzugsfähig[152], nicht aber als Werbungskosten. Die **Grenzen des § 10 Abs. 3 EStG** waren zu beachten.

Anders ist dies auch schon nach bisher h.M.[153] nur bei einer Wiederauffüllungszahlung nach § 58 BeamtVG, also bei Pensionsempfängern; bei diesen werden vorweggenommene und sofort in voller Höhe abziehbare Werbungskosten angenommen, da die Zahlungen dazu dienten, zukünftige steuerpflichtige Einnahmen zu erzielen. M.E. ist es zweifelhaft[154], inwieweit diese Unterscheidung noch aufrechterhalten werden kann, obwohl die Besteuerung von Pensionen und Renten immer weiter angenähert wird. Nach neuem Recht werden Auffüllungsnachzahlungen m.E. in jedem Fall als vorweggenommene Werbungskosten abgezogen werden können. Ob insoweit die oben geschilderte Rechtsprechung des BFH zu Beamten auch auf gesetzliche Rentenversicherungsempfänger auszudehnen ist, ist jedoch noch offen und wird vom X. Senat des BFH wohl abgelehnt[155].

---

[151] Vgl. auch *Paus*, NWB Fach 3, S. 14273, 142278.
[152] FG Baden-Württemberg vom 12.12.2002, 10 K 2002, 288/96, EFG 2003, 1611; *Kirchhof/P. Fischer*, EStG, § 22 Rn. 29.
[153] BMF BStBl. I 1981, 567 unter I 2; ebenso FG Baden-Württemberg vom 12.12.2002, 10 K 2002, 288/96, EFG 2003, 1611 ff.; *Kirchhof/P. Fischer*, EStG, § 22 Rn. 29.
[154] Siehe auch *Heuermann*, DB 2006, 688 ff.
[155] Wie hier wohl *Heuermann*, DB 2006, 688 ff.; *Paus*, NWB Fach 3, S. 14273 ff.; demgegenüber hat der X. Senat des BFH die gesetzliche Zuordnung von Zahlungen an den gesetzlichen Rentenversicherungsträger auch im AltEinkG als

8.4.4 Schuldrechtlicher VA durch Rentenzahlung

Wird ein **schuldrechtlicher Versorgungsausgleich** durch Zahlung einer Geldrente des Verpflichteten an den Berechtigten bewirkt (§ 1587g BGB), so handelt es sich insoweit um eine **Rentenzahlung gemäß § 22 Nr. 1 Satz 1 EStG**, die der Zahlungsverpflichtete gemäß § 10 Abs. 1 Nr. 1 a EStG als dauernde Last als **Sonderausgaben** bei der Einkommensteuer abziehen kann und der Empfänger nach § 22 EStG zu versteuern hat[156]. Insoweit gilt das Zu- und Abflussprinzip des § 11 EStG. Die Aufwendungen können also erst im **Zeitpunkt der tatsächlichen Zahlung** berücksichtigt werden. Die teilweise dem entgegenstehende Ansicht der Rechtslehre, die von einer bloßen steuerneutralen Vermögensumschichtung ausgeht, vermag hingegen nicht zu überzeugen[157]. Im Grundsatz ist hinsichtlich der Höhe der abzugsfähigen und zu versteuernden Zahlungen von einer dauernden Last auszugehen. Danach sind die Zahlungen in voller Höhe vom Zahlenden abzuziehen und beim Empfänger zu versteuern. Sind die Zahlungen, die der ausgleichsverpflichtete Ehegatte erhält, bei diesem jedoch nur als Rente, also mit dem Ertragsanteil steuerpflichtig, so kann dieser seine Ausgleichszahlungen an den anderen Ehegatten auch nur mit dem Ertragsanteil anziehen und hat der Ausgleichsempfänger-Ehegatte diese Zahlungen nur mit dem Ertragsanteil zu versteuern[158]. Die Rechtsnatur der zwischen den Ehegatten auszugleichenden Rente setzt sich also in deren Innenverhältnis fort.

8.4.5 Schuldrechtlicher VA durch Abtretung von Ansprüchen

Werden anstelle einer Ausgleichsrente **Versorgungsansprüche abgetreten**, so sind diese gleichwohl weiterhin vom Abtretenden zu versteuern; er kann die Abtretung jedoch nach § 10 Abs. 1 Nr. 1 a EStG als dauernde Last abziehen und der Abtretungsempfänger hat sie zu ver-

---

verfassungskonform akzeptiert, was gegen die hier vertretene Ansicht spricht. BFH v. 1.2.2006 – X B 166/05, DB 2006, 482 f.

[156] BFH vom 15.10.2003, X R 29/01, BFH/NV 2004, 478; ebenso im Grundsatz die Vorinstanz FG Berlin vom 8.3.2001, 15 K 3299/98, DStRE 2001, 1149; BFH vom 18.9.2003, X R 152/97, BFH/NV 2004, 120 = FR 2004, 231 = BB 2004, 34.

[157] Siehe insbesondere P. Fischer, in Kirchhof/Söhn/Mellinghoff, EStG, § 10 Rn. D. 188; inzwischen im Hinblick auf die jüngsten Entscheidungen des BFH Ansicht geändert in Kirchhof/P. Fischer, EStG, § 22 Rn. 29.

[158] BFH vom 15.10.2003, X R 29/01, BFH/NV 2004, 478; BFH vom 18.9.2003, X R 152/97, BFH/NV 2004, 120 = BB 2004, 34.

steuern nach § 22 Nr. 1 EStG. Das Ergebnis entspricht grds. derjenigen einer Ausgleichsrente[159].

8.4.6 Schuldrechtlicher Versorgungsausgleich nach § 1587 I BGB/ § 1587 o BGB

Im Rahmen des schuldrechtlichen Versorgungsausgleiches kann nach § 1587 I BGB auch ein Anspruch des Ausgleichsberechtigten auf Abfindung zur Zahlung an den gesetzlichen Rentenversicherungsträger oder zur Zahlung der Abfindung in eine private Lebens- oder Rentenversicherung erfolgen. Die Zahlung der Versicherungsbeiträge kann als Einmalbetrag oder in Form von Ratenzahlungen festgesetzt werden, § 1587 I Abs. 3 S. 3 BGB. Eine entsprechende Regelung kann auch durch ehevertragliche Vereinbarungen nach § 1587 o BGB erreicht werden.

Fraglich war nunmehr die Behandlung der Fälle, wenn der Arbeitgeber des ausgleichsverpflichteten Arbeitnehmers diese Abfindungszahlungen in eine auf den Namen des ausgleichsberechtigten Ehegatten abgeschlossene Lebensversicherung einzahlt. Nach Auffassung der Finanzverwaltung[160] handelt es sich insoweit um Arbeitslohn zugunsten des ausgleichsverpflichteten Ehegatten, der anschließend die Zahlungen rechtlich relevant an den ausgleichsberechtigten Ehegatten weiterleitet. Der Fall sei insoweit anders zu behandeln, als der Fall der Realteilung nach § 1 Abs. 2 VAHRG, bei dem der Arbeitgeber nach der Realteilung unmittelbar zur Zahlung an den ausgleichsberechtigten Ehegatten verpflichtet sei. Dies ist in dem vorstehend geschilderten Sachverhalt nicht der Fall. Der Arbeitgeber erfüllt nur Arbeitnehmerverpflichtungen gegenüber seinem Arbeitnehmer, der wiederum die Abfindung nach § 1587 I BGB leistet. Der ausgleichsverpflichtete Ehegatte kann nach bisher herrschender Meinung die Zahlungen weder als Werbungskosten geltend machen, noch nach § 10 Abs. 1 Nr. 2 EStG. Der Ausgleichsberechtigte hat die Ratenzahlung oder die Abfindung auch nicht nach § 22 EStG zu versteuern.

---

[159] Vgl. dazu BMF v. 20.7.1981 – BStBl. I 1981, 567; *Reitsam/Haußleiter*, NJW-spezial 2006, 295, 296.
[160] FinMin Nordrhein-Westfalen v. 10.10.1988, DB 1988, 2129.

FG Köln[161]: Zahlungen eines Ehegatten nach § 3 b Abs. 1 Nr. 2 VAHRG an die gesetzliche Rentenversicherung zur Begründung oder Erhöhung einer gesetzlichen Rente zum Ausgleich einer nicht übertragbaren Betriebsrente stellen weder außergewöhnliche Belastungen noch vorweggenommene Werbungskosten dar, sondern Vorsorgeaufwendungen iSd. § 10 Abs. 1 Nr. 2 EStG – begrenzt durch § 10 Abs. 3 EStG. (str. – nach *Heuermann*[162], könnten insoweit wohl auch Werbungskosten vorliegen).

8.4.7 Neuregelung des schuldrechtlichen Versorgungsausgleiches durch das JStG 2008

Durch das JStG 2008 wurde § 10 Abs. 1 Nr. 1 b EStG wie folgt gefasst[163]:

> *Als Sonderausgaben sind abziehbar: – Leistungen aufgrund eines schuldrechtlichen Versorgungsausgleichs, soweit die ihnen zugrundeliegenden Einnahmen beim Ausgleichsverpflichteten der Besteuerung unterliegen.*

Korrespondierend soll in § 22 Nr. 1 c EStG geregelt werden, dass als sonstige Einkünfte steuerpflichtig sind die Einkünfte aus Leistungen aufgrund eines schuldrechtlichen Versorgungsausgleichs, soweit sie beim Ausgleichsverpflichteten nach § 10 Abs. 1 Nr. 1 b EStG als Sonderausgaben abgezogen werden können.

Bisher fielen Leistungen aufgrund des schuldrechtlichen Versorgungsausgleiches unter den Sonderausgabenabzug nach § 10 Abs. 1 Nr. 1 a EStG. Da jedoch § 10 Abs. 1 Nr. 1 a EStG durch die Beschränkung der Abzugsfähigkeit von Renten und dauernden Lasten im Rahmen der vorweggenommenen Erbfolge beschränkt wird, sieht der Gesetzgeber sich genötigt, einen eigenen Tatbestand für die Abzugsfähigkeit und Steuerpflicht des schuldrechtlichen Versorgungsausgleiches zu schaffen. Denn nach Ansicht des Gesetzgebers ist beim schuldrechtlichen Versorgungsausgleichs ein steuerrechtlich maßgeblicher Transfer von Einkünften und damit von steuerlicher Leistungsfähigkeit festzustellen.

---

[161] FG Köln v. 16.2.2005, 11 K 1795/01, rkr, DStRE 2006, 137. Ebenso *Reitsam/Haußleiter*, NJW-Spezial 2006, 295 f. Vorweggenommene WK sollen hier ausscheiden, da der Zahlende ja nicht derjenige ist, der später die Rente erhält, für die er einzahlt. Dies sei jedoch nach Ansicht von *Reitsam/Haußleiter* verfassungswidrig, Art. 3 GG.
[162] DB 2006, 688 ff.
[163] Siehe dazu *Knebel/Spahn/Plenker*, DB 2007, 2733 ff.

Die neue Normierung des § 10 Abs. 1 Nr. 1 b EStG berücksichtigt dabei, in welchem Umfang die der Leistung zugrundeliegende Einnahme der Besteuerung unterliegt. Erhält also der Ausgleichsverpflichtete eine Leistung, die bei ihm nur mit dem Ertragsanteil als Leibrente steuerpflichtig ist, so mindert sich die Steuerbemessungsgrundlage des Ausgleichsverpflichteten nur in Höhe des Ertragsanteils, während der Ausgleichsberechtigte die Leistung nach § 22 Nr. 1 c EStG auch nur in dieser Höhe zu versteuern hat. Unterliegt die dem Versorgungsausgleich unterliegende Leistung hingegen beispielsweise nach § 19 EStG in voller Höhe der Besteuerung, so soll der Ausgleichsverpflichtete auch nach § 10 Abs. 1 Nr. 1 b in voller Höhe zum Abzug berechtigt und der Ausgleichsberechtigte nach § 22 Nr. 1 c EStG in voller Höhe zur Besteuerung verpflichtet sein.

Hinsichtlich des Anwendungszeitraumes gilt die allgemeine Anwendungsregelung des § 52 Abs. 1 EStG, so dass die Neuregelung ab dem VZ 2008 anzuwenden ist. Eine Änderung gegenüber der bisherigen Rechtslage tritt hierdurch nicht ein, sondern lediglich eine Bestätigung der bisherigen BFH-Rechtsprechung.

Bisher erschienene Tagungsbände des Instituts für Notarrecht an der Universität Würzburg

Symposium 2001
Unternehmensnachfolge im Mittelstand

Symposium 2002
Vertragsobjekt Ehe und Lebenspartnerschaft

Symposium 2003
Notarielle Vertragsgestaltung für Kommunen

Symposium 2004
Aktuelle Tendenzen und Entwicklungen im Gesellschaftsrecht

Symposium 2005
Der notarielle Kaufvertrag: Eine Bestandsaufnahme der Schuldrechtsreform und der europäischen Einflüsse

Symposium 2006
Städtebauliche Verträge in der notariellen Praxis

Symposium 2007
Erbrechtsberatung 2007 - Aktuelle Entwicklungen im Erbrecht und Erbschaftsteuerrecht

Symposium 2008
Scheidung, Trennung – Scheidungs- und Trennungsvereinbarungen

Alle Bände werden herausgegeben von:
Deutsche Notarrechtliche Vereinigung e. V. (NotRV)
Gerberstraße 19
97070 Würzburg

Tel: 0931/35576-0
Fax: 0931/35576-225
e-mail: notrv@dnoti.de
Internet: www.notrv.de

Institut für Notarrecht an der Universität Würzburg

Symposium 2001

Unternehmensnachfolge im Mittelstand

	Seite
Einführungsvortrag zum Recht der Unternehmensnachfolge Prof. Dr. Günter Christian Schwarz Universität Würzburg	1
Typische praktische Probleme der Unternehmensnachfolge, dargestellt anhand von Fallbeispielen Dr. Wolfgang Baumann Notar, Wuppertal	20
Rechtsprobleme von Unterbeteiligungs- und Treuhandvereinbarungen als Instrumenten der Unternehmensnachfolge Prof. Dr. Christian Armbrüster Bucerius Law School, Hamburg	48
Das Pflichtteilsrecht als Störfall bei der Unternehmensnachfolge Prof. Dr. Ulrich Haas Universität Mainz	74
Erbschaft- und schenkungsteuerrechtliche Probleme bei der Unternehmensnachfolge Dr. Stephan Schuck Notar, Andernach	113

Institut für Notarrecht an der Universität Würzburg

Symposium 2002

Vertragsobjekt Ehe und Lebenspartnerschaft

	Seite
Güter- und Vermögensrecht der eingetragenen Lebenspartnerschaft Prof. Dr. Dagmar Kaiser Universität Mainz	4
Erbschaft- und schenkungsteuerliche Rahmenbedingungen der Vermögensnachfolge eingetragener Lebenspartner Prof. Dr. Thomas Reich, Steuerberater, Deutsches Notarinstitut Würzburg	28
Erbrechtsgestaltung bei der eingetragenen Lebenspartnerschaft Dr. Hans-Jürgen von Dickhuth-Harrach Notar, Köln	56
Grenzen der Vertragsfreiheit im Unterhaltsrecht – Konsequenzen aus der Rechtsprechung des Bundesverfassungsgerichts Prof. Dr. Thomas Rauscher Universität Leipzig	88
Auswirkungen des § 23 EStG im Zusammenhang mit Scheidungsvereinbarungen Prof. Dr. Klaus Tiedtke Universität Würzburg	112

Institut für Notarrecht an der Universität Würzburg

Symposium 2003

Notarielle Vertragsgestaltung für Kommunen

	Seite
Privatisierung öffentlicher Aufgaben: Kommunalrechtliche Bedingungen und wirtschaftliche Zielsetzungen Prof. Dr. Alfred Katz Rechtsanwalt, 1. Bürgermeister a. D., Ulm/Neu-Ulm	4
Privatisierung öffentlicher Aufgaben: Gesellschaftsrechtliche Möglichkeiten und Grenzen Dr. Klaus Piehler Notar, Köln	36
Komplexe Vertragsgestaltung im Städtebaurecht am Beispiel der Planung eines Einkaufszentrums Prof. Dr. Hans-Jörg Birk Rechtsanwalt und Fachanwalt für Verwaltungsrecht, Stuttgart	82
Rechtsfragen zur Vertretung von Kommunen bei Rechtsgeschäften Prof. Dr. Franz-Ludwig Knemeyer Universität Würzburg Kommunalwissenschaftliches Forschungszentrum	108
Baulanderwerb durch Kommunen – Legitimes Mittel zur Abschöpfung von Planungsgewinnen oder unzulässige rechtsgeschäftliche Enteignung? Dr. jur. Dr. phil. Herbert Grziwotz Notar, Regen	146
Einheimischenmodelle an der Schnittstelle zwischen Öffentlichem Recht und Zivilrecht - Zur Gestaltung von Einheimischenmodellen im Zwischenerwerbsmodell Christian Hertel, LL.M. Notar a. D., Geschäftsführer des Deutschen Notarinstituts, Würzburg	166

Institut für Notarrecht an der Universität Würzburg

Symposium 2004

Aktuelle Tendenzen und Entwicklungen im Gesellschaftsrecht

	Seite
Begrüßung und Einführungsvortrag Prof. Dr. Günter Christian Schwarz Universität Würzburg	4
Folgen aus der Rechtsfähigkeit der Gesellschaft bürgerlichen Rechts (GbR) für die notarielle Praxis Dr. Eckhard Wälzholz Notar, Füssen	10
Die Centros-, Überseering- und Inspire Art-Entscheidungen und die notariellen Praxis Prof. Dr. Wulf Henrich Döser Rechtsanwalt und Notar a. D., Frankfurt a. M.	88
Entwicklungen im GmbH-Recht Prof. Dr. Hans-Joachim Priester Notar, Hamburg	106
Das Schicksal des Sonderbetriebsvermögens beim Tod eines Mitunternehmers Prof. Dr. Klaus Tiedtke Universität Würzburg	126
Die Europäische Aktiengesellschaft – Einführung und Überblick Prof. Dr. Günter Christian Schwarz Universität Würzburg	148
Praktische Fragen zur Europäischen Aktiengesellschaft Dr. Heribert Heckschen Notar, Dresden	168

Institut für Notarrecht an der Universität Würzburg

Symposium 2005

Der notarielle Kaufvertrag: Eine Bestandsaufnahme der Schuldrechtsreform und der europäischen Einflüsse

	Seite
Privatautonomie, Vertragsbindung und neues Kaufrecht Prof. Dr. Stefan Lorenz Ludwig-Maximilians-Universität München	4
Akzeptanz und Schuldrechtsreform in der notariellen Praxis beim Grundstückskaufvertrag Prof. Dr. Günter Brambring Notar, Köln	24
Europarechtskonforme Auslegung des neuen deutschen Kaufrechts Prof. Dr. Florian Faust, LL.M. Bucerius Law School, Hamburg	42
Beschaffenheitsvereinbarungen und Ausschluss der Rechte des Käufers wegen Sachmängeln beim Kauf von Gebrauchtimmobilien – ein Erfahrungsbericht Dr. Hermann Amann Notar, Berchtesgaden	77
Gestaltungsempfehlungen zum gewerblichen Grundstückshandel unter Berücksichtigung des Beschlusses des Großen Senats des BFH vom 10.12.2001 GrS 1/98 und des BMF-Schreibens vom 26.03.2004 Prof. Dr. Klaus Tiedtke Universität Würzburg	102
Verbundene Geschäfte beim Grundstückskaufvertag Christian Hertel, LL.M. Notar a. D., Geschäftsführer des Deutschen Notarinstituts, Würzburg	133

Institut für Notarrecht an der Universität Würzburg

Symposium 2006

Städtebauliche Verträge in der notariellen Praxis

	Seite
Typologie, Systematik und Bedeutung der städtebaulichen Verträge Prof. Dr. Franz-Ludwig Knemeyer, Bayerische Julius-Maximilians-Universität, Würzburg	6
Beurkundung städtebaulicher Verträge Christian Hertel, LL.M., Notar a. D., Geschäftsführer DNotI, Würzburg	11
Leistungsstörungen und Sicherung der Vertragserfüllung bei städtebaulichen Verträgen – Möglichkeiten der Vertragsgestaltung Prof. Dr. Hans-Jörg Birk, Rechtsanwalt, Stuttgart	43
Der Durchführungsvertrag beim Vorhaben- und Erschließungsplan nach § 12 BauGB Prof. Dr. Michael Krautzberger, Ministerialdirektor a. D., Bonn, Honorarprofessor an der Humboldt-Universität zu Berlin	68
Kommunaler Baulanderwerb und Planungsgewinn Dr. Jürgen Busse, Geschäftsführendes Präsidialmitglied des Bayerischen Gemeindetages, München	97
Vertragliche Regelungen im Rahmen der Erschließung Dr. Dr. Herbert Grziwotz, Notar, Regen	111

Symposium 2007

Erbrechtsberatung 2007 – Aktuelle Entwicklungen im Erbrecht und Erbschaftsteuerrecht

	Seite
Neuere Rechtsprechung zum Erbrecht Dieter Rojahn, Vorsitzender Richter am Oberlandesgericht München	8
Die Bindung beim gemeinschaftlichen Testament und beim Erbvertrag Prof. Dr. Rainer Kanzleiter Vorsitzender der Deutschen Notarrechtlichen Vereinigung	22
Testamentsgestaltung bei behinderten und überschuldeten Erben Prof. Dr. Peter Limmer stellv. Vorsitzender des Instituts für Notarrecht Würzburg	43
Aktuelle Entwicklungen im Erbschaftsteuerrecht Prof. Dr. Klaus Tiedtke, Universität Würzburg Vorsitzender des Instituts für Notarrecht Würzburg	109
Abfindungsregelungen für Erbfälle in einer GbR, OHG, KG und GmbH Prof. Dr. Lutz Michalski Universität Bayreuth	135